PINHOK™
LANGUAGES

www.pinhok.com

Introduction

This Book

This vocabulary guide contains all 11,092 HSK vocabularies grouped by level starting from HSK 1 and finishing with HSK 7-9. The vocabularies are based on the changes from 2021 and all come with Pinyin and English translation.

If you are just starting out preparing for an HSK test, this book is ideal to slowly and step by step build the vocabulary you need to successfully pass whatever level it is you are aiming for. Shortly before the test, the book can again be very helpful in acting as a checklist to see which words haven't been learned yet or need to be studied again.

As common with most vocabulary books, it is possible to study from Chinese to English as well as English to Chinese. Chinese to English provides you with the opportunity to make quick progress in areas like listening and reading. English to Chinese on the other hand allows you to practice your writing and also has positive effects on your speaking skills.

The vocabularies are listed in random order (not alphabetically) to avoid any correct guessing of Pinyin pronunciation based on the order. If you want to look up certain words alphabetically, you can go to www.pinyin-dictionary.com or www.hsk-vocab.com to do so online, vocabularies there are ordered alphabetically.

Due to the amount of words it is unfortunately impossible to provide example sentences in this book as this would make the print book too big.

To successfully pass any of the HSK levels there are further topics for you to consider like grammar or listening which are not covered in this book. This book concentrates on helping you to build the foundation that allows you to then accelerate further learning in courses, with mock exams or whatever other form of studying works best for you. Good luck!

Pinhok Languages

Pinhok Languages strives to create language learning products that support learners around the world in their mission of learning a new language. In doing so, we combine best practice from various fields and industries to come up with innovative products and material.

The Pinhok Team hopes this book can help you with your learning process and gets you to your goal faster. Should you be interested in finding out more about us, please go to our website www.pinhok.com. For feedback, error reports, criticism or simply a quick "hi", please also go to our website and use the contact form.

Disclaimer of Liability

Table of Contents

HSK 1

快	kuài	Adjective: quick, rapid
		Adverb: soon, almost
菜	cài	Noun: dish, vegetable
回到	huí dào	Verb: to return to
男	nán	Adjective: male
有名	yǒu míng	Adjective: famous, well known
休息	xiū xi	Noun: rest
		Verb: to rest
北京	běi jīng	Noun: Beijing
冷	lěng	Adjective: cold
说	shuō	Verb: to say, to speak
这些	zhè xiē	Pronoun: these
出来	chū lái	Verb: to come out, to arise
后边	hòu bian	Location: back, rear, behind
有的	yǒu de	Adverb: some
笑	xiào	Verb: to smile, to laugh
东	dōng	Location: east
我	wǒ	Pronoun: I
女孩儿	nǚ hái er	Noun: daughter
玩儿	wán er	Verb: to play, to have fun
北边	běi bian	Location: north
开会	kāi huì	Verb: to hold a meeting
右边	yòu bian	Location: right, right side
一半	yí bàn	Adjective: half
下班	xià bān	Verb: to get off work
上车	shàng chē	Verb: to get on/into (bus, car, etc.)
最好	zuì hǎo	Adverb: it would be best, had better
你们	nǐ men	Pronoun: you (plural)
西边	xī bian	Location: west
一块儿	yī kuài er	Adverb: together
做	zuò	Verb: to do, to make
说话	shuō huà	Verb: to speak, to talk, to gossip

老师	lǎo shī	Noun: teacher
星期	xīng qī	Noun: week
次	cì	Noun: order, sequence
		Measure Word: time(s)
面包	miàn bāo	Noun: bread
走	zǒu	Verb: to walk
水果	shuǐ guǒ	Noun: fruit
树	shù	Noun: tree
有用	yǒu yòng	Adjective: useful
不大	bú dà	Adverb: not too
块	kuài	Measure Word: for a piece
房子	fàng zi	Noun: house, flat, building
新	xīn	Adjective: new
中间	zhōng jiān	Location: between, in the middle, mid
小姐	xiǎo jiě	Noun: Miss, young lady
的	de	Particle: to form an attribute
晚饭	wǎn fàn	Noun: dinner, supper
国	guó	Noun: country
放假	fàng jià	Verb: to have holiday
南	nán	Location: south
您	nín	Pronoun: you (singular, polite)
车站	chē zhàn	Noun: bus stop
中国	zhōng guó	Noun: China
哪里	nǎ lǐ	Adverb: where
去	qù	Verb: to go
地点	dì diǎn	Location: place
怎么	zěn me	Adverb: how
图书馆	tú shū guǎn	Noun: library
女人	nǚ rén	Noun: woman, women
家人	jiā rén	Noun: family member
路口	lù kǒu	Noun: intersection
贵	guì	Adjective: expensive
开	kāi	Verb: to open, to start, to drive (car, etc.)
间	jiān	Measure Word: for rooms and buildings

听写	tīng xiě	Noun: dictation
写	xiě	Verb: to write
医院	yī yuàn	Noun: hospital
外国	wài guó	Noun: foreign country
会	huì	Auxiliary Verb: can, to be able to
来到	lái dào	Verb: to arrive, to come
请问	qǐng wèn	Expression: may I ask ...?
最后	zuì hòu	Time: finally, at last
地上	dì shang	Location: on the ground, on the floor
打电话	dǎ diàn huà	Verb: to make a phone call
前天	qián tiān	Time: the day before yesterday
请进	qǐng jìn	Expression: please come in
子	zǐ	Noun: son Particle: noun suffix
口	kǒu	Noun: mouth Measure Word: for things with mouths or a mouth full of
肉	ròu	Noun: meat
们	men	Particle: plural marker for pronouns
太	tài	Adverb: too, extremely
爱	ài	Verb: to love
门口	mén kǒu	Noun: door, entry
星期天	xīng qī tiān	Time: Sunday
马路	mǎ lù	Noun: street
开车	kāi chē	Verb: to drive a car
起来	qǐ lái	Verb: to stand up, to get up
爱好	ài hào	Noun: hobby, interest Verb: to like
书	shū	Noun: book
后天	hòu tiān	Time: the day after tomorrow
爷爷	yé ye	Noun: grandfather (father's father)
课文	kè wén	Noun: text, text in textbook
买	mǎi	Verb: to buy
谢谢	xiè xie	Expression: thanks!
还	hái	Adverb: still

不对	bú duì	Adjective: incorrect, wrong
饭店	fàn diàn	Noun: restaurant
有	yǒu	Verb: to have, to exist, to be
爸爸	bà ba	Noun: dad
那儿	nà er	Location: there
你	nǐ	Pronoun: you (singular)
人	rén	Noun: person, people
下车	xià chē	Verb: to get off or out of (a bus, train, car etc.)
电脑	diàn nǎo	Noun: computer
半	bàn	Number: half
进去	jìn qu	Verb: to go in
汉字	hàn zì	Noun: Chinese character
坐下	zuò xià	Verb: to sit down
送	sòng	Verb: to deliver, to escort, to give, to send
明年	míng nián	Time: next year
今天	jīn tiān	Time: today
出	chū	Verb: to go out, to exceed, to happen Measure Word: for dramas, plays, operas
这里	zhè lǐ	Location: here
上边	shàng bian	Location: top, on top, above
试	shì	Noun: experiment, examination, test Verb: to test, to attempt
家里	jiā lǐ	Location: home
回家	huí jiā	Verb: to go home, to return home
对	duì	Adjective: right, correct
中	zhōng	Location: centre, middle
这边	zhè biān	Location: here, on this side
半天	bàn tiān	Measure Word: a long time, quite a while
面条儿	miàn tiáo er	Noun: noodles
二	èr	Number: 2
今年	jīn nián	Time: this year
第	dì	Number: prefix for first, second, third, etc.

高兴	gāo xìng	Adjective: happy, glad, cheerful
地图	dì tú	Noun: map
昨天	zuó tiān	Time: yesterday
床	chuáng	Noun: bed
白天	bái tiān	Time: during the day
北	běi	Location: north
中学生	zhōng xué shēng	Noun: middle school student
我们	wǒ men	Pronoun: we
朋友	péng you	Noun: friend
右	yòu	Location: right
下雨	xià yǔ	Verb: to rain
上	shàng	Verb: to go up, to attend, to climb Location: on, upon, previous, upper
国外	guó wài	Noun: overseas Adjective: abroad
女	nǚ	Adjective: female
请	qǐng	Verb: to ask, to invite Expression: please
一下儿	yī xià er	Time: short time
吧	ba	Particle: indicating suggestion
进	jìn	Verb: to advance, to enter
请坐	qǐng zuò	Expression: please take a seat
班	bān	Noun: class, team, squad Measure Word: for groups, rankings, etc.
机票	jī piào	Noun: plane ticket
再见	zài jiàn	Expression: goodbye, see you
要	yào	Auxiliary Verb: to want to, going to
真	zhēn	Adverb: real, true, genuine
男生	nán shēng	Noun: boy
放	fàng	Verb: to let go, to put, have a vacation
车票	chē piào	Noun: ticket (for bus, train, etc.)
下边	xià bian	Location: under, below
男人	nán rén	Noun: man, men
有些	yǒu xiē	Adverb: some
孩子	hái zi	Noun: child

日	rì	Noun: day, sun
西	xī	Location: west
奶奶	nǎi nai	Noun: grandmother (father's mother)
知道	zhī dào	Verb: to know, to be aware of
吃饭	chī fàn	Verb: to eat a meal
和	hé	Relative Clause: with Conjunction: and
小	xiǎo	Adjective: small
大学生	dà xué shēng	Noun: university student
关上	guān shàng	Verb: to close (a door), to turn off (e.g. electrical equipment)
有时候	yǒu shí hou	Adverb: sometimes
哪	nǎ	Expression: which
钱包	qián bāo	Noun: purse, wallet
能	néng	Auxiliary Verb: to be able to
下课	xià kè	Verb: to finish class
男朋友	nán péng you	Noun: boyfriend
个	gè	Measure Word: for almost everything
干净	gān jìng	Adjective: clean, tidy
楼上	lóu shàng	Location: upstairs
哪些	nǎ xiē	Adverb: which ones
时间	shí jiān	Noun: time, period
跑	pǎo	Verb: to run
一些	yī xiē	Adverb: some, a few
毛	máo	Measure Word: for 0.1 RMB
一点儿	yī diǎn er	Adverb: a bit, a little
哥哥	gē ge	Noun: older brother
没有	méi yǒu	Verb: to not have
先生	xiān sheng	Noun: Mister (Mr.), teacher
六	liù	Number: 6
工作	gōng zuò	Noun: job Verb: to work
马上	mǎ shàng	Adverb: immediately, at once
再	zài	Adverb: again, once more
看见	kàn jiàn	Verb: to see, to catch sight of

得到	dé dào	Verb:	to get, to receive
找	zhǎo	Verb:	to look for, to seek
网上	wǎng shàng	Verb:	to be online
		Location:	online
学	xué	Verb:	to study, to learn
地	dì	Noun:	earth, ground, field, land
热	rè	Adjective:	hot, warm
三	sān	Number:	3
少	shǎo	Adjective:	few, little
零	líng	Number:	0
认真	rèn zhēn	Adjective:	conscientious, earnest, serious
楼	lóu	Noun:	storied building
		Measure Word:	for floor
球	qiú	Noun:	ball
页	yè	Noun:	page, leaf
		Measure Word:	for a page
是	shì	Verb:	is, to be
八	bā	Number:	8
学院	xué yuàn	Noun:	college, institute
中学	zhōng xué	Noun:	middle school
电影院	diàn yǐng yuàn	Noun:	cinema
包子	bāo zi	Noun:	steamed stuffed bun
吃	chī	Verb:	to eat
知识	zhī shi	Noun:	knowledge
给	gěi	Verb:	to give
没关系	méi guān xi	Expression:	it doesn't matter
从	cóng	Relative Clause:	from
回来	huí lai	Verb:	to return, to come back
明天	míng tiān	Time:	tomorrow
四	sì	Number:	4
小朋友	xiǎo péng yǒu	Noun:	child
时候	shí hou	Noun:	time, moment, period
来	lái	Verb:	to come, to arrive
		Particle:	ever since
事	shì	Noun:	matter, affair

教学楼	jiào xué lóu	Noun: school building
想	xiǎng	Verb: to think, to miss Auxiliary Verb: to want
都	dōu	Adverb: all, both Pronoun: all, both
记住	jì zhu	Verb: to remember
前	qián	Location: front
到	dào	Verb: to arrive, to reach Relative Clause: to, until, up to
回答	huí dá	Noun: answer Verb: to answer, to reply
水	shuǐ	Noun: water
十	shí	Number: 10
家	jiā	Noun: family, home, household Measure Word: for businesses, families
雨	yǔ	Noun: rain
是不是	shì bù shì	Conjunction: whether or not
手	shǒu	Noun: hand
小时	xiǎo shí	Noun: hour
一边	yì biān	Location: one side Adverb: on the one hand
叫	jiào	Verb: to be called, to call, to shout
生病	shēng bìng	Verb: to get sick
还是	hái shì	Adverb: still, nevertheless Conjunction: or
喜欢	xǐ huan	Verb: to like
打	dǎ	Verb: to hit, to play, to call
大	dà	Adjective: big, great
杯子	bēi zi	Noun: cup, glass
放学	fàng xué	Verb: to dismiss students at the end of a school day
他	tā	Pronoun: he
号	hào	Noun: number, day of month
医生	yī shēng	Noun: doctor
年	nián	Noun: year

点	diǎn	Noun: point, dot Verb: to nod, to click Measure Word: a little, a bit
记	jì	Verb: to note, to record, to remember Measure Word: for blows, kicks, shots
病	bìng	Noun: disease Adjective: ill
汉语	hàn yǔ	Noun: Chinese language
饿	è	Adjective: hungry
里边	lǐ bian	Location: inside
男孩儿	nán hái er	Noun: boy
没事儿	méi shì er	Expression: no worries, doesn't matter
认识	rèn shi	Noun: understanding, knowledge, awareness Verb: to know, to recognize, to understand, to be familiar with
不用	bù yòng	Adjective: no need, need not
站	zhàn	Noun: station, stop
住	zhù	Verb: to live, to stay, to reside
早上	zǎo shang	Time: early morning
起床	qǐ chuáng	Verb: to get up (from bed)
弟弟	dì di	Noun: younger brother
唱歌	chàng gē	Verb: to sing
路上	lù shang	Location: on a journey, on the road
七	qī	Number: 7
还有	hái yǒu	Adverb: furthermore, in addition
忘	wàng	Verb: to forget
坏	huài	Adjective: bad, broken, spoiled
小学	xiǎo xué	Noun: primary school
电视	diàn shì	Noun: TV(-set)
午饭	wǔ fàn	Noun: lunch
读书	dú shū	Verb: to read a book, to study, to attend school
没什么	méi shén me	Expression: have nothing, doesn't matter
五	wǔ	Number: 5
月	yuè	Noun: month, moon

电影	diàn yǐng	Noun: movie, film
他们	tā men	Pronoun: they
星期日	xīng qī rì	Time: Sunday
病人	bìng rén	Noun: patient, sick person
那边	nà biān	Location: over there
考试	kǎo shì	Noun: exam
去年	qù nián	Time: last year
后	hòu	Location: back
元	yuán	Measure Word: for money (Yuan, RMB)
花	huā	Noun: flower
帮忙	bāng máng	Verb: to help, to do a favour
下	xià	Verb: descend, fall Location: below, down, under
岁	suì	Measure Word: years old
路	lù	Noun: road, path
本子	běn zi	Noun: book, notebook
外边	wài bian	Location: outside
差	chà	Verb: to lack, short of Adjective: poor
国家	guó jiā	Noun: country, state, nation
穿	chuān	Verb: to wear
门票	mén piào	Noun: ticket (for cinema, etc.)
东边	dōng bian	Location: east
好听	hǎo tīng	Adjective: pleasant (to hear)
真的	zhēn de	Adverb: really
睡觉	shuì jiào	Verb: to sleep, to go to bed
回	huí	Verb: to return, to answer, to reply
风	fēng	Noun: wind
妹妹	mèi mei	Noun: younger sister
干	gàn	Verb: to do, to work
汽车	qì chē	Noun: car
很	hěn	Adverb: very, quite
动	dòng	Verb: to move, to act
前边	qián bian	Location: front, in front of

电视机	diàn shì jī	Noun:	TV set
小学生	xiǎo xué shēng	Noun:	primary school student
一样	yí yàng	Adverb:	alike, equal to
上网	shàng wǎng	Verb:	to be on the internet
打球	dǎ qiú	Verb:	to play with a ball, to play ball
车	chē	Noun:	car, vehicle
车上	chē shàng	Location:	on the car/bus/etc.
中午	zhōng wǔ	Noun:	noon, midday
上课	shàng kè	Verb:	to attend class
常	cháng	Adjective:	frequently, commonly, often
难	nán	Adjective:	difficult
字	zì	Noun:	word, character
书店	shū diàn	Noun:	bookshop
问	wèn	Verb:	to ask
这	zhè	Pronoun:	this
请假	qǐng jià	Verb:	to ask for leave
话	huà	Noun:	speech, conversation, words, language
告诉	gào su	Verb:	to tell
下次	xià cì	Time:	next time
奶	nǎi	Noun:	breast, milk
饭	fàn	Noun:	meal, cooked rice
东西	dōng xi	Noun:	thing
别人	bié ren	Pronoun:	others, other people
觉得	jué de	Verb:	to think, to feel
大学	dà xué	Noun:	university, college
明白	míng bai	Verb:	to understand
		Adjective:	clear, obvious
女朋友	nǚ péng you	Noun:	girlfriend
学生	xué sheng	Noun:	student, pupil
在家	zài jiā	Location:	at home
喝	hē	Verb:	to drink
好吃	hǎo chī	Adjective:	tasty, delicious
下午	xià wǔ	Noun:	afternoon

动作	dòng zuò	Noun: movement
白	bái	Adjective: white, clear
两	liǎng	Number: two, some
现在	xiàn zài	Time: now
了	le	Particle: indicating past or change
一起	yì qǐ	Adverb: together
这儿	zhè er	Location: here
坐	zuò	Verb: to sit, to take (bus, train, etc.)
准备	zhǔn bèi	Verb: to prepare
房间	fáng jiān	Noun: room
哪儿	nǎ er	Adverb: where
洗	xǐ	Verb: to wash
她	tā	Pronoun: she
上班	shàng bān	Verb: to go to work, to start work
看	kàn	Verb: to see, to watch, to look at
考	kǎo	Verb: to check, to test, to examine, to take an exam
不	bù	Adverb: no, not
鸡蛋	jī dàn	Noun: (chicken) egg
走路	zǒu lù	Verb: to walk
唱	chàng	Verb: to sing
起	qǐ	Verb: to get up, to rise, to start, to establish Measure Word: for occurrences or unpredictable events
等	děng	Verb: to wait
茶	chá	Noun: tea
生气	shēng qì	Verb: to be/get angry Adjective: angry, mad
睡	shuì	Verb: to sleep
飞机	fēi jī	Noun: airplane
本	běn	Measure Word: for books, files, etc.
过	guò	Particle: indicating action in the past
累	lèi	Adjective: tired
干	gān	Adjective: dry

地	de	Particle: used before a verb
学校	xué xiào	Noun: school
儿子	ér zi	Noun: son
用	yòng	Verb: to use, to employ, to apply
天气	tiān qì	Noun: weather
商店	shāng diàn	Noun: shop, store
楼下	lóu xià	Location: downstairs
好看	hǎo kàn	Adjective: good-looking, beautiful, good (movie, etc.)
高	gāo	Adjective: high, tall
多	duō	Adjective: much, many
工人	gōng rén	Noun: worker
上学	shàng xué	Verb: to attend school
妈妈	mā ma	Noun: mother
回去	huí qù	Verb: to return, to go back
电	diàn	Noun: electricity
就	jiù	Adverb: only, already Relative Clause: with regard to Conjunction: as soon as, right away, even if
着	zhe	Particle: indicating action in progress
什么	shén me	Pronoun: what
电话	diàn huà	Noun: telephone
重	zhòng	Adjective: heavy, serious Adverb: heavily
学习	xué xí	Verb: to study, to learn
百	bǎi	Number: 100
见	jiàn	Verb: to see, to meet
最	zuì	Adverb: most
几	jǐ	Adverb: how many Pronoun: several
出去	chū qù	Verb: to go out
老	lǎo	Adjective: old
身上	shēn shang	Location: on the body, at hand

里	lǐ	Location: in, inside Measure Word: for 0.5 km
日期	rì qī	Noun: date
听到	tīng dào	Verb: to hear, to become aware of
书包	shū bāo	Noun: schoolbag
常常	cháng cháng	Adverb: often, frequently
桌子	zhuō zi	Noun: table
老人	lǎo rén	Noun: old people
女生	nǚ shēng	Noun: girl, female student
网友	wǎng yǒu	Noun: online friend
谁	shéi	Pronoun: who
见面	jiàn miàn	Verb: to meet, to see sbd.
正在	zhèng zài	Adverb: in the process of, in course of
一会儿	yí huì er	Time: a while
在	zài	Relative Clause: at, on, in Particle: for action in progress
地方	dì fang	Noun: region, place, location
读	dú	Verb: to read aloud
比	bǐ	Relative Clause: than, used for comparison
上午	shàng wǔ	Noun: morning
外	wài	Adjective: foreign, external Location: outside
看病	kàn bìng	Verb: to visit a doctor
听	tīng	Verb: to listen, to hear, to obey Measure Word: for canned beverages
早	zǎo	Time: early
生日	shēng rì	Noun: birthday
机场	jī chǎng	Noun: airport
没	méi	Adverb: not
上次	shàng cì	Time: last time
名字	míng zi	Noun: name
天	tiān	Noun: day, sky, heaven
关	guān	Verb: to close, to shut, to turn off
身体	shēn tǐ	Noun: body, health

干什么	gàn shén me	Expression: what are (you) doing? what should (we) do?
记得	jì de	Verb: to remember
好	hǎo	Adjective: good, nice
山	shān	Noun: mountain, hill
重要	zhòng yào	Adjective: important
看到	kàn dào	Verb: to see, to recognize
一	yī	Number: 1
打开	dǎ kāi	Verb: to open, to turn on
小孩儿	xiǎo hái er	Noun: child
课	kè	Noun: class, lesson, course
错	cuò	Noun: mistake, error Adjective: wrong
洗手间	xǐ shǒu jiān	Noun: toilet, bathroom
半年	bàn nián	Time: half a year
牛奶	niú nǎi	Noun: cow milk
手机	shǒu jī	Noun: mobile phone
慢	màn	Adjective: slow
商场	shāng chǎng	Noun: shopping mall, department store
非常	fēi cháng	Adverb: very
那	nà	Pronoun: that
忘记	wàng jì	Verb: to forget
歌	gē	Noun: song
课本	kè běn	Noun: textbook
女儿	nǚ ér	Noun: daughter
教	jiāo	Verb: to teach, to instruct
不客气	bú kè qi	Expression: you are welcome
九	jiǔ	Number: 9
姐姐	jiě jie	Noun: older sister
呢	ne	Particle: to build a question based on already mentioned subjects
开玩笑	kāi wán xiào	Verb: to play a joke, to make fun of
中文	zhōng wén	Noun: Chinese language
钱	qián	Noun: money
晚	wǎn	Time: late

找到	zhǎo dào	Verb: to find
介绍	jiè shào	Noun: introduction Verb: to introduce, to recommend
杯	bēi	Noun: cup, glass
对不起	duì bu qǐ	Expression: sorry, I'm sorry
外语	wài yǔ	Noun: foreign language
进来	jìn lái	Verb: to come in
还	huán	Verb: to give back, to return
晚上	wǎn shang	Time: evening
那些	nà xiē	Pronoun: those
帮	bāng	Verb: to help
旁边	páng biān	Location: beside, aside
分	fēn	Noun: minute, point, 0.01 yuan Measure Word: for 0.33cm, minutes, 0.01 yuan, points, etc.
新年	xīn nián	Time: New Year
行	xíng	Verb: to walk, to go Adjective: capable, competent Expression: OK
那里	nà li	Location: there
拿	ná	Verb: to hold, to seize
飞	fēi	Verb: to fly
她们	tā men	Pronoun: they (female)
忙	máng	Adjective: busy
包	bāo	Noun: bag, package Verb: to cover, to wrap, to hold, to include
衣服	yī fu	Noun: clothes
好玩儿	hǎo wán er	Adjective: amusing, good fun
跟	gēn	Verb: to follow Relative Clause: with Conjunction: and
火车	huǒ chē	Noun: train
米饭	mǐ fàn	Noun: (cooked) rice
吗	ma	Particle: to form a question
南边	nán bian	Location: south

同学	tóng xué	Noun: classmate
打车	dǎ chē	Verb: to take a taxi
远	yuǎn	Adjective: far, distant
正	zhèng	Adverb: just now
左边	zuǒ bian	Location: left, left side
票	piào	Noun: ticket
渴	kě	Adjective: thirsty
门	mén	Noun: door Measure Word: for lessons
也	yě	Adverb: also
多少	duō shao	Adverb: how many, how much
先	xiān	Adverb: early, former, first, before
别	bié	Adverb: don't
早饭	zǎo fàn	Noun: breakfast
别的	bié de	Adverb: other
听见	tīng jiàn	Verb: to hear
左	zuǒ	Location: left

HSK 2

一路顺风	yī lù shùn fēng	Expression:	have a pleasant journey!
留学生	liú xué shēng	Noun:	foreign student
下周	xià zhōu	Time:	next week
绿	lǜ	Adjective:	green
那会儿	nǎ huì ér	Time:	at that time
花	huā	Verb:	to spend
假期	jià qī	Noun:	holiday, vacation
住房	zhù fáng	Noun:	housing
西方	xī fāng	Location:	the West
如果	rú guǒ	Conjunction:	if
小说	xiǎo shuō	Noun:	novel, fiction
队	duì	Noun:	team
示	shì	Verb:	to show, to reveal
办	bàn	Verb:	to do
行人	xíng rén	Noun:	pedestrian
参加	cān jiā	Verb:	to attend, to take part, to join
西餐	xī cān	Noun:	Western food
公共汽车	gōng gòng qì chē	Noun:	bus
信号	xìn hào	Noun:	signal
交朋友	jiāo péng yǒu	Verb:	to make friends
主人	zhǔ rén	Noun:	host, master
广场	guǎng chǎng	Noun:	public square
一会儿	yí huì er	Adverb:	in a moment, a little while
气温	qì wēn	Noun:	(air) temperature
云	yún	Noun:	cloud
球队	qiú duì	Noun:	sports team
交通	jiāo tōng	Noun:	traffic
黄	huáng	Verb:	to fall through
		Adjective:	yellow, pornographic
的话	de huà	Conjunction:	if
英语	yīng yǔ	Noun:	English
春天	chūn tiān	Noun:	spring

出国	chū guó	Verb: to go abroad	
题	tí	Noun: question (of a test)	
		Verb: to inscribe, to mention	
洗衣机	xǐ yī jī	Noun: washing machine	
出门	chū mén	Verb: to go out, to leave home for a journey	
动物园	dòng wù yuán	Noun: zoo	
客人	kè rén	Noun: guest, customer, visitor	
词语	cí yǔ	Noun: word, expression	
作用	zuò yòng	Noun: action, function, impact, effect	
		Verb: to affect	
墙	qiáng	Noun: wall	
蓝色	lán sè	Adjective: blue	
那样	nà yàng	Adverb: that kind, that sort	
眼睛	yǎn jing	Noun: eye	
早晨	zǎo chen	Time: early morning	
早就	zǎo jiù	Location: before already	
听说	tīng shuō	Verb: to hear something (rumour, etc.)	
一点点	yī diǎn diǎn	Adverb: a little bit	
不错	bú cuò	Adjective: correct, pretty good	
事情	shì qing	Noun: thing, affair, matter	
灯	dēng	Noun: lamp, light	
名称	míng chēng	Noun: name	
大小	dà xiǎo	Noun: size	
听讲	tīng jiǎng	Verb: listen to (talk, lecture, teacher, etc.)	
挺好	tǐng hǎo	Adjective: very good	
举手	jǔ shǒu	Verb: to raise a hand	
小声	xiǎo shēng	Adjective: in a low voice, in whispers	
中小学	zhōng xiǎo xué	Noun: middle and elementary school	
骑车	qí chē	Verb: to cycle	
比如	bǐ rú	Adverb: for example	
黑	hēi	Adjective: black, dark	
信息	xìn xī	Noun: information, news	
笑话儿	xiào huà er	Noun: joke	
爱人	ài rén	Noun: spouse	

对	duì	Verb: to oppose, to face, to answer, to reply, to direct towards Relative Clause: for, to, towards
脏	zāng	Adjective: dirty
有意思	yǒu yì si	Adjective: interesting
养	yǎng	Verb: to raise
留下	liú xià	Verb: to stay behind, to remain, to leave behind
腿	tuǐ	Noun: leg
等于	děng yú	Verb: to equal, to amount to
春节	chūn jié	Noun: Spring Festival
看法	kàn fǎ	Noun: view, opinion
当	dāng	Verb: to act as, to administer Auxiliary Verb: should, ought Adjective: equal Conjunction: when, during
信心	xìn xīn	Noun: confidence, faith
出口	chū kǒu	Noun: exit, export
分数	fēn shù	Noun: fraction, point, score, grade
下雪	xià xuě	Verb: to snow
商量	shāng liang	Verb: to consult, to discuss
重视	zhòng shì	Verb: to value, to attach importance to
见过	jiàn guò	Verb: to look at
阴	yīn	Adjective: cloudy, overcast
例子	lì zi	Noun: example
短信	duǎn xìn	Noun: text message
这样	zhè yàng	Adverb: this way, like this
拿到	ná dào	Verb: to receive, to get
实在	shí zài	Adverb: really, in fact
使用	shǐ yòng	Verb: to use
老	lǎo	Adverb: always
以前	yǐ qián	Time: before Adverb: previous, formerly
全身	quán shēn	Noun: the whole body
叫作	jiào zuò	Verb: to call, to be called

走过	zǒu guò	Verb: to walk past, to pass by
分	fēn	Verb: to divide, to separate, to distribute, to allocate, to distinguish
重新	chóng xīn	Adverb: again
河	hé	Noun: river
有空儿	yǒu kòng er	Verb: to have time
可怕	kě pà	Adjective: awful, terrible
鸟	niǎo	Noun: bird
过年	guò nián	Verb: to celebrate the Chinese New Year
中医	zhōng yī	Noun: traditional Chinese medical science
那时候	nà shí hou	Time: at that time
亮	liàng	Verb: to shine, to show, to reveal Adjective: bright, clear, shiny
快乐	kuài lè	Adjective: happy
东方	dōng fāng	Location: east
骑	qí	Verb: to ride (animal or bike)
相机	xiāng jī	Noun: camera
红	hóng	Noun: dividend Adjective: red, popular, revolutionary
然后	rán hòu	Conjunction: then, afterwards
变成	biàn chéng	Verb: to change into, to become
样子	yàng zi	Noun: appearance, manner
周年	zhōu nián	Noun: anniversary
以外	yǐ wài	Conjunction: apart from, outside of
后来	hòu lái	Adverb: afterwards, later
洗澡	xǐ zǎo	Verb: to take a shower, to have a bath
阴天	yīn tiān	Adjective: overcast, cloudy
求	qiú	Verb: to seek, to request, to look for
份	fèn	Noun: part, share, portion, copy Measure Word: for newspaper, papers, reports, contracts
结果	jié guǒ	Noun: result, outcome
说明	shuō míng	Noun: explanation, illustration Verb: to explain, to illustrate

套	tào	Noun: cover
		Verb: to cover with
		Measure Word: for sets of things
闻	wén	Verb: to hear, to smell
完成	wán chéng	Verb: to complete, to accomplish
行动	xíng dòng	Noun: action, operation
		Verb: to move, to act
帮助	bāng zhù	Noun: assistance, help
		Verb: to help, to assist
到处	dào chù	Adverb: everywhere, at all places
租	zū	Verb: to rent, to hire
快点儿	kuài diǎn er	Expression: a little bit quicker please
座	zuò	Noun: seat
		Measure Word: for cities, buildings, mountains, etc.
头	tou	Particle: suffix for noun
出生	chū shēng	Verb: to be born
酒店	jiǔ diàn	Noun: hotel, restaurant, wine shop
天上	tiān shàng	Adjective: celestial, heavenly
离开	lí kāi	Verb: to depart, to leave
快要	kuài yào	Adverb: almost, nearly
走开	zǒu kāi	Expression: go away!
全	quán	Adverb: completely, entirely
晚会	wǎn huì	Noun: party, event
刚刚	gāng gāng	Adverb: just now, a moment ago
过去	guò qù	Verb: to go over, to pass by
		Adverb: past, former
等到	děng dào	Verb: to wait until
饺子	jiǎo zi	Noun: dumpling
球鞋	qiú xié	Noun: sport shoes
怎么样	zěn me yàng	Adverb: how is/are
		Expression: how about that?
老朋友	lǎo péng you	Noun: old friend
东南	dōng nán	Location: southeast
计划	jì huà	Noun: plan, project, program
		Verb: to plan

接到	jiē dào	Verb: to receive
位	wèi	Noun: position, place, seat Measure Word: for people
公交车	gōng jiāo chē	Noun: bus
以上	yǐ shàng	Adverb: that or more, the above-mentioned
影响	yǐng xiǎng	Noun: influence, effect Verb: to influence, to affect
吹	chuī	Verb: to blow, to boast, to fail
感谢	gǎn xiè	Noun: gratitude Verb: to thank, to be grateful
有点儿	yǒu diǎn er	Adverb: slightly, a little
关机	guān jī	Verb: to turn (a machine or device) off
行为	xíng wéi	Noun: action, conduct, behaviour, activity
大声	dà shēng	Adjective: loud
心中	xīn zhōng	Noun: in the heart
感动	gǎn dòng	Verb: to move sbd., to be moved
大衣	dà yī	Noun: coat
假	jiǎ	Adjective: fake, false
真正	zhēn zhèng	Adjective: genuine, real, true
经常	jīng cháng	Adverb: often, frequently
篮球	lán qiú	Noun: basketball
瓶子	píng zi	Noun: bottle
气	qì	Noun: gas, air Verb: to get angry, to annoy
参观	cān guān	Verb: to visit, to look around
角度	jiǎo dù	Noun: angle, point of view
旅行	lǚ xíng	Noun: travel Verb: to travel
少数	shǎo shù	Noun: small number, minority
例如	lì rú	Adverb: for example
实现	shí xiàn	Verb: to realize, to achieve, to bring about
球场	qiú chǎng	Noun: court, sports ground, stadium

层	céng	Noun: layer, floor Measure Word: for layer, story, floor
组长	zǔ zhǎng	Noun: group leader
或者	huò zhě	Conjunction: or, possibly
长大	zhǎng dà	Expression: to grow up
少年	shào nián	Noun: youngster
年级	nián jí	Noun: grade, year
红色	hóng sè	Adjective: red
从小	cóng xiǎo	Adverb: from childhood on
晚报	wǎn bào	Noun: evening paper
家长	jiā zhǎng	Noun: parents, head of a household
校园	xiào yuán	Noun: campus
这时候	zhè shí hou	Time: at that time
这么	zhè me	Adverb: so much, that much
改变	gǎi biàn	Verb: to change
院	yuàn	Noun: courtyard, institution
中年	zhōng nián	Adjective: middle aged
随时	suí shí	Adverb: at all time, at any time
机会	jī huì	Noun: opportunity, chance
组	zǔ	Noun: group, team Verb: to organize, to form
不过	bú guò	Adverb: only, just, no more than Conjunction: but, however
普通	pǔ tōng	Adjective: ordinary, common
雪	xuě	Noun: snow
取	qǔ	Verb: to take, to get
实习	shí xí	Noun: practice, internship Verb: to practice
讨论	tǎo lùn	Noun: discussion Verb: to discuss
明星	míng xīng	Noun: star, celebrity
等	děng	Particle: etc., and so on
占	zhàn	Verb: to take possession of, to occupy
两	liǎng	Measure Word: 50 gram
千	qiān	Number: 1000

早餐	zǎo cān	Noun: breakfast
漂亮	piào liang	Adjective: pretty, beautiful
检查	jiǎn chá	Noun: inspection Verb: to check, to inspect, to examine
重复	chóng fù	Verb: to repeat, to duplicate
收	shōu	Verb: to accept, to receive
船	chuán	Noun: boat, ship
蛋	dàn	Noun: egg
取得	qǔ dé	Verb: to acquire, to obtain
名单	míng dān	Noun: list (of names)
合适	hé shì	Adjective: suitable, appropriate
正好	zhèng hǎo	Adverb: just right, just at the right time
心情	xīn qíng	Noun: mood, state of mind
超过	chāo guò	Verb: to surpass, to exceed
分开	fēn kāi	Verb: to separate, to part
道	dào	Noun: street, road Verb: to say Measure Word: for road, river, task, etc.
条件	tiáo jiàn	Noun: condition, circumstances
人数	rén shù	Noun: number of people
千克	qiān kè	Noun: kilogram
中餐	zhōng cān	Noun: Chinese food
大量	dà liàng	Adjective: large quantity, numerous
只能	zhǐ néng	Verb: to have no other choice than
生活	shēng huó	Noun: life Verb: to live
药水	yào shuǐ	Noun: bottled medicine, lotion
一定	yí dìng	Adjective: definite, fixed, given Adverb: surely, certainly
大家	dà jiā	Pronoun: everybody, all
便宜	pián yi	Adjective: cheap, inexpensive
正常	zhèng cháng	Adjective: regular, normal, ordinary
笔记	bǐ jì	Noun: note
作业	zuò yè	Noun: homework, task, work
举行	jǔ xíng	Verb: to hold (meeting, etc.)

只要	zhǐ yào	Conjunction:	if only, as long as
相同	xiāng tóng	Adjective:	identical, same
夏天	xià tiān	Noun:	summer
通知	tōng zhī	Noun: notice Verb: to notify, to inform	
可是	kě shì	Conjunction:	but
原因	yuán yīn	Noun:	reason, cause
难题	nán tí	Noun:	difficult problem/question
不行	bù xíng	Adjective:	not possible, not ok
数字	shù zì	Noun:	figure, number
下	xià	Measure Word:	for times of action
平常	píng cháng	Adjective: ordinary, common Adverb: generally, usually	
东北	dōng běi	Location:	northeast
但是	dàn shì	Conjunction:	but, however
碰	pèng	Verb:	to meet, to run into
干杯	gān bēi	Expression:	cheers!
体育馆	tǐ yù guǎn	Noun:	gymnasium
流利	liú lì	Adjective:	fluent
教学	jiào xué	Noun: teaching Verb: to teach	
鸡	jī	Noun:	chicken
零下	líng xià	Number:	below zero
计算机	jì suàn jī	Noun:	calculator
通	tōng	Verb:	to go through, to connect
停车场	tíng chē chǎng	Noun:	car park
读音	dú yīn	Noun:	pronunciation
收到	shōu dào	Verb:	to receive
找出	zhǎo chū	Verb:	to find out
练	liàn	Verb:	to practice
算	suàn	Verb:	to calculate
中心	zhōng xīn	Noun:	centre
复习	fù xí	Noun: revision Verb: to revise	
网	wǎng	Noun:	net, network

离	lí	Verb: to leave, to be away from
护照	hù zhào	Noun: passport
过	guò	Verb: to pass, to cross, to spend time
靠	kào	Verb: to lean against, to get near
其他	qí tā	Pronoun: other, others
做到	zuò dào	Verb: to accomplish, to achieve
夜里	yè li	Time: at night
安全	ān quán	Noun: safety Adjective: safe, secure
脸	liǎn	Noun: face
出租	chū zū	Verb: to rent out
篇	piān	Measure Word: for chapters, articles, etc.
国际	guó jì	Adjective: international
黄色	huáng sè	Adjective: yellow
借	jiè	Verb: to lend, to borrow, to make use of (an opportunity)
海	hǎi	Noun: sea
笑话	xiào hua	Noun: joke
经过	jīng guò	Verb: to pass, to go through Relative Clause: after, as a result of
提到	tí dào	Verb: to mention
图片	tú piàn	Noun: picture, photo
流	liú	Verb: to flow, to circulate
姓名	xìng míng	Noun: full name
变	biàn	Verb: to change
回	huí	Measure Word: for events of action
目的	mù dì	Noun: purpose, aim
碗	wǎn	Noun: bowl
办法	bàn fǎ	Noun: method, way, means
安静	ān jìng	Adjective: quiet, peaceful
打算	dǎ suàn	Noun: plan, intention Verb: to plan, to think of, to calculate
想起	xiǎng qǐ	Verb: to recall, to call to mind
斤	jīn	Noun: pound, 0.5 kg
刻	kè	Measure Word: for quarter of an hour

加油	jiā yóu	Verb: to cheer, to add fuel
单位	dān wèi	Noun: unit
碰见	pèng jiàn	Verb: to run into, to bump into
收入	shōu rù	Noun: income, revenue Verb: to take in
公斤	gōng jīn	Noun: kilogram Measure Word: kg
大部分	dà bù fen	Adverb: in large part
特点	tè diǎn	Noun: characteristic feature
语言	yǔ yán	Noun: language
西南	xī nán	Location: southwest
多	duō	Adverb: more
音节	yīn jié	Noun: syllable
改	gǎi	Verb: to change
超市	chāo shì	Noun: supermarket
疼	téng	Noun: pain Verb: to ache, to hurt
组成	zǔ chéng	Noun: composition Verb: to form, to compose, to constitute
想法	xiǎng fǎ	Noun: idea, thought
来自	lái zì	Verb: to come from
凉	liáng	Adjective: cool, cold
理想	lǐ xiǎng	Noun: ideal, dream
主要	zhǔ yào	Adjective: main, principal, major
校长	xiào zhǎng	Noun: headmaster, president (university)
班长	bān zhǎng	Noun: class monitor
午睡	wǔ shuì	Noun: siesta Verb: to take a nap
多久	duō jiǔ	Adverb: how long
报名	bào míng	Verb: to sign up, to register
挺	tǐng	Adverb: quite, very, rather
不同	bù tóng	Adjective: different, distinct
不久	bù jiǔ	Adverb: not long after, soon after
开机	kāi jī	Verb: to boot up, to start an engine
脚	jiǎo	Noun: foot

教室	jiào shì	Noun: classroom
头	tóu	Noun: head, start Measure Word: for bigger animals (e.g. sheep, donkey)
出现	chū xiàn	Verb: to appear, to arise
怕	pà	Verb: to fear, to be afraid of
件	jiàn	Measure Word: for events, things, clothes, etc.
对话	duì huà	Noun: dialog
小	xiǎo	Particle: added to a last name to signal a close person is younger or cute
够	gòu	Verb: to reach, to be enough Adjective: be enough Adverb: enough
常用	cháng yòng	Adjective: commonly used
不一定	bù yí dìng	Adverb: not necessarily
教育	jiào yù	Noun: education Verb: to teach
旅游	lǚ yóu	Noun: trip, journey Verb: to travel
作家	zuò jiā	Noun: author
作文	zuò wén	Noun: composition Verb: to write an essay
体育场	tǐ yù chǎng	Noun: stadium
背	bèi	Verb: to learn by heart
出发	chū fā	Verb: to leave, to set out
啊	a	Particle: showing approval
多云	duō yún	Adjective: cloudy
网站	wǎng zhàn	Noun: website
老是	lǎo shi	Adverb: always
草地	cǎo dì	Noun: lawn, meadow
星星	xīng xing	Noun: star (in the sky)
见到	jiàn dào	Verb: to see, to meet
好人	hǎo rén	Noun: a good person
已经	yǐ jīng	Adverb: already

老	lǎo	Particle: to add in front of surnames to show intimacy with somebody older than oneself (mostly for men)
健康	jiàn kāng	Noun: health Adjective: healthy
过来	guò lai	Verb: to come over
忽然	hū rán	Adverb: suddenly
打印	dǎ yìn	Verb: to print, to seal, to stamp
练习	liàn xí	Noun: exercise, practice Verb: to practice
平时	píng shí	Noun: peacetime Adverb: normally
排球	pái qiú	Noun: volleyball
为	wèi	Verb: to do, to act, to be, to become Relative Clause: for (sbd.)
信	xìn	Noun: letter, trust
黑板	hēi bǎn	Noun: blackboard
游客	yóu kè	Noun: tourist
意思	yì si	Noun: meaning, opinion, idea
狗	gǒu	Noun: dog
欢迎	huān yíng	Expression: welcome!
小时候	xiǎo shí hòu	Time: when I was small
菜单	cài dān	Noun: menu
高中	gāo zhōng	Noun: high school
它们	tā men	Pronoun: they (as for it)
完	wán	Verb: to finish
接着	jiē zhe	Verb: to follow, to carry on Adverb: then, after that
往	wǎng	Verb: to go Relative Clause: towards, to
准确	zhǔn què	Adjective: accurate, precise, exact
中级	zhōng jí	Noun: middle level
凉快	liáng kuai	Adjective: pleasantly cool
心里	xīn lǐ	Noun: in one's heart
大海	dà hǎi	Noun: sea, ocean
字典	zì diǎn	Noun: dictionary, character book

级	jí	Measure Word: step, level, class
长	zhǎng	Verb: to grow, to develop
教师	jiào shī	Noun: teacher
长	cháng	Noun: length Adjective: long
通过	tōng guò	Verb: to pass through, to get through Relative Clause: via, by
爬山	pá shān	Noun: hiking Verb: to climb a mountain
音乐会	yīn yuè huì	Noun: concert
角	jiǎo	Noun: angle, corner, horn Measure Word: for 0.1 yuan
要求	yāo qiú	Noun: demand, requirement Verb: to require, to demand
节目	jié mù	Noun: program, item
必须	bì xū	Auxiliary Verb: to have to, must
坏处	huài chu	Noun: disadvantage
做饭	zuò fàn	Verb: to cook
鞋	xié	Noun: shoe
广告	guǎng gào	Noun: advertisement Verb: to advertise
油	yóu	Noun: oil
装	zhuāng	Noun: dress, clothing, costume Verb: to pretend, to install, to fix, to load, to pack
掉	diào	Verb: to fall, to drop, to lose, to turn
西北	xī běi	Location: northwest
司机	sī jī	Noun: driver
干活儿	gàn huó er	Verb: to work (often hard, manual work)
市长	shì zhǎng	Noun: mayor
打工	dǎ gōng	Noun: a part time job Verb: to work (temporary or casual)
拉	lā	Verb: to pull
多么	duō me	Adverb: how, what
走进	zǒu jìn	Verb: to enter

青年	qīng nián	Noun: youth
		Adjective: youthful
讲	jiǎng	Noun: speech, lecture
		Verb: to speak, to explain, to negotiate
可以	kě yǐ	Auxiliary Verb: can, may, able to
日子	rì zi	Noun: day, calendar date
公里	gōng lǐ	Noun: kilometre
		Measure Word: for km
节日	jié rì	Noun: holiday, festival
故意	gù yì	Adverb: on purpose, deliberately
越来越	yuè lái yuè	Adverb: more and more
猫	māo	Noun: cat
词	cí	Noun: word
太阳	tài yáng	Noun: sun
道路	dào lù	Noun: street
段	duàn	Measure Word: for paragraphs, segments, periods, stories
就要	jiù yào	Verb: to be about to do something
午餐	wǔ cān	Noun: lunch
关心	guān xīn	Noun: concern
		Verb: to care for
提	tí	Verb: to carry, to raise
懂得	dǒng de	Verb: to understand, to comprehend
照相	zhào xiàng	Verb: to take a photo
自己	zì jǐ	Pronoun: oneself, self
舒服	shū fu	Adjective: comfortable
辆	liàng	Measure Word: for vehicles
片	piàn	Noun: thin piece, slice, film
		Measure Word: for movies, scenes, etc. pieces of things
月亮	yuè liang	Noun: moon
以后	yǐ hòu	Time: after, afterwards
也许	yě xǔ	Adverb: perhaps, maybe
加	jiā	Verb: to add
好处	hǎo chu	Noun: benefit, advantage

一生	yì shēng	Noun: all one's life, human life
人口	rén kǒu	Noun: population
一路平安	yí lù píng ān	Expression: have a safe trip!
老年	lǎo nián	Adjective: old
一共	yí gòng	Adverb: altogether
虽然	suī rán	Conjunction: although
愿意	yuàn yì	Auxiliary Verb: to be willing, to be ready, to wish, to want
休假	xiū jià	Verb: to take a vacation
差不多	chà bu duō	Adjective: almost, more or less
刚才	gāng cái	Time: just a moment ago
得	de	Particle: used to link verb with adjective
努力	nǔ lì	Noun: great effort Verb: to strive, to work/study hard Adjective: hard, hardworking
人们	rén men	Noun: people
银行卡	yín háng kǎ	Noun: ATM card
直接	zhí jiē	Adjective: direct, immediate
请客	qǐng kè	Verb: to invite sbd. for dinner
身边	shēn biān	Location: at somebody's side
外卖	wài mài	Noun: take out, takeaway
带	dài	Noun: band, belt, area, region Verb: to wear, to carry, to bring, to lead
讲话	jiǎng huà	Verb: to talk
手表	shǒu biǎo	Noun: wrist watch
水平	shuǐ píng	Noun: level, standard Adjective: horizontal
答应	dā ying	Verb: to agree, to promise, to respond
实际	shí jì	Noun: reality, practice Adjective: realistic, practical
短	duǎn	Adjective: short, brief
成绩	chéng jì	Noun: score, achievement, grades
分钟	fēn zhōng	Noun: minute
出院	chū yuàn	Verb: to leave hospital
笔	bǐ	Noun: pen

花园	huā yuán	Noun: garden
提出	tí chū	Verb: to raise (an issue), to propose, to suggest
同时	tóng shí	Time: at the same time, simultaneously
刚	gāng	Adverb: just, barely
十分	shí fēn	Adverb: very, completely, fully, utterly, absolutely
街	jiē	Noun: street
流行	liú xíng	Verb: to spread Adjective: popular, fashionable
不好意思	bù hǎo yì si	Verb: to feel embarrassed Expression: excuse me, sorry
接下来	jiē xià lái	Adverb: next, following
才	cái	Adverb: just, only if
大人	dà ren	Noun: adult
大多数	dà duō shù	Noun: great majority
那么	nà me	Adverb: like that, so very much
得出	dé chū	Verb: to obtain, to arrive at
急	jí	Adjective: urgent, pressing
南方	nán fāng	Location: the South
旅客	lǚ kè	Noun: tourist, passenger, guest
蓝	lán	Adjective: blue
酒	jiǔ	Noun: alcohol
实在	shí zài	Adjective: real, true
省	shěng	Verb: to save, to omit
正确	zhèng què	Adjective: correct, proper
大自然	dǎ zì rán	Noun: nature
该	gāi	Auxiliary Verb: should, ought to
不如	bù rú	Verb: not as good as
出租车	chū zū chē	Noun: taxi
米	mǐ	Measure Word: for metre
面	miàn	Measure Word: for flat surfaces like drums, mirrors, flags, etc.
克	kè	Verb: to subdue, to restrain Measure Word: 1 gram

倒	dǎo	Verb:	to change (bus, train),
瓶	píng	Noun:	bottle
运动	yùn dòng	Noun:	movement, sports
		Verb:	to move about
黑色	hēi sè	Adjective:	black
网球	wǎng qiú	Noun:	tennis
部分	bù fen	Noun:	part, section
好像	hǎo xiàng	Verb:	to seem, to be like, to look like
面	miàn	Noun:	face, surface, noodles
晚餐	wǎn cān	Noun:	dinner
条	tiáo	Noun:	strip, clause
		Measure Word:	for long thin things
温度	wēn dù	Noun:	temperature
表	biǎo	Noun:	wrist or pocket watch
晴	qíng	Adjective:	clear, sunny
怎么办	zěn me bàn	Expression:	what should (we) do?
顺利	shùn lì	Adjective:	smoothly
同样	tóng yàng	Adjective:	same, equivalent
体育	tǐ yù	Noun:	sports
照顾	zhào gù	Verb:	to take care of, to look after
又	yòu	Adverb:	again
卡	kǎ	Noun:	card, calorie
会	huì	Noun:	meeting, conference
越	yuè	Verb:	to exceed, to climb over, to surpass
全部	quán bù	Adjective:	whole, entire, complete
公园	gōng yuán	Noun:	park
难听	nán tīng	Adjective:	vulgar, offensive, unpleasant to hear
请求	qǐng qiú	Noun:	request
		Verb:	to request, to ask
绿色	lǜ sè	Adjective:	green
自由	zì yóu	Noun:	freedom, liberty
		Adjective:	free
平等	píng děng	Noun:	equality
		Adjective:	equal

所有	suǒ yǒu	Verb: to possess, to own
		Adjective: all
方向	fāng xiàng	Noun: direction, orientation
做法	zuò fǎ	Noun: method
药店	yào diàn	Noun: pharmacy
感觉	gǎn jué	Noun: feeling, sense
		Verb: to feel
咱们	zán men	Pronoun: we, us
住院	zhù yuàn	Verb: to be in hospital
比如说	bǐ rú shuō	Adverb: for example
数	shǔ	Verb: to count
鱼	yú	Noun: fish
重点	zhòng diǎn	Noun: emphasis, focal point, priority
交	jiāo	Verb: to hand over, to intersect, to associate with
随便	suí biàn	Adjective: random
		Adverb: as one wishes
年轻	nián qīng	Adjective: young
封	fēng	Measure Word: for sealed objects, letters
喊	hǎn	Verb: to shout, to yell
报纸	bào zhǐ	Noun: newspaper
那	nà	Adverb: in that case
周末	zhōu mò	Noun: weekend
日报	rì bào	Noun: daily newspaper
面前	miàn qián	Location: in front of
画	huà	Noun: picture, painting
		Verb: to draw, to paint
多数	duō shù	Adverb: most
声音	shēng yīn	Noun: voice, sound
科	kē	Noun: science
弄	nòng	Verb: to do, to make
地铁	dì tiě	Noun: subway
路边	lù biān	Location: roadside
车辆	chē liàng	Noun: vehicle
不一会儿	bù yī huì er	Adverb: soon, not long until

头发	tóu fa	Noun:　hair (on the head)
公平	gōng píng	Adjective:　fair, impartial
亿	yì	Number:　100 million
永远	yǒng yuǎn	Adverb:　forever, ever
院长	yuàn zhǎng	Noun:　director
观点	guān diǎn	Noun:　point of view, viewpoint, standpoint
不但	bú dàn	Conjunction:　not only
科学	kē xué	Noun:　science Adjective:　scientific
椅子	yǐ zi	Noun:　chair
全家	quán jiā	Noun:　the whole family
认为	rèn wéi	Verb:　to think, to believe, to consider
服务	fú wù	Noun:　service
开心	kāi xīn	Verb:　to feel happy, to make fun of sbd. Adjective:　happy
交给	jiāo gěi	Verb:　to hand over, to give
起飞	qǐ fēi	Verb:　to take off
站住	zhàn zhù	Verb:　to stand
难看	nán kàn	Adjective:　ugly
一般	yì bān	Adjective:　ordinary, general, common Adverb:　in general, generally
带来	dài lái	Verb:　to bring about, to produce
家庭	jiā tíng	Noun:　family, household
懂	dǒng	Verb:　to understand, to know
完全	wán quán	Adjective:　complete, whole, entire
像	xiàng	Verb:　to be/look like, to appear, to seem
难过	nán guò	Verb:　to feel sorry, to be sad
西医	xī yī	Noun:　Western medicine
最近	zuì jìn	Adverb:　recently, lately, soon
药片	yào piàn	Noun:　pill (medicine)
眼	yǎn	Noun:　eye Measure Word:　for wells, stoves, etc.
平安	píng ān	Adjective:　safe and sound, peaceful
全年	quán nián	Time:　all year long

大大	dà dà	Noun: dad, uncle Adjective: enormous
北方	běi fāng	Location: north, northern part of a country
普通话	pǔ tōng huà	Noun: Mandarin
停车	tíng chē	Verb: to stop, to park (a car)
好事	hǎo shì	Noun: good action, happy occasion
倒	dào	Verb: to pour, to reverse Adverb: on the contrary, instead
姓	xìng	Noun: surname
咱	zán	Pronoun: we
场	chǎng	Noun: field, place Measure Word: for events, happenings, etc.
选	xuǎn	Verb: to choose, to select
想到	xiǎng dào	Verb: to think of
味道	wèi dào	Noun: taste, flavour
度	dù	Noun: degree Verb: to spend (time) Measure Word: for temperature
卖	mài	Verb: to sell
新闻	xīn wén	Noun: news
可能	kě néng	Adverb: might, maybe Auxiliary Verb: can
正是	zhèng shì	Adverb: exactly, precisely
问题	wèn tí	Noun: problem, question
能够	néng gòu	Verb: to be able to, to be capable of
方面	fāng miàn	Noun: aspect, respect
自行车	zì xíng chē	Noun: bicycle, bike
遍	biàn	Adverb: all over Measure Word: for a time
成为	chéng wéi	Verb: to become, to turn into
全体	quán tǐ	Adverb: entire, all
许多	xǔ duō	Adjective: many, a lot of
动物	dòng wù	Noun: animal

或	huò	Conjunction: or Adverb: maybe
纸	zhǐ	Noun: paper
轻	qīng	Adjective: light, small in number, unimportant
但	dàn	Conjunction: but
坏人	huài rén	Noun: an evil person
方法	fāng fǎ	Noun: method, way
不太	bú tài	Adverb: not too
月份	yuè fèn	Time: month
饭馆	fàn guǎn	Noun: restaurant
友好	yǒu hǎo	Adjective: friendly
感到	gǎn dào	Verb: to feel, to sense
课堂	kè táng	Noun: classroom
得	dé	Verb: to obtain, to gain, to allow
排队	pái duì	Verb: to queue, to line up
晴天	qíng tiān	Adjective: sunny
活动	huó dòng	Noun: activity Verb: to move about Adjective: active
里头	lǐ tou	Location: inside
同事	tóng shì	Noun: colleague
公司	gōng sī	Noun: company
青少年	qīng shào nián	Noun: young person, teenager
响	xiǎng	Noun: sound, noise Verb: to make a sound Adjective: loud, noisy
画儿	huà er	Noun: picture, drawing, painting
站	zhàn	Verb: to stand, to stop, to halt
上周	shàng zhōu	Time: last week
低	dī	Adjective: low
满	mǎn	Verb: to fill, to satisfy Adjective: full, satisfied
什么样	shén me yàng	Expression: what sort?
影片	yǐng piàn	Noun: film

其中	qí zhōng	Adverb: among, in
英文	yīng wén	Noun: English
市	shì	Noun: city, market
万	wàn	Number: 10000
发	fā	Verb: to send out, to issue, to develop Measure Word: for gunshots
嘴	zuǐ	Noun: mouth
喂	wèi	Expression: hello
队长	duì zhǎng	Noun: team leader, group leader, captain
快餐	kuài cān	Noun: fast food
它	tā	Pronoun: it
前年	qián nián	Time: the year before last year
态度	tài du	Noun: manner, attitude
座位	zuò wèi	Noun: seat, place
省	shěng	Noun: province
熟	shú	Adjective: ripe
草	cǎo	Noun: grass, straw
可爱	kě ài	Adjective: cute, lovely
换	huàn	Verb: to change, to exchange
留	liú	Verb: to keep, to remain, to stay, to leave (a message, etc.)
节	jié	Noun: festival, holiday, segment, joint, part Measure Word: for segments
小组	xiǎo zǔ	Noun: small team, group
礼物	lǐ wù	Noun: gift, present
满意	mǎn yì	Verb: to satisfy Adjective: satisfied
不满	bù mǎn	Adjective: dissatisfied
一部分	yī bù fèn	Noun: portion, part of
停	tíng	Verb: to stop
爱情	ài qíng	Noun: love
故事	gù shi	Noun: story, tale
开学	kāi xué	Noun: start of a term at school Verb: to start a term

放下	fàng xia	Verb: to put down, to set aside
道理	dào lǐ	Noun: principle, reason, argument
院子	yuàn zi	Noun: courtyard, patio
以下	yǐ xià	Adverb: that or less, the following
应该	yīng gāi	Auxiliary Verb: should, ought to
向	xiàng	Noun: direction Verb: to face, to turn towards Adverb: formerly, all along Relative Clause: towards
照片	zhào piàn	Noun: photo, picture
外地	wài dì	Noun: parts of another country
习惯	xí guàn	Noun: habit, usual practice, custom Verb: to be/get used to
白色	bái sè	Adjective: white
颜色	yán sè	Noun: colour
清楚	qīng chu	Adjective: clear, distinct
饱	bǎo	Adjective: full (from eating)
送给	sòng gěi	Verb: to send, to give as a present
让	ràng	Verb: to permit, to let sbd. do sth.
而且	ér qiě	Conjunction: moreover, in addition, furthermore
食物	shí wù	Noun: food
进入	jìn rù	Verb: to enter, to go into
举	jǔ	Verb: to raise, to hold up, to elect
问路	wèn lù	Verb: to ask for directions
家	jiā	Noun: expert (is added to other fields to make it a person)
回国	huí guó	Verb: go back to one's home country
热情	rè qíng	Adjective: cordial, enthusiastic, passionate
平	píng	Adjective: flat, level, calm, peaceful
难受	nán shòu	Verb: to be difficult to bear
接受	jiē shòu	Verb: to accept, to receive
顾客	gù kè	Noun: client, customer
提高	tí gāo	Verb: to raise, to increase

晚安	wǎn ān	Expression: good night!
更	gèng	Adverb: even more
办公室	bàn gōng shì	Noun: office, bureau
入口	rù kǒu	Noun: entrance
意见	yì jiàn	Noun: opinion, view, objection
空气	kōng qì	Noun: air, atmosphere
推	tuī	Verb: to push
好久	hǎo jiǔ	Time: quite a while
好多	hǎo duō	Adjective: a lot of
音乐	yīn yuè	Noun: music
当时	dāng shí	Time: at that time, then
周	zhōu	Noun: circle, circumference, week Verb: to circle Adjective: complete, thorough
生词	shēng cí	Noun: new vocabulary
地铁站	dì tiě zhàn	Noun: subway station
筷子	kuài zi	Noun: chopsticks
成	chéng	Verb: to succeed, to accomplish, to become
因为	yīn wèi	Conjunction: because
接	jiē	Verb: to receive, to meet, to connect, to catch
发现	fā xiàn	Verb: to discover, to find
公路	gōng lù	Noun: highway, road
名	míng	Noun: name Adjective: famous Measure Word: for people
不够	bú gòu	Adjective: not enough
不少	bù shǎo	Adverb: many, quite a lot
生	shēng	Verb: to give birth, to be born
经理	jīng lǐ	Noun: manager, director
秋天	qiū tiān	Noun: autumn
不要	bú yào	Verb: to not want sth.
碰到	pèng dào	Verb: to come across, to run into
对面	duì miàn	Location: opposite

药	yào	Noun:	medicine, drug
送到	sòng dào	Verb:	to accompany to
地球	dì qiú	Noun:	earth (planet)
今后	jīn hòu	Adverb:	hereafter, from now on
所以	suǒ yǐ	Conjunction:	therefore, as a result, so
个子	gè zi	Noun:	height, stature
方便面	fāng biàn miàn	Noun:	instant noodles
边	biān	Noun:	side, edge, border, boundary
考生	kǎo shēng	Noun:	exam candidate
近	jìn	Adjective:	near, close
排	pái	Noun:	row, line
		Measure Word:	for lines, rows, etc.
放心	fàng xīn	Verb:	to rest, to be at ease
点头	diǎn tóu	Verb:	to nod
句	jù	Noun:	sentence
		Measure Word:	for phrases, sentences, etc.
进行	jìn xíng	Verb:	to be in progress, to be underway
哭	kū	Verb:	to cry, to weep
夜	yè	Noun:	night
信用卡	xìn yòng kǎ	Noun:	credit card
小心	xiǎo xīn	Verb:	to be careful
		Adjective:	careful
		Expression:	take care!
冬天	dōng tiān	Noun:	winter
爬	pá	Verb:	to crawl, to climb
句子	jù zi	Noun:	sentence
称	chēng	Verb:	to weigh
为什么	wèi shén me	Adverb:	why
高级	gāo jí	Adjective:	high level, high grade, advanced
拿出	ná chū	Verb:	to take out, to put out
全国	quán guó	Noun:	the whole country
银行	yín háng	Noun:	bank (for money)

原来	yuán lái	Adjective: former, original Adverb: as it turns out
查	chá	Verb: to check, to look up, to examine
太太	tài tai	Noun: wife, Madame, Mrs.
有人	yǒu rén	Adverb: someone, there are people
特别	tè bié	Adjective: special, particular
湖	hú	Noun: lake
半夜	bàn yè	Time: in the middle of the night
词典	cí diǎn	Noun: dictionary
一直	yī zhí	Adverb: always, continuously, straight
商人	shāng rén	Noun: businessman, merchant
笔记本	bǐ jì běn	Noun: notebook
学期	xué qī	Noun: term, semester
画家	huà jiā	Noun: painter
受到	shòu dào	Verb: to receive, to suffer
好	hǎo	Adverb: very
店	diàn	Noun: store
以为	yǐ wéi	Verb: to think (wrongly), to be under the (wrong) impression
只	zhǐ	Adverb: only, just, merely
大门	dà mén	Noun: entrance, door
相信	xiāng xìn	Verb: to believe in, to have faith in
怎样	zěn yàng	Adverb: how
常见	cháng jiàn	Adverb: common
海边	hǎi biān	Noun: seaside, beach
方便	fāng biàn	Adjective: convenient

HSK 3

收音机	shōu yīn jī	Noun: radio
中华民族	zhōng huá mín zú	Noun: the Chinese people
环	huán	Noun: ring, loop, hoop
停止	tíng zhǐ	Verb: to stop, to halt
价值	jià zhí	Noun: value, worth
增长	zēng zhǎng	Noun: increase, growth Verb: to increase, to grow
离婚	lí hūn	Noun: divorce Verb: to divorce (from)
领导	lǐng dǎo	Noun: leader, leadership Verb: to lead
发生	fā shēng	Verb: to happen, to occur, to take place
确保	què bǎo	Verb: to assure, to guarantee
毛病	máo bìng	Noun: defect, fault, trouble
团	tuán	Noun: group, regiment Measure Word: for ball-like things
静	jìng	Adjective: calm, quiet
现场	xiàn chǎng	Noun: scene, site, locale Adjective: live, on-the-spot, on-site
利用	lì yòng	Verb: to make use of, to utilize
经营	jīng yíng	Verb: to run, to operate, to engage in (business, etc.)
票价	piào jià	Noun: ticket price, fare
大使馆	dà shǐ guǎn	Noun: embassy
手指	shǒu zhǐ	Noun: finger
设备	shè bèi	Noun: equipment, facilities
室	shì	Noun: room
防	fáng	Verb: to protect, to defend, to prevent
客观	kè guān	Adjective: objective, impartial
初中	chū zhōng	Noun: junior high school
紧急	jǐn jí	Adjective: urgent, pressing
演员	yǎn yuán	Noun: performer, actor
订	dìng	Verb: to conclude, to order, to reserve

突然	tū rán	Adjective: sudden, abrupt Adverb: suddenly, unexpectedly
更加	gèng jiā	Adverb: more, even more
房租	fáng zū	Noun: rent (for house)
保护	bǎo hù	Noun: protection Verb: to protect, to safeguard
退	tuì	Verb: to return, to decline, to withdraw
高速公路	gāo sù gōng lù	Noun: highway
特色	tè sè	Noun: distinguishing feature Adjective: characteristic
体验	tǐ yàn	Verb: to experience (for oneself)
发言	fā yán	Noun: statement Verb: to speak, to make a speech
民间	mín jiān	Adjective: popular, among the people
爱心	ài xīn	Noun: tender feelings, affections
保持	bǎo chí	Verb: to keep, to maintain, to preserve
一方面	yī fāng miàn	Conjunction: on one hand
成熟	chéng shú	Adjective: mature
死	sǐ	Noun: death Verb: to die Adjective: dead
提前	tí qián	Verb: to bring forward Adjective: early Adverb: beforehand
公开	gōng kāi	Verb: to publish, to make public Adjective: public
听众	tīng zhòng	Noun: audience
科技	kē jì	Noun: science and technology
显得	xiǎn de	Verb: to seem, to look, to appear
土	tǔ	Noun: earth, soil
属	shǔ	Noun: family member Verb: to be born in the year of
武术	wǔ shù	Noun: martial arts
自然	zì rán	Noun: nature Adjective: natural
相关	xiāng guān	Noun: correlation, dependence Verb: to be interrelated

代表团	dài biǎo tuán	Noun: delegation
安排	ān pái	Noun: plan Verb: to plan, to arrange
国内	guó nèi	Location: in the country Adjective: domestic
发动	fā dòng	Verb: to start, to launch, to arouse
好奇	hào qí	Adjective: curious, inquisitive
年初	nián chū	Time: beginning of the year
动人	dòng rén	Adjective: touching, moving
使	shǐ	Noun: envoy, messenger Verb: to make, to cause, to use, to employ
首先	shǒu xiān	Adverb: first of all
以来	yǐ lái	Adverb: since
本事	běn shi	Noun: ability, skill
收听	shōu tīng	Verb: to listen
化	huà	Particle: -ize, -ization
猪	zhū	Noun: pig
破	pò	Verb: to break, to destroy Adjective: broken, damaged
搬	bān	Verb: to move, to shift
缺少	quē shǎo	Noun: lack, shortage Verb: to lack, to be short of
中部	zhōng bù	Noun: middle part, central section
相似	xiāng sì	Verb: to resemble, to be similar to
技术	jì shù	Noun: technology, skill, technique
经历	jīng lì	Noun: experience Verb: to experience
难度	nán dù	Noun: grade of difficulty
准	zhǔn	Verb: to allow, to permit Adjective: accurate, exact Adverb: certainly, definitely Relative Clause: in accordance with
身份证	shēn fèn zhèng	Noun: ID card
分组	fēn zǔ	Verb: to divide into groups
表格	biǎo gé	Noun: form, table

世界	shì jiè	Noun: world
工厂	gōng chǎng	Noun: factory
相比	xiāng bǐ	Verb: to compare
开业	kāi yè	Verb: to open a business
告别	gào bié	Verb: to leave, to say good-bye to
慢慢	màn màn	Adjective: slow
坚强	jiān qiáng	Adjective: strong
明显	míng xiǎn	Adjective: clear, obvious
形状	xíng zhuàng	Noun: form, shape
心	xīn	Noun: heart
解开	jiě kāi	Verb: to undo, to untie
活	huó	Verb: to live
坚决	jiān jué	Adjective: resolute, determined
世纪	shì jì	Noun: century
建设	jiàn shè	Noun: construction Verb: to build, to construct
完整	wán zhěng	Adjective: complete, intact
消费	xiāo fèi	Noun: consumption Verb: to consume
外面	wài mian	Location: outside
创造	chuàng zào	Noun: creation Verb: to create, to produce
乐	lè	Adjective: happy, cheerful
服装	fú zhuāng	Noun: clothing, dress
亲自	qīn zì	Adverb: personally
合理	hé lǐ	Adjective: reasonable, rational
屋子	wū zi	Noun: room, house
左右	zuǒ yòu	Adverb: about, approximately, around
比赛	bǐ sài	Noun: competition, match Verb: to compete
调整	tiáo zhěng	Noun: adjustment Verb: to adjust, to revise
容易	róng yì	Adjective: easy
赶快	gǎn kuài	Adverb: at once, immediately
缺	quē	Verb: to lack

交费	jiāo fèi	Verb: to pay fees	
将来	jiāng lái	Noun: future	
		Adverb: in the future	
手续	shǒu xù	Noun: procedure, formality	
互联网	hù lián wǎng	Noun: internet	
转变	zhuǎn biàn	Noun: change	
		Verb: to change, to transform	
人类	rén lèi	Noun: humanity, mankind	
只好	zhǐ hǎo	Adverb: have to	
否认	fǒu rèn	Verb: to deny	
和平	hé píng	Noun: peace	
者	zhě	Particle: for a person, that is doing something	
观察	guān chá	Noun: observation	
		Verb: to observe, to watch, to survey	
功能	gōng néng	Noun: function, feature	
始终	shǐ zhōng	Adverb: from beginning to end	
结束	jié shù	Noun: termination, end	
		Verb: to finish, to end, to conclude	
前面	qián miàn	Location: ahead, in front	
红酒	hóng jiǔ	Noun: red wine	
认出	rèn chū	Noun: recognition	
		Verb: to recognize	
书架	shū jià	Noun: bookshelf	
能力	néng lì	Noun: ability, capability	
看起来	kàn qǐ lái	Verb: to look like, to seem, to appear	
对待	duì dài	Noun: treatment	
		Verb: to treat, to approach	
打听	dǎ ting	Verb: to ask about, to inquire about, to nose into	
较	jiào	Verb: to compare	
		Adverb: comparably	
搬家	bān jiā	Verb: to move house	
情况	qíng kuàng	Noun: circumstance, situation	
高速	gāo sù	Noun: high speed	
错误	cuò wù	Noun: error, mistake	

试验	shì yàn	Noun:	experiment
		Verb:	to test, to experiment
资金	zī jīn	Noun:	funds, capital
交警	jiāo jǐng	Noun:	traffic police
宣传	xuān chuán	Noun:	propaganda
		Verb:	to propagate, to disseminate
挂	guà	Verb:	to hang (up)
时代	shí dài	Time:	time, era, epoch
范围	fàn wéi	Noun:	scope limit, range
…极了	jí le	Adverb:	extremely, exceedingly
作品	zuò pǐn	Noun:	works (literature, art)
实力	shí lì	Noun:	strength
主动	zhǔ dòng	Verb:	to take the initiative
		Adjective:	active
标题	biāo tí	Noun:	title, heading, caption
不光	bù guāng	Adverb:	not only
破坏	pò huài	Noun:	destruction, damage
		Verb:	to destroy, to break
资格	zī gé	Noun:	qualifications
职业	zhí yè	Noun:	occupation, profession
纪念	jì niàn	Noun:	commemoration
		Verb:	to commemorate
古	gǔ	Adjective:	ancient, old
直播	zhí bō	Noun:	live broadcast
强烈	qiáng liè	Adjective:	intense, strong, violent
传播	chuán bō	Verb:	to spread, to propagate, to disseminate
游泳	yóu yǒng	Noun:	swimming
		Verb:	to swim
整理	zhěng lǐ	Verb:	to arrange, to tidy up
欢乐	huān lè	Noun:	gladness, pleasure
		Adjective:	happy, joyous, gay
牌子	pái zi	Noun:	brand, trademark, plate
必要	bì yào	Adjective:	necessary, essential
吵架	chǎo jià	Noun:	quarrel
		Verb:	to quarrel

持续	chí xù	Verb: to continue, to persist
付	fù	Verb: to pay
合作	hé zuò	Noun: cooperation Verb: to cooperate, to work together
题目	tí mù	Noun: topic, title
银	yín	Noun: silver Adjective: silver (colour)
内	nèi	Location: inside, inner
演唱	yǎn chàng	Verb: to sing for an audience
不断	bú duàn	Adverb: continuous, unceasing
考验	kǎo yàn	Noun: test, trial Verb: to test, to try
商业	shāng yè	Noun: business, commerce, trade
交流	jiāo liú	Noun: communication, exchange Verb: to exchange, to communicate
显示	xiǎn shì	Noun: display Verb: to show, to display, to demonstrate
面对	miàn duì	Verb: to face, to confront
称为	chēng wéi	Verb: to call, to name
基本上	jī běn shang	Adverb: basically
就是	jiù shì	Adverb: precisely, exactly, in that way
主张	zhǔ zhāng	Noun: viewpoint, stand Verb: to advocate, to stand for
调	diào	Noun: tune, melody, accent Verb: to transfer, to move, to investigate
把	bǎ	Measure Word: for a bunch or objects with handle
到底	dào dǐ	Adverb: finally, in the end
意外	yì wài	Noun: accident Adjective: unexpected, accidental
吵	chǎo	Verb: to quarrel Adjective: noisy
自觉	zì jué	Adjective: aware, conscious, on one's own initiative
老百姓	lǎo bǎi xìng	Noun: ordinary people
刀	dāo	Noun: knife

教材	jiào cái	Noun:	teaching material
带动	dài dòng	Verb:	to spur, to drive
合	hé	Verb:	to close, to join, to fit
初级	chū jí	Adjective:	primary, elementary
短裤	duǎn kù	Noun:	shorts
仍	réng	Adverb:	still, yet
		Verb:	to remain
理发	lǐ fà	Verb:	to have a haircut
确定	què dìng	Verb:	to make sure, to define, to determine
农村	nóng cūn	Noun:	village, rural area
存	cún	Verb:	to deposit, to keep
改进	gǎi jìn	Noun:	improvement
		Verb:	to improve
城	chéng	Noun:	wall
录音	lù yīn	Noun:	sound recording
		Verb:	to record
形式	xíng shì	Noun:	form, shape
女子	nǚ zǐ	Noun:	woman
裙子	qún zi	Noun:	skirt
文章	wén zhāng	Noun:	article, essay
光	guāng	Noun:	light, ray
		Adjective:	naked
		Adverb:	only, merely
仅	jǐn	Adverb:	barely, only
影视	yǐng shì	Noun:	movies and television
生意	shēng yi	Noun:	business
争	zhēng	Verb:	to strive for
困难	kùn nan	Noun:	difficulty, problem
		Adjective:	difficult
气候	qì hòu	Noun:	climate, atmosphere
深刻	shēn kè	Adjective:	profound, deep
对象	duì xiàng	Noun:	lover, partner, target, object
各种	gè zhǒng	Adverb:	all kinds of
麻烦	má fan	Verb:	to trouble sbd.
		Adjective:	troublesome

追	zhuī	Verb: to chase, to pursue
警察	jǐng chá	Noun: police
迎接	yíng jiē	Verb: to greet, to welcome, to meet
自主	zì zhǔ	Noun: autonomy, independence Verb: to decide for oneself
方式	fāng shì	Noun: way, pattern, manner
种	zhǒng	Noun: species, race, breed Measure Word: for type, kind, sort or for languages
充满	chōng mǎn	Verb: brimming with, full of
克服	kè fú	Verb: to overcome, to conquer, to put up with
证件	zhèng jiàn	Noun: certificate
发表	fā biǎo	Verb: to issue, to publish
被子	bèi zi	Noun: quilt
确实	què shí	Adjective: indeed, really Adverb: for sure, indeed
美丽	měi lì	Adjective: beautiful
印象	yìn xiàng	Noun: impression
长城	cháng chéng	Noun: the Great Wall
预计	yù jì	Verb: to forecast, to estimate
人民币	rén mín bì	Noun: RMB, Chinese Yuan
快速	kuài sù	Adjective: fast, high-speed
不论	bú lùn	Conjunction: regardless of, no matter what
输	shū	Verb: to transport, to lose, to be beaten
热烈	rè liè	Adjective: warm (welcome, etc.), enthusiastic
加工	jiā gōng	Noun: processing Verb: to process, to manufacture
一切	yí qiè	Pronoun: all, everything
伤	shāng	Verb: to injure, to wound
主持	zhǔ chí	Verb: to direct, to manage, to preside over
形象	xíng xiàng	Noun: image, appearance, figure

束	shù	Noun: bundle, cluster
		Verb: to bind, to tie
		Measure Word: for a bundle of
工具	gōng jù	Noun: tool, utensil
行李	xíng li	Noun: luggage
布	bù	Noun: cloth
初	chū	Noun: beginning
旅行社	lǚ xíng shè	Noun: travel agency
对手	duì shǒu	Noun: opponent, rival
不得不	bù dé bù	Auxiliary Verb: to have to, cannot but
文化	wén huà	Noun: culture
空调	kōng tiáo	Noun: air conditioning
造成	zào chéng	Verb: to bring about, to create, to cause
下来	xià lai	Verb: to come down
表现	biǎo xiàn	Verb: to show, to express, to display
专家	zhuān jiā	Noun: expert, specialist
城市	chéng shì	Noun: city, town
采取	cǎi qǔ	Verb: to carry out, to adopt, to take
裤子	kù zi	Noun: trousers
收看	shōu kàn	Verb: to watch TV
希望	xī wàng	Noun: hope
		Verb: to hope, to wish
家具	jiā jù	Noun: furniture
优势	yōu shì	Noun: superiority, dominance, advantage
仅仅	jǐn jǐn	Adverb: barely, only, merely
成就	chéng jiù	Noun: accomplishment, achievement
西部	xī bù	Location: western part
大约	dà yuē	Adverb: approximately
石头	shí tou	Noun: stone
自从	zì cóng	Adverb: ever since
		Relative Clause: since
表达	biǎo dá	Verb: to express, to convey
展开	zhǎn kāi	Verb: to unfold, to carry out, to spread out

采用	cǎi yòng	Verb: to use, to adopt
信	xìn	Verb: to believe, to trust
联系	lián xì	Noun: contact, connection
		Verb: to contact
各	gè	Pronoun: each, every
输入	shū rù	Verb: to import, to input
录	lù	Verb: to record
头	tóu	Adjective: first, leading
短处	duǎn chù	Noun: shortcoming
绝对	jué duì	Adjective: absolute, unconditional
请教	qǐng jiào	Verb: to consult, to seek advice
邮件	yóu jiàn	Noun: mail, post
子女	zǐ nǚ	Noun: children, sons and daughters
随	suí	Verb: to follow, to comply with
总是	zǒng shì	Adverb: always
记者	jì zhě	Noun: reporter, journalist
整齐	zhěng qí	Adjective: neat, tidy, in good order
架	jià	Noun: shelf, frame, stand
		Verb: to put up, to support
		Measure Word: for planes, machines, mountains, etc.
观看	guān kàn	Verb: to watch
飞行	fēi xíng	Noun: flight
		Verb: to fly
所长	suǒ zhǎng	Noun: head of an institute
开放	kāi fàng	Verb: to open up (for public, etc.)
才能	cái néng	Noun: talent, ability
意义	yì yì	Noun: meaning, sense, significance
消失	xiāo shī	Verb: to disappear, to fade away
时刻	shí kè	Time: moment
话题	huà tí	Noun: topic
华人	huá rén	Noun: ethnic Chinese
为	wéi	Verb: as (sbd./sth.), to act as
米	mǐ	Noun: rice

保证	bǎo zhèng	Noun: guarantee
		Verb: to guarantee, to ensure, to assure
根本	gēn běn	Noun: foundation, root
		Adjective: fundamental, simple, basic
重	chóng	Verb: to repeat
商品	shāng pǐn	Noun: good, commodity
处理	chǔ lǐ	Verb: to deal with, to handle, to cope with
通常	tōng cháng	Adverb: regular, usually, normally
打破	dǎ pò	Verb: to break, to smash
图	tú	Noun: picture
机器	jī qì	Noun: machine
设计	shè jì	Noun: design, plan
		Verb: to design, to plan
早已	zǎo yǐ	Time: long ago, for a long time
精神	jīng shén	Noun: spirit, mind
进一步	jìn yí bù	Expression: one step further
缺点	quē diǎn	Noun: weakness, shortcoming
指导	zhǐ dǎo	Noun: guidance
		Verb: to guide, to direct
现金	xiàn jīn	Noun: cash
空	kōng	Noun: sky, air
		Adjective: empty
管	guǎn	Noun: pipe, tube
		Verb: to control, to run, to take care of
性	xìng	Particle: suffix forming noun from adjective
进展	jìn zhǎn	Noun: progress
		Verb: to evolve, to make progress
工资	gōng zī	Noun: salary, wages
食品	shí pǐn	Noun: food
只是	zhǐ shì	Adverb: merely, simply, only
规定	guī dìng	Noun: regulation, provision
		Verb: to fix, to stipulate
状态	zhuàng tài	Noun: state, condition
自动	zì dòng	Adjective: automatic

调查	diào chá	Noun: investigation, survey Verb: to investigate, to survey
费用	fèi yong	Noun: expenses, cost
普遍	pǔ biàn	Adjective: universal, general
曾经	céng jīng	Adverb: once, former, previously
胖	pàng	Adjective: fat, plump
人民	rén mín	Noun: the people
开始	kāi shǐ	Noun: beginning Verb: to begin
地区	dì qū	Noun: region, district, area
支持	zhī chí	Noun: support, backing Verb: to support, to back
集中	jí zhōng	Verb: to concentrate, to focus
故乡	gù xiāng	Noun: home, hometown
歌声	gē shēng	Noun: singing
表演	biǎo yǎn	Noun: performance, show Verb: to perform, to act
有的是	yǒu de shì	Adverb: to have plenty of
退休	tuì xiū	Noun: retirement Verb: to retire
当然	dāng rán	Adverb: certainly, of course
比例	bǐ lì	Noun: proportion, scale
注意	zhù yì	Verb: to pay attention to
铁路	tiě lù	Noun: railway
适合	shì hé	Verb: to fit, to suit
合法	hé fǎ	Adjective: legal, legitimate
羊	yáng	Noun: sheep, goat
观众	guān zhòng	Noun: audience, spectators
抓住	zhuā zhù	Verb: to grab, to capture
往往	wǎng wǎng	Adverb: often
事实上	shì shí shàng	Adverb: actually, in reality
沙子	shā zi	Noun: sand
痛苦	tòng kǔ	Noun: pain, suffering Adjective: painful
按照	àn zhào	Relative Clause: according to

邮票	yóu piào	Noun: stamp
连	lián	Verb: to link, to join, to connect Adverb: even
评价	píng jià	Verb: to assess, to evaluate
赶到	gǎn dào	Verb: to hurry to a place, to arrive on time
传说	chuán shuō	Noun: legend, folklore Verb: it is said, that...
传来	chuán lái	Verb: to come through (a sound), to arrive (news)
事实	shì shí	Noun: fact
反应	fǎn yìng	Noun: reaction, response Verb: to react, to respond
复印	fù yìn	Verb: to (photo)copy
背	bēi	Verb: to carry on the back/shoulder
富	fù	Adjective: rich
信任	xìn rèn	Noun: trust Verb: to trust
个性	gè xìng	Noun: personality, character
断	duàn	Verb: to cut off, to break, to judge, to decide Adverb: absolutely, definitely
补	bǔ	Verb: to patch, to mend
不仅	bù jǐn	Conjunction: not only, not just
桥	qiáo	Noun: bridge
台	tái	Noun: desk, platform Measure Word: for vehicles, machines, etc.
明确	míng què	Adjective: clear, definite, explicit
当中	dāng zhōng	Location: among, in the middle
专门	zhuān mén	Adjective: special, specialized Adverb: specialized
家属	jiā shǔ	Noun: family member, dependent
紧张	jǐn zhāng	Adjective: nervous, tense, in short supply
训练	xùn liàn	Noun: training Verb: to train, to drill
初	chū	Number: first

旅馆	lǚ guǎn	Noun:	hotel
费	fèi	Noun:	fee, fare, expense
		Verb:	to spend
计算	jì suàn	Noun:	calculation
		Verb:	to count, to calculate
了	liǎo	Verb:	to end, to finish, to settle
本来	běn lái	Adjective:	original
		Adverb:	originally, at first
困	kùn	Adjective:	sleepy, tired
试题	shì tí	Noun:	exam question, test topic
全球	quán qiú	Location:	worldwide
本领	běn lǐng	Noun:	skill, ability, capability
拍	pāi	Verb:	to clap, to slap, to take (a photo)
工业	gōng yè	Noun:	industry
其次	qí cì	Adverb:	next, secondary
		Conjunction:	secondly
没用	méi yòng	Adjective:	useless
怕	pà	Adverb:	unfortunately
标准	biāo zhǔn	Noun:	standard, norm
		Adjective:	standard
啤酒	pí jiǔ	Noun:	beer
并且	bìng qiě	Conjunction:	and, besides, moreover
认得	rèn de	Verb:	to recognize, to know
命运	mìng yùn	Noun:	fate, destiny
散步	sàn bù	Verb:	to take/go for a walk
关系	guān xì	Noun:	relationship, relation
		Verb:	to affect, to have to do with
邮箱	yóu xiāng	Noun:	mailbox
决心	jué xīn	Noun:	determination, resolution
		Verb:	to make up one's mind
电视台	diàn shì tái	Noun:	TV station
演唱会	yǎn chàng huì	Noun:	concert
生产	shēng chǎn	Noun:	production
		Verb:	to produce, to manufacture
人群	rén qún	Noun:	crowd

写作	xiě zuò	Noun: writing Verb: to write, to compose
把	bǎ	Particle: for ba-sentences
赶紧	gǎn jǐn	Adverb: at once, losing no time
下面	xià mian	Location: below, under Adverb: next
现象	xiàn xiàng	Noun: appearance, phenomenon
衣架	yī jià	Noun: clothes hanger
顿	dùn	Noun: pause Verb: to stop, to pause, to arrange Measure Word: for meals, beatings, etc.
危害	wēi hài	Noun: endangerment Verb: to endanger, to harm
大概	dà gài	Adverb: probably, roughly
叫	jiào	Particle: by (indicates agent in the passive mood)
播放	bō fàng	Verb: to broadcast, to transmit
认可	rèn kě	Noun: approval, acknowledgement Verb: to approve, to accept
运输	yùn shū	Noun: transport Verb: to transport
共有	gòng yǒu	Noun: co-ownership, something owned by all or several people
推广	tuī guǎng	Verb: to spread, to popularize
绿茶	lǜ chá	Noun: green tea
补充	bǔ chōng	Noun: supplement Verb: to supplement, to complement Adjective: additional, supplementary
深入	shēn rù	Verb: to penetrate deeply Adjective: deep, thorough
超级	chāo jí	Relative Clause: super-
总	zǒng	Verb: to assemble Adverb: always
事件	shì jiàn	Noun: event, happening, incident
糖	táng	Noun: sugar, sweets, candy
性格	xìng gé	Noun: nature, temperament, character
庆祝	qìng zhù	Verb: to celebrate

功课	gōng kè	Noun: homework
男子	nán zǐ	Noun: man
发达	fā dá	Verb: to develop
		Adjective: developed (country, etc.)
敢	gǎn	Auxiliary Verb: to dare
办理	bàn lǐ	Verb: to handle, to conduct
阳光	yáng guāng	Noun: sunshine
发出	fā chū	Verb: to issue, to dispatch, to produce a sound
信封	xìn fēng	Noun: envelope
反复	fǎn fù	Adverb: repeatedly
除了	chú le	Conjunction: except for, apart from, besides
救	jiù	Verb: to relieve, to rescue
情感	qíng gǎn	Noun: feeling, emotion
落后	luò hòu	Verb: to fall behind, to lag
农业	nóng yè	Noun: agriculture, farming
各地	gè dì	Location: in all parts of
胜	shèng	Noun: victory, win
		Verb: to win, to surpass
责任	zé rèn	Noun: duty, responsibility
从前	cóng qián	Time: previously, formerly
由于	yóu yú	Relative Clause: due to, because of
周围	zhōu wéi	Noun: surroundings, environment
		Adverb: around, about
保安	bǎo ān	Noun: security guard, public security
		Verb: to ensure safety
批准	pī zhǔn	Verb: to approve, to ratify
结婚	jié hūn	Noun: marriage, wedding
		Verb: to marry
各自	gè zì	Adverb: each, respective
皮	pí	Noun: skin, leather
毛	máo	Noun: hair, down
其实	qí shí	Adverb: actually, in fact
恐怕	kǒng pà	Adverb: I'm afraid that

文明	wén míng	Noun: civilization, culture	
		Adjective: civilized	
任务	rèn wu	Noun: mission, task	
生存	shēng cún	Noun: existence	
		Verb: to exist, to survive	
石油	shí yóu	Noun: oil, petroleum	
表明	biǎo míng	Verb: to show, to indicate, to make clear	
概念	gài niàn	Noun: concept, idea	
满足	mǎn zú	Verb: to satisfy	
近期	jìn qī	Time: in the near future, very soon	
建	jiàn	Verb: to establish, to build	
温暖	wēn nuǎn	Adjective: warm	
报告	bào gào	Noun: report, speech, talk	
		Verb: to report	
美食	měi shí	Noun: fine food	
现代	xiàn dài	Noun: modern times, the contemporary age	
属于	shǔ yú	Verb: to belong to, to be part of	
预防	yù fáng	Noun: prevention, prophylaxis	
		Verb: to prevent	
握手	wò shǒu	Verb: to shake hands	
任何	rèn hé	Adjective: any, whichever, whatever	
空儿	kòng er	Time: free time	
坚持	jiān chí	Verb: to stick to, to persist in, to insist on	
场所	chǎng suǒ	Noun: location, place	
个人	gè rén	Noun: individual	
		Adjective: individual	
开发	kāi fā	Verb: to develop (e.g. IT), to exploit (a resource)	
合格	hé gé	Adjective: qualified	
全场	quán chǎng	Adverb: across the board, everyone present	
底下	dǐ xia	Location: under	
玩具	wán jù	Noun: toy	
社会	shè huì	Noun: society	
好好	hǎo hǎo	Adjective: nice, good	

姑娘	gū niang	Noun: girl, young woman, daughter
连续	lián xù	Adverb: in a row, consecutive
剧场	jù chǎng	Noun: theatre
幸福	xìng fú	Noun: happiness Adjective: happy
事故	shì gù	Noun: accident
村	cūn	Noun: village
甜	tián	Adjective: sweet
会议	huì yì	Noun: meeting, conference
创新	chuàng xīn	Noun: innovation Verb: to bring forth new ideas, to innovate
真实	zhēn shí	Adjective: real, true
文学	wén xué	Noun: literature
种子	zhǒng zi	Noun: seed
父亲	fù qīn	Noun: father
苹果	píng guǒ	Noun: apple
衬衫	chèn shān	Noun: shirt, blouse
伟大	wěi dà	Adjective: great, mighty
相互	xiāng hù	Adverb: each other, mutual
成立	chéng lì	Verb: to establish, to set up, to found
得分	dé fēn	Noun: score Verb: to score
公布	gōng bù	Verb: to announce, to make public
背后	bèi hòu	Location: behind, behind the back of sbd.
民族	mín zú	Noun: nationality, ethnic group
判断	pàn duàn	Noun: decision, judgement Verb: to decide, to judge
人工	rén gōng	Adjective: artificial, man-made
北部	běi bù	Location: northern part
跑步	pǎo bù	Verb: to run
人员	rén yuán	Noun: staff, personnel
老头儿	lǎo tóu er	Noun: old man
带领	dài lǐng	Verb: to guide, to lead
福	fú	Noun: good fortune, happiness, luck

志愿者	zhì yuàn zhě	Noun:	volunteer
行	háng	Noun:	profession, trade
		Measure Word:	for a row, line
同意	tóng yì	Verb:	to agree, to consent, to approve
公民	gōng mín	Noun:	citizen
亲人	qīn rén	Noun:	relatives
发送	fā sòng	Verb:	to dispatch, to transmit
报	bào	Noun:	newspaper
报道	bào dào	Noun:	report
		Verb:	to report
生命	shēng mìng	Noun:	life
只	zhī	Measure Word:	for birds and animals, a pair of things, parts of the body, etc.
迷	mí	Noun:	fan
		Verb:	to fascinate, to be fascinated by, to be confused
整体	zhěng tǐ	Noun:	whole entity
互相	hù xiāng	Adverb:	each other
场合	chǎng hé	Noun:	situation, occasion
部长	bù zhǎng	Noun:	minister
开展	kāi zhǎn	Verb:	to develop, to launch, to carry out
建立	jiàn lì	Verb:	to build, to establish
复杂	fù zá	Adjective:	complicated, complex
证	zhèng	Noun:	certificate, proof
		Verb:	to prove, to demonstrate
教练	jiào liàn	Noun:	sports coach, instructor
被	bèi	Relative Clause:	by (for passive sentence)
纪录	jì lù	Noun:	record
经验	jīng yàn	Noun:	experience
		Verb:	to experience
光明	guāng míng	Noun:	light, radiance
		Adjective:	light, bright
值得	zhí dé	Verb:	to be worth, to deserve
支付	zhī fù	Verb:	to pay
文字	wén zì	Noun:	character

全面	quán miàn	Adjective: all-around, overall, comprehensive
观念	guān niàn	Noun: concept, idea, thought
代	dài	Noun: generation, dynasty, era Verb: to substitute, to act on behalf of
主任	zhǔ rèn	Noun: director, head
乱	luàn	Noun: disorder Verb: to cause disorder Adjective: in a mess, confused
总结	zǒng jié	Noun: summary Verb: to sum up
金牌	jīn pái	Noun: gold medal
提问	tí wèn	Verb: to raise a question
千万	qiān wàn	Number: 10 million Adjective: countless, many Adverb: must, be sure to
上面	shàng mian	Location: on top of
就业	jiù yè	Verb: to take up a job
实行	shí xíng	Verb: to put into practice, to carry out
类	lèi	Noun: sort, kind, category Measure Word: for sorts, types, categories, etc.
风险	fēng xiǎn	Noun: risk, venture
举办	jǔ bàn	Verb: to hold, to conduct
简直	jiǎn zhí	Adverb: simply, totally
播出	bō chū	Verb: to broadcast
产生	chǎn shēng	Verb: to produce, to come about
体现	tǐ xiàn	Verb: to embody, to incarnate
危险	wēi xiǎn	Noun: danger Adjective: dangerous
双	shuāng	Adjective: two, pair, both Measure Word: for a pair (of shoes, etc.)
东部	dōng bù	Location: east
衬衣	chèn yī	Noun: shirt
接待	jiē dài	Verb: to receive (visitor)
母亲	mǔ qīn	Noun: mother

美术	měi shù	Noun: fine arts, art
要是	yào shi	Conjunction: if, in case
外交	wài jiāo	Noun: diplomacy, foreign affairs
适应	shì yìng	Verb: to fit, to suit, to adapt
证据	zhèng jù	Noun: evidence, proof
突出	tū chū	Adjective: outstanding
时	shí	Time: time, season, period
推开	tuī kāi	Verb: to push open, to reject
火	huǒ	Noun: fire
分配	fēn pèi	Verb: to assign, to allocate
精神	jīng shen	Noun: vigour, vitality, drive Adjective: spirited, energetic
动力	dòng lì	Noun: power, driving force, motive power
久	jiǔ	Adjective: long (time)
路线	lù xiàn	Noun: route, line, course
愿望	yuàn wàng	Noun: desire, wish
完美	wán měi	Adjective: perfect
有利	yǒu lì	Adjective: advantageous, beneficial
基础	jī chǔ	Noun: base, foundation, basis
达到	dá dào	Verb: to achieve, to reach, to attain
初步	chū bù	Adjective: initial, preliminary
及时	jí shí	Adjective: in time Adverb: without delay
领	lǐng	Noun: neck, collar Verb: to lead, to receive Measure Word: for clothes, mats, screens, etc.
步	bù	Noun: step
烟	yān	Noun: smoke, tobacco, cigarette
上升	shàng shēng	Verb: to rise, to ascend
年纪	nián jì	Noun: age
志愿	zhì yuàn	Noun: aspiration, ambition Adjective: voluntary
实际上	shí jì shàng	Adverb: in fact, in reality

胜利	shèng lì	Noun: victory, triumph
交易	jiāo yì	Noun: transaction, business deal, trade
造	zào	Verb: to make, to build, to invent
公共	gōng gòng	Adjective: public, common
围	wéi	Verb: to encircle, to surround
划船	huá chuán	Noun: rowing, rowing boat Verb: to row a boat
钟	zhōng	Noun: clock, bell Measure Word: o'clock
家乡	jiā xiāng	Noun: hometown, native place
亲切	qīn qiè	Noun: friendliness, hospitality Adjective: kind, cordial, amiable
设立	shè lì	Verb: to set up, to establish
领先	lǐng xiān	Verb: to lead, to be in front
生长	shēng zhǎng	Verb: to grow
需要	xū yào	Noun: needs Verb: to need, to want
并	bìng	Conjunction: and, furthermore Adverb: simultaneously
导演	dǎo yǎn	Noun: director (film, etc.) Verb: to direct
念	niàn	Verb: to read aloud
作者	zuò zhě	Noun: author, writer
保险	bǎo xiǎn	Noun: insurance Verb: to insure Adjective: safe, secure
后果	hòu guǒ	Noun: consequence, aftermath
区别	qū bié	Noun: difference Verb: to distinguish
谈判	tán pàn	Noun: negotiation, talks Verb: to negotiate
把握	bǎ wò	Noun: assurance Verb: to grasp, to hold
修改	xiū gǎi	Noun: modification Verb: to modify, to amend, to revise
跳高	tiào gāo	Noun: high jump
存在	cún zài	Verb: to exist

变化	biàn huà	Noun: change, variation
任	rèn	Adverb: no matter how
暖和	nuǎn huo	Adjective: warm
发明	fā míng	Noun: invention Verb: to invent
有效	yǒu xiào	Adjective: effective
过程	guò chéng	Noun: process, course
乐观	lè guān	Adjective: optimistic, hopeful
去世	qù shì	Verb: to pass away, to die
创业	chuàng yè	Verb: to start an enterprise, to do pioneering work
线	xiàn	Noun: thread, wire, line
预习	yù xí	Verb: to prepare for (a lesson)
干吗	gàn má	Expression: what are you doing? what's up?
保留	bǎo liú	Noun: reservation Verb: to reserve, to hold back
至少	zhì shǎo	Adverb: at least
强调	qiáng diào	Verb: to emphasize, to stress, to underline
经济	jīng jì	Noun: economy
感情	gǎn qíng	Noun: emotion, feeling
整天	zhěng tiān	Time: all day long
歌迷	gē mí	Noun: fan of a singer
部门	bù mén	Noun: department, branch
为了	wèi le	Relative Clause: for, in order to
上衣	shàng yī	Noun: jacket
负责	fù zé	Verb: to be responsible for
美	měi	Adjective: beautiful
建成	jiàn chéng	Verb: to build, to establish
浪费	làng fèi	Verb: to waste
白	bái	Adverb: free of charge, for nothing
内心	nèi xīn	Noun: heart
主意	zhǔ yi	Noun: idea, plan, decision
年代	nián dài	Time: decade, age, period

具体	jù tǐ	Adjective: concrete, specific
赶	gǎn	Verb: to hurry, to catch up, to overtake
制定	zhì dìng	Verb: to formulate, to work out, to draw up
报到	bào dào	Verb: to check in, to register, to report for duty
感冒	gǎn mào	Noun: common cold Verb: to catch a cold
支	zhī	Measure Word: for stick-like objects
对方	duì fāng	Noun: counterpart, the other side
自身	zì shēn	Adverb: itself, oneself
长处	cháng chù	Noun: good aspects, strong points
定期	dìng qī	Adjective: regular, periodical
如何	rú hé	Adverb: how, in what way
杂志	zá zhì	Noun: magazine
日常	rì cháng	Adjective: daily
共同	gòng tóng	Adjective: common, joint, together
世界杯	shì jiè bēi	Noun: World Cup
游	yóu	Verb: to swim, to tour, to travel
交往	jiāo wǎng	Noun: association, contact Verb: to associate, to contact
汤	tāng	Noun: soup
幸运	xìng yùn	Noun: luck, fortune Adjective: lucky, fortunate
放到	fàng dào	Verb: to put
理解	lǐ jiě	Noun: comprehension, understanding Verb: to comprehend, to understand
奶茶	nǎi chá	Noun: milk tea
性别	xìng bié	Noun: gender, sex
速度	sù dù	Noun: speed
前进	qián jìn	Verb: to go forward, to advance
消息	xiāo xi	Noun: news, information
接近	jiē jìn	Verb: to near, to approach, to be close to
害怕	hài pà	Verb: to be afraid, to fear

彩色	cǎi sè	Noun: colour
		Adjective: colourful, multi-coloured
变为	biàn wéi	Verb: to change into
将近	jiāng jìn	Adverb: nearly, about, on the verge of
过去	guò qù	Noun: past
尽量	jǐn liàng	Adverb: to the best of one's ability
成功	chéng gōng	Noun: success
		Verb: to succeed
据说	jù shuō	Adverb: it is said, reportedly
结实	jiē shi	Adjective: solid, durable, sturdy
重大	zhòng dà	Adjective: important
伤心	shāng xīn	Adjective: sad, grievous, broken-hearted
配	pèi	Verb: to fit, to match, to join
成员	chéng yuán	Noun: member
电视剧	diàn shì jù	Noun: TV series
听力	tīng lì	Noun: hearing, listening ability
下去	xià qu	Verb: to go down
连忙	lián máng	Adverb: promptly, at once
预报	yù bào	Noun: forecast
农民	nóng mín	Noun: peasant, farmer
价钱	jià qian	Noun: price
普及	pǔ jí	Verb: to popularize
		Adjective: popular, universally available
谈话	tán huà	Verb: to talk, to chat
由	yóu	Relative Clause: due to, because of, by, from
生	shēng	Adjective: raw, uncooked
立刻	lì kè	Adverb: immediately, at once
当初	dāng chū	Adverb: in the first place, originally
访问	fǎng wèn	Noun: visit
		Verb: to visit, to interview
状况	zhuàng kuàng	Noun: condition, state, situation
关注	guān zhù	Noun: interest, attention
		Verb: pay attention to, to follow sth.
从事	cóng shì	Verb: to engage in, to do (formal)

调	tiáo	Verb: to harmonize, to reconcile, to season (food)
内容	nèi róng	Noun: content, substance
职工	zhí gōng	Noun: workers, staff
已	yǐ	Adverb: already
排	pái	Verb: to arrange, to line up
公务员	gōng wù yuán	Noun: functionary
父母	fù mǔ	Noun: parents
能不能	néng bù néng	Expression: can one ...
表面	biǎo miàn	Noun: surface, outside, appearance
做客	zuò kè	Verb: to be a guest
制度	zhì dù	Noun: system
留学	liú xué	Verb: to study abroad
长期	cháng qī	Adjective: long term
各位	gè wèi	Adverb: everybody
改造	gǎi zào	Verb: to transform, to reform
奇怪	qí guài	Adjective: strange, weird
群	qún	Measure Word: for group, crowd, etc.
压力	yā lì	Noun: pressure
完善	wán shàn	Verb: to improve, to make perfect Adjective: perfect
血	xuè	Noun: blood
仍然	réng rán	Adverb: still, yet
厂	chǎng	Noun: factory
现实	xiàn shí	Noun: reality, actuality Adjective: real, actual
朝	cháo	Noun: dynasty, imperial or royal court Relative Clause: towards, facing
否定	fǒu dìng	Noun: negation Verb: to negate, to deny
规范	guī fàn	Noun: norm, rule, standard
专业	zhuān yè	Noun: speciality, major, field of study
感受	gǎn shòu	Noun: feeling, perception Verb: to sense, to feel
强大	qiáng dà	Adjective: large, powerful

当地	dāng dì	Noun: locality
		Adjective: local
景色	jǐng sè	Noun: scenery, view, landscape
眼前	yǎn qián	Noun: before one's eyes
团结	tuán jié	Noun: rally
		Verb: to unite, to join forces, to hold a rally
课程	kè chéng	Noun: course, class
房东	fáng dōng	Noun: landlord
升	shēng	Verb: to promote, to raise
		Measure Word: 1 litre
牛	niú	Noun: cow, ox
马	mǎ	Noun: horse
连续剧	lián xù jù	Noun: (TV) series
另一方面	lìng yī fāng miàn	Conjunction: on the other hand
集体	jí tǐ	Noun: collective
龙	lóng	Noun: dragon
直到	zhí dào	Adverb: until
球迷	qiú mí	Noun: football fan
加强	jiā qiáng	Verb: to strengthen, to reinforce
理由	lǐ yóu	Noun: reason, justification
亲	qīn	Adjective: close, related
歌手	gē shǒu	Noun: singer
创作	chuàng zuò	Noun: creation, creative work
		Verb: to create, to produce, to write
积极	jī jí	Adjective: positive, active
上去	shàng qù	Verb: to go up
显然	xiǎn rán	Adjective: clear, evident
宣布	xuān bù	Verb: to declare, to announce
京剧	jīng jù	Noun: Beijing Opera
区	qū	Noun: area, region, district
比较	bǐ jiào	Adverb: quite, rather, fairly, comparatively
形成	xíng chéng	Verb: to form, to take shape

组合	zǔ hé	Noun: association, combination Verb: to make up, to compose, to constitute
环保	huán bǎo	Noun: environmental protection
外文	wài wén	Noun: foreign language
老板	lǎo bǎn	Noun: boss, owner
部	bù	Noun: department Measure Word: for movies, machines, cars, etc.
不安	bù ān	Adjective: disturbed, uneasy
继续	jì xù	Noun: continuation Verb: to continue, to go on
跳远	tiào yuǎn	Noun: long jump
目标	mù biāo	Noun: goal, target, objective
力	lì	Noun: power, force
背	bèi	Noun: back (body)
成长	chéng zhǎng	Verb: to grow up, to mature
程度	chéng dù	Noun: degree, extent, level
班级	bān jí	Noun: classes/grades in school
演出	yǎn chū	Noun: performance, show Verb: to perform, to put on a show
指	zhǐ	Noun: finger Verb: to point at or to, to indicate
营养	yíng yǎng	Noun: nutrition, nourishment
代表	dài biǎo	Noun: representative Verb: to represent
思想	sī xiǎng	Noun: idea, thought, thinking
丰富	fēng fù	Adjective: rich, plentiful
系	xì	Noun: system, department
国庆	guó qìng	Noun: National Day
实验室	shí yàn shì	Noun: laboratory
每	měi	Adverb: each, per Pronoun: all, each, every
首都	shǒu dū	Noun: capital city
任	rèn	Verb: to assign, to appoint
推进	tuī jìn	Verb: to push on, to drive forward

前往	qián wǎng	Verb: to proceed towards, to go
强	qiáng	Adjective: strong, powerful
谈	tán	Verb: to talk
证明	zhèng míng	Noun: proof, certificate, testimonial Verb: to prove, to testify
正式	zhèng shì	Adjective: formal, official
具有	jù yǒu	Verb: to have, to possess
板	bǎn	Noun: board, plank, plate, table tennis bat
先进	xiān jìn	Adjective: advanced, developed
正	zhèng	Adjective: upright, honest
批评	pī píng	Noun: criticism Verb: to criticize
队员	duì yuán	Noun: team member
卫生	wèi shēng	Noun: hygiene, sanitation
目前	mù qián	Time: at present, now
足够	zú gòu	Adjective: enough
电子邮件	diàn zǐ yóu jiàn	Noun: e-mail
声明	shēng míng	Noun: statement, declaration Verb: to state, to declare
美元	měi yuán	Noun: US dollar
房屋	fáng wū	Noun: house, building
建议	jiàn yì	Noun: suggestion Verb: to suggest
通信	tōng xìn	Noun: communication Verb: to communicate, to correspond
失去	shī qù	Verb: to lose (sth.)
南部	nán bù	Location: southern part
决定	jué dìng	Noun: decision Verb: to decide
整整	zhěng zhěng	Adverb: whole, full
双方	shuāng fāng	Noun: both sides Adjective: bilateral
团体	tuán tǐ	Noun: group, organization, team
美好	měi hǎo	Adjective: beautiful, fine
等待	děng dài	Verb: to wait for, to await

艺术	yì shù	Noun: art
电台	diàn tái	Noun: broadcasting station, radio station
金	jīn	Noun: gold Adjective: gold, golden
读者	dú zhě	Noun: reader
游戏	yóu xì	Noun: game, play
熟人	shú rén	Noun: acquaintance
前后	qián hòu	Adverb: front and rear, around, roughly
演	yǎn	Verb: to perform
解决	jiě jué	Verb: to settle (dispute), to resolve, to solve
期	qī	Time: period, phase
员工	yuán gōng	Noun: employee, staff
可乐	kě lè	Noun: coke, cola
不必	bú bì	Verb: does not have to
修	xiū	Verb: to repair
看上去	kàn shang qu	Verb: it seems that
照	zhào	Verb: to shine, to illuminate, to take (a photo) Adverb: according to
祝	zhù	Verb: to wish, to express good wishes
热爱	rè ài	Verb: to love ardently, to adore
推动	tuī dòng	Verb: to push forward, to promote
类似	lèi sì	Adjective: similar, analogous
另外	lìng wài	Conjunction: in addition, moreover, furthermore
武器	wǔ qì	Noun: weapon, arms
约	yuē	Verb: to make an appointment
理论	lǐ lùn	Noun: theory
果汁	guǒ zhī	Noun: fruit juice
古代	gǔ dài	Time: ancient times
转	zhuǎn	Verb: to turn, to convey, to shift
巧	qiǎo	Adjective: skilful Adverb: coincidentally, as it happens

取消	qǔ xiāo	Noun: cancellation Verb: to cancel
银牌	yín pái	Noun: silver medal
因此	yīn cǐ	Conjunction: thus, consequently
后面	hòu miàn	Location: rear, back, behind
记录	jì lù	Noun: record
赢	yíng	Verb: to win, to beat
发展	fā zhǎn	Noun: development, growth Verb: to develop, to grow
价格	jià gé	Noun: price
保	bǎo	Verb: to defend, to protect
齐	qí	Adverb: simultaneous, all together Adjective: even, level with
为	wèi	Conjunction: because of
受伤	shòu shāng	Verb: to get injured
安装	ān zhuāng	Noun: installation Verb: to install, to mount
联合	lián hé	Noun: alliance, union Verb: to unite, to join Adjective: combined, joint
跳舞	tiào wǔ	Verb: to dance
压	yā	Verb: to press, to push down
广大	guǎng dà	Adjective: vast, extensive, widespread
基本	jī běn	Adjective: basic, fundamental
后年	hòu nián	Time: the year after next
上来	shàng lái	Verb: to come up
会员	huì yuán	Noun: member
受	shòu	Verb: to receive, to accept, to bear
加快	jiā kuài	Verb: to speed up
跳	tiào	Verb: to jump, to leap, to bounce
数量	shù liàng	Noun: amount, quantity
老太太	lǎo tài tai	Noun: old lady
铁	tiě	Noun: iron
痛	tòng	Adjective: aching, painful
面积	miàn jī	Noun: area

制造	zhì zào	Verb: to make, to manufacture
功夫	gōng fu	Noun: time, skill, labour, workmanship, Kung Fu
结合	jié hé	Noun: binding Verb: to combine, to link, to integrate
反对	fǎn duì	Verb: to fight against, to oppose
联合国	lián hé guó	Noun: United Nations
香蕉	xiāng jiāo	Noun: banana
旧	jiù	Adjective: old, used, worn
乐队	yuè duì	Noun: band, orchestra
果然	guǒ rán	Adverb: as expected
实验	shí yàn	Noun: experiment Verb: to experiment
单元	dān yuán	Noun: unit, cell, entrance number
足球	zú qiú	Noun: football, soccer
防止	fáng zhǐ	Verb: to prevent, to avoid
人才	rén cái	Noun: talent, talented person
决赛	jué sài	Noun: final (competition)
皮包	pí bāo	Noun: leather handbag/briefcase
话剧	huà jù	Noun: drama, stage play
配合	pèi hé	Verb: to coordinate, to cooperate, to fit
简单	jiǎn dān	Adjective: simple, uncomplicated
优点	yōu diǎn	Noun: merit, advantage, strong point
传	chuán	Verb: to pass on, to transmit, to infect
从来	cóng lái	Adverb: always, ever since, at all times
成果	chéng guǒ	Noun: result, achievement, gain
白菜	bái cài	Noun: Chinese cabbage
工夫	gōng fu	Noun: labour, work, time skill, Kung Fu
木头	mù tou	Noun: log of wood, blockhead
图画	tú huà	Noun: drawing, picture
收费	shōu fèi	Noun: fee, charge
应当	yīng dāng	Auxiliary Verb: should
排名	pái míng	Noun: ranking Verb: to rank
某	mǒu	Pronoun: some, certain

终于	zhōng yú	Adverb: at last, finally, eventually
沙发	shā fā	Noun: sofa
适用	shì yòng	Adjective: useful, applicable
市场	shì chǎng	Noun: market
凉水	liáng shuǐ	Noun: cold water
短期	duǎn qī	Time: short-term
必然	bì rán	Adjective: inevitable, certain
员	yuán	Noun: employee, member
分别	fēn bié	Noun: difference Verb: to leave each other, to distinguish Adverb: separate
精彩	jīng cǎi	Adjective: brilliant, excellent, splendid
力量	lì liàng	Noun: power, force, strength
所	suǒ	Noun: place Measure Word: for houses, buildings, institutions
管理	guǎn lǐ	Noun: management Verb: to manage
保存	bǎo cún	Verb: to conserve, to keep, to save (IT)
紧	jǐn	Adjective: tight, tense, urgent
可靠	kě kào	Adjective: reliable, dependable
环境	huán jìng	Noun: environment, surroundings
抓	zhuā	Verb: to catch, to grab
制作	zhì zuò	Verb: to make, to manufacture, to produce
广播	guǎng bō	Noun: broadcasting Verb: to broadcast
至今	zhì jīn	Time: until now, until today
深	shēn	Adjective: deep, dark (colour, etc.)
里面	lǐ miàn	Location: inside
红茶	hóng chá	Noun: black tea
争取	zhēng qǔ	Verb: to strive for, to fight for
文件	wén jiàn	Noun: document, file
年底	nián dǐ	Time: the end of the year
节约	jié yuē	Verb: to economize, to conserve

头脑	tóu nǎo	Noun: brain, mind, skull, leader, boss
媒体	méi tǐ	Noun: media
整个	zhěng gè	Adjective: whole, entire
专题	zhuān tí	Noun: special topic
需求	xū qiú	Noun: requirement, demand
值	zhí	Verb: to be worth it, to happen
哈哈	hā hā	Expression: sound of laughter
整	zhěng	Verb: to repair, to renovate Adjective: in good order, complete
难道	nán dào	Adverb: don't tell me ..., is it possible that ...
香	xiāng	Adjective: fragrant
只有	zhǐ yǒu	Adverb: only
体会	tǐ huì	Verb: to know (through experience), to experience
舞台	wǔ tái	Noun: stage
增加	zēng jiā	Verb: to increase, to raise
张	zhāng	Verb: to open up, to spread Measure Word: for pieces, flat objects
退出	tuì chū	Verb: to withdraw, to quit
咖啡	kā fēi	Noun: coffee
效果	xiào guǒ	Noun: effect, result
反正	fǎn zhèng	Adverb: anyway, whatever happens
工程师	gōng chéng shī	Noun: engineer
应用	yìng yòng	Noun: application Verb: to apply, to use
海关	hǎi guān	Noun: customs
人生	rén shēng	Noun: life, human life
选手	xuǎn shǒu	Noun: athlete, player
生动	shēng dòng	Adjective: vivid, lively
天空	tiān kōng	Noun: sky
相当	xiāng dāng	Verb: to be equivalent to Adjective: appropriate Adverb: quite, rather, fairly
大夫	dài fu	Noun: doctor

事业	shì yè	Noun:	undertaking, career
学费	xué fèi	Noun:	school or university fee
进步	jìn bù	Noun:	progress, improvement
		Verb:	to improve, make progress
派	pài	Noun:	school, group, pi (π)
		Verb:	to send, to assign
按	àn	Verb:	to press, to control
到达	dào dá	Verb:	to arrive, to reach
直	zhí	Verb:	to straighten
		Adjective:	straight, direct
卫生间	wèi shēng jiān	Noun:	bathroom, WC
指出	zhǐ chū	Verb:	to indicate, to point out

HSK 4

答案	dá àn	Noun: answer, solution
冰	bīng	Noun: ice
瓜	guā	Noun: melon, gourd
毫米	háo mǐ	Noun: millimetre
装修	zhuāng xiū	Verb: to renovate, to decorate
阿姨	ā yí	Noun: aunt
黄瓜	huáng guā	Noun: cucumber
精力	jīng lì	Noun: energy
禁止	jìn zhǐ	Verb: to prohibit, to forbid, to ban
老实	lǎo shi	Adjective: honest, sincere
无数	wú shù	Adjective: countless, innumerable
出色	chū sè	Adjective: outstanding, remarkable
替	tì	Verb: to stand in for Relative Clause: for, on behalf of
企业	qǐ yè	Noun: enterprise, company
居住	jū zhù	Verb: to reside, to live
轻松	qīng sōng	Adjective: relaxed, easy
集合	jí hé	Noun: congregation Verb: to gather, to assemble
气球	qì qiú	Noun: balloon
针	zhēn	Noun: needle
挺	tǐng	Verb: to stick out, to stand straight
沉	chén	Verb: to sink, to submerge Adjective: deep, heavy
挑选	tiāo xuǎn	Verb: to choose, to select
方针	fāng zhēn	Noun: policy, guidelines
之后	zhī hòu	Time: after
放松	fàng sōng	Verb: to relax, to loosen
面试	miàn shì	Noun: interview Verb: to interview
些	xiē	Measure Word: some, few, several
纯净水	chún jìng shuǐ	Noun: filtered water
冬季	dōng jì	Noun: winter

汇率	huì lǜ	Noun: exchange rate
醒	xǐng	Verb: to wake up
总之	zǒng zhī	Conjunction: in short, in a word
根	gēn	Noun: root, origin Measure Word: for long, slender objects
勇气	yǒng qì	Noun: courage
圆	yuán	Noun: circle Adjective: circular, round
奖学金	jiǎng xué jīn	Noun: scholarship
烦	fán	Noun: trouble Verb: to annoy, to upset Adjective: annoyed, tired of
长途	cháng tú	Noun: long distance
典型	diǎn xíng	Noun: typical case, model
盘	pán	Noun: plate, dish, tray Measure Word: for food, coils of wire, games of chess
士兵	shì bīng	Noun: soldier
考察	kǎo chá	Verb: to inspect, to investigate
潮流	cháo liú	Noun: tide, current, trend
天真	tiān zhēn	Adjective: naive, innocent
盐	yán	Noun: salt
微笑	wēi xiào	Noun: smile Verb: to smile
降低	jiàng dī	Verb: to reduce, to lower
晚点	wǎn diǎn	Noun: delay Verb: to be late, to be behind schedule
排列	pái liè	Noun: arrangement, permutation Verb: to arrange, to put in order
推迟	tuī chí	Verb: to postpone, to defer
待遇	dài yù	Noun: treatment, pay, salary
而是	ér shì	Conjunction: rather
空	kòng	Noun: leisure, free time Verb: to leave empty, to empty
迫切	pò qiè	Adjective: urgent, pressing
多次	duō cì	Adverb: many times, repeatedly

粗	cū	Adjective: thick, rude
参与	cān yù	Verb: to participate in, to attach oneself to
极其	jí qí	Adverb: extremely
之间	zhī jiān	Adverb: between, among
看不起	kàn bu qǐ	Verb: to look down upon
极	jí	Noun: pole Adverb: extremely, highly
降价	jiàng jià	Noun: price reduction
神话	shén huà	Noun: fairy tale, myth
期中	qī zhōng	Time: midterm
闪电	shǎn diàn	Noun: lightning
伞	sǎn	Noun: umbrella
兴奋	xīng fèn	Noun: excitement Adjective: excited
宝宝	bǎo bǎo	Noun: baby
兄弟	xiōng dì	Noun: brothers
相处	xiāng chǔ	Verb: to get along with each other
系	jì	Verb: to tie, to fasten, to button up
品质	pǐn zhì	Noun: quality
牙刷	yá shuā	Noun: toothbrush
袜子	wà zi	Noun: socks, stockings
阶段	jiē duàn	Noun: stage, section, phase
美金	měi jīn	Noun: US dollar
咸	xián	Adjective: salty
户	hù	Noun: household, door
热心	rè xīn	Noun: enthusiasm Adjective: enthusiastic, ardent, warm-hearted
烧	shāo	Noun: to burn, to cook, to stew, to bake, to have fever
项	xiàng	Noun: neck, point, item Measure Word: for tasks, events, etc.
非	fēi	Adjective: wrong, mistaken Adverb: not, non-, un-
哪怕	nǎ pà	Conjunction: even if

薄	báo	Adjective: thin
败	bài	Verb: to defeat, to lose
步行	bù xíng	Verb: to walk
梦见	mèng jiàn	Verb: to dream
相片	xiàng piàn	Noun: image, photo
沉重	chén zhòng	Adjective: heavy, serious
测	cè	Verb: to survey, to measure, to conjecture
抓紧	zhuā jǐn	Verb: to grasp firmly, to pay special attention to, to seize
新鲜	xīn xiān	Adjective: fresh (food, experience, etc.)
才	cái	Noun: ability, talent
寻找	xún zhǎo	Verb: to seek, to look for
上楼	shàng lóu	Verb: to go upstairs
童话	tóng huà	Noun: fairy tale
之一	zhī yī	Conjunction: one of sth.
缩小	suō xiǎo	Verb: to reduce, to shrink, to lessen
虫子	chóng zi	Noun: worm, bug, insect
学问	xué wen	Noun: knowledge
打针	dǎ zhēn	Verb: to inject
刷牙	shuā yá	Verb: to brush teeth
具备	jù bèi	Verb: to possess, to have
下楼	xià lóu	Verb: to leave a flat, to go downstairs
迅速	xùn sù	Adjective: rapid, speedy, quick
宽	kuān	Adjective: wide, broad
阅读	yuè dú	Noun: reading Verb: to read
按时	àn shí	Adjective: on time, on schedule
在乎	zài hu	Verb: to care about, to mind, to be determined by
潮	cháo	Noun: tide, current Adjective: moist, humid
率先	shuài xiān	Verb: to take the lead, to show initiative
暖气	nuǎn qì	Noun: heating

投诉	tóu sù	Noun:	complaint
		Verb:	to file a complaint
小伙子	xiǎo huǒ zi	Noun:	young fellow
楼梯	lóu tī	Noun:	stair, staircase
逛	guàng	Verb:	to stroll
临时	lín shí	Adjective:	temporary
窗子	chuāng zi	Noun:	window
提醒	tí xǐng	Verb:	to remind, to call attention to
打雷	dǎ léi	Verb:	to rumble with thunder
减	jiǎn	Verb:	to lower, to decrease, to reduce
下个月	xià gè yuè	Time:	next month
假如	jiǎ rú	Conjunction:	if
分为	fēn wéi	Verb:	to divide into
默默	mò mò	Adverb:	silently, quietly
王	wáng	Noun:	king
阳台	yáng tái	Noun:	balcony
秘书	mì shū	Noun:	secretary
腰	yāo	Noun:	waist, lower back
表情	biǎo qíng	Noun:	expression
资源	zī yuán	Noun:	resources
得意	dé yì	Adjective:	pleased with oneself
材料	cái liào	Noun:	material, data, stuff
内部	nèi bù	Location:	interior
原料	yuán liào	Noun:	raw material
填空	tián kòng	Verb:	to fill in (questionnaire, etc.)
挑战	tiǎo zhàn	Noun:	challenge
描述	miáo shù	Noun:	description
		Verb:	to describe
数据	shù jù	Noun:	data
特殊	tè shū	Adjective:	special, unusual
扩展	kuò zhǎn	Noun:	expansion
		Verb:	to extend, to expand
是否	shì fǒu	Conjunction:	whether (or not)
在于	zài yú	Verb:	to be in, to consist in, to depend on

失败	shī bài	Noun: defeat, failure Verb: to lose, to be defeated
平静	píng jìng	Noun: calm, quiet, tranquil
医疗	yī liáo	Noun: medical treatment
保密	bǎo mì	Verb: to keep sth. confidential, to maintain secrecy
大陆	dà lù	Noun: mainland China
清醒	qīng xǐng	Adjective: clear-headed, sober, awake
培训	péi xùn	Noun: training Verb: to train, to cultivate
来不及	lái bu jí	Verb: there's not enough time
其余	qí yú	Pronoun: the rest, the others
种	zhòng	Verb: to plant, to grow, to cultivate
解释	jiě shì	Noun: explanation Verb: to explain
系统	xì tǒng	Noun: system
纪律	jì lǜ	Noun: discipline
稳定	wěn dìng	Noun: stability Verb: to stabilize Adjective: steady, stable
应	yīng	Auxiliary Verb: should, ought to
综合	zōng hé	Noun: synthesis Verb: to integrate, to sum up Adjective: synthesized, integrated
采访	cǎi fǎng	Verb: to interview, to gather news
火	huǒ	Adjective: hot, popular, trendy
定	dìng	Verb: to decide, to set, to fix
售货员	shòu huò yuán	Noun: salesperson
来得及	lái de jí	Verb: there is still time to do sth.
男士	nán shì	Noun: man
常识	cháng shí	Noun: common sense, general knowledge
地方	dì fāng	Adjective: local, regional
晒	shài	Verb: to share files, to dry in the sun, to sunbathe
法官	fǎ guān	Noun: judge

宝贵	bǎo guì	Adjective: valuable, precious
窗户	chuāng hu	Noun: window
操场	cāo chǎng	Noun: playground, sports field
避免	bì miǎn	Verb: to avoid, to prevent
快递	kuài dì	Noun: express delivery
使劲	shǐ jìn	Verb: to try hard
分手	fēn shǒu	Verb: to break up
期待	qī dài	Noun: expectation Verb: to look forward to
台上	tái shàng	Location: on stage
一般来说	yī bān lái shuō	Adverb: generally speaking
字母	zì mǔ	Noun: letter (alphabet)
关于	guān yú	Relative Clause: concerning, with regards to, about
图案	tú àn	Noun: design, pattern
培养	péi yǎng	Verb: to train, to cultivate, to bring up
销售	xiāo shòu	Noun: sales Verb: to sell
付出	fù chū	Verb: to pay, to invest (into e.g. friendship, etc.)
制订	zhì dìng	Verb: to work out, to formulate
着	zháo	Verb: to touch, to catch fire, to come in contact with, to fall asleep
手工	shǒu gōng	Noun: handwork Adjective: manual
想象	xiǎng xiàng	Noun: imagination Verb: to imagine, to visualize
各个	gè gè	Adverb: every, separately one-by-one
历史	lì shǐ	Noun: history
描写	miáo xiě	Noun: description Verb: to describe, to depict, to portray
有劲儿	yǒu jìn er	Verb: to be powerful, to be strong
冷静	lěng jìng	Adjective: calm, cool-headed, quite
培训班	péi xùn bān	Noun: training class
弱	ruò	Adjective: weak
外汇	wài huì	Noun: foreign exchange

零食	líng shí	Noun: snack
镜子	jìng zi	Noun: mirror
得	děi	Auxiliary Verb: to have to
操作	cāo zuò	Noun: operation, handling Verb: to work, to operate, to manipulate
新型	xīn xíng	Adjective: new type
替代	tì dài	Verb: to substitute for, to replace
没错	méi cuò	Adjective: correct Expression: correct!
积累	jī lěi	Noun: accumulation Verb: to accumulate
反而	fǎn ér	Adverb: instead, on the contrary
收获	shōu huò	Noun: result, gain, harvest Verb: to harvest
曾	céng	Adverb: once, previously
恶心	ě xin	Noun: nausea Verb: to feel sick
帅哥	shuài gē	Noun: handsome guy
购物	gòu wù	Verb: to go shopping
诚信	chéng xìn	Noun: honesty, integrity Adjective: genuine, honest
食堂	shí táng	Noun: canteen
引进	yǐn jìn	Verb: to introduce (from outside), to import
政府	zhèng fǔ	Noun: government
色彩	sè cǎi	Noun: colour, colouring, tint
细致	xì zhì	Adjective: careful, fine, meticulous
著作	zhù zuò	Noun: literary work, book, writings Verb: to write
关	guān	Noun: mountain pass, barrier
移	yí	Verb: to change, to alter, to move, to shift, to remove
眼里	yǎn lǐ	Adverb: in somebody's eyes
大会	dà huì	Noun: convention, general assembly
浅	qiǎn	Adjective: shallow, light

限制	xiàn zhì	Noun: restriction, limit Verb: to restrict, to limit
亚运会	yà yùn huì	Noun: Asian games
儿童	ér tóng	Noun: child
尺	chǐ	Noun: ruler, Chinese foot (0.33m)
毫升	háo shēng	Noun: millilitre
贴	tiē	Verb: to paste, to stick, to post Measure Word: for plaster
落	luò	Verb: to fall, to drop, to set (sun), to decline
既	jì	Adverb: already, since
辩论	biàn lùn	Noun: debate, argument Verb: to debate, to argue
减少	jiǎn shǎo	Verb: to reduce, to decrease
承受	chéng shòu	Verb: to bear, to endure, to receive
季节	jì jié	Noun: season, period
没法儿	méi fǎ ér	Adjective: impossible, unbelievable
穿上	chuān shàng	Verb: to put on (clothes)
植物	zhí wù	Noun: plant
窗台	chuāng tái	Noun: window sill, window ledge
遗产	yí chǎn	Noun: heritage, legacy
否则	fǒu zé	Conjunction: otherwise
摆动	bǎi dòng	Verb: swing, sway
受不了	shòu bù liǎo	Adjective: unbearable
轻易	qīng yì	Adverb: easily, lightly
列车	liè chē	Noun: train
隔开	gé kāi	Verb: to separate
严	yán	Adjective: tight, sealed, stern, strict, rigorous
护士	hù shi	Noun: nurse
征求	zhēng qiú	Verb: to solicit, to seek, to ask for
离不开	lí bu kāi	Verb: cannot leave sbd./sth., to be inseparable
局	jú	Noun: office, bureau

指挥	zhǐ huī	Noun: conductor Verb: to conduct, to command, to direct
有限	yǒu xiàn	Adjective: limited, finite
格外	gé wài	Adverb: especially, particularly
录取	lù qǔ	Verb: to enrol, being admitted (e.g. university)
轮子	lún zi	Noun: wheel
怪	guài	Adjective: strange Adverb: quite, rather
耕	gēng	Verb: to plough, to till
划	huá	Verb: to row, to paddle, to cut, to scratch a surface
密码	mì mǎ	Noun: password
个体	gè tǐ	Noun: individual, individuality Adjective: individual
优美	yōu měi	Adjective: fine, graceful
归	guī	Verb: to return, to give back to, to belong to
型	xíng	Noun: model, type
好友	hǎo yǒu	Noun: close friend
竟然	jìng rán	Adverb: unexpectedly
宝石	bǎo shí	Noun: precious stone
毕业生	bì yè shēng	Noun: graduate
抽烟	chōu yān	Verb: to smoke (a cigarette, etc.)
二手	èr shǒu	Adjective: second-hand
考虑	kǎo lǜ	Noun: consideration Verb: to think over, to consider
自	zì	Pronoun: self, oneself Conjunction: from, since
事先	shì xiān	Adverb: in advance, beforehand
移民	yí mín	Noun: immigrant Verb: to immigrate, to migrate
编	biān	Verb: to weave, to arrange, to compose
月底	yuè dǐ	Time: end of the month
统一	tǒng yī	Verb: to unify, to unite, to integrate
手里	shǒu lǐ	Location: in hand, in somebody's hand

战胜	zhàn shèng	Verb: to defeat
西瓜	xī guā	Noun: watermelon
导游	dǎo yóu	Noun: tour guide
赢得	yíng dé	Verb: to win, to gain
促销	cù xiāo	Noun: sales promotion, advertisement
茶叶	chá yè	Noun: tea, tea leaves
海水	hǎi shuǐ	Noun: seawater
姐妹	jiě mèi	Noun: sisters
缓解	huǎn jiě	Verb: to ease, to blunt, to help relieve (a crisis)
著名	zhù míng	Adjective: famous, well-known
镜头	jìng tóu	Noun: camera lens, shot, movie scene
程序	chéng xù	Noun: procedure, process, program (IT)
赞成	zàn chéng	Verb: to approve of, to agree with
度过	dù guò	Verb: to spend, to pass
大妈	dà mā	Noun: older woman
着火	zháo huǒ	Verb: to ignite, to burn
青春	qīng chūn	Time: youth, youthfulness
体检	tǐ jiǎn	Noun: physical examination
泪水	lèi shuǐ	Noun: tears, teardrops
支	zhī	Verb: to support
倒闭	dǎo bì	Verb: to go bankrupt
含量	hán liàng	Noun: content, quantity contained
免费	miǎn fèi	Adjective: free (of charge)
出售	chū shòu	Verb: to sell, to offer for sale
加油站	jiā yóu zhàn	Noun: gas station
切	qiē	Verb: to cut, to chop
前头	qián tou	Location: ahead, in the front
开水	kāi shuǐ	Noun: boiled water
挑	tiāo	Verb: to choose, to pick, to carry on a shoulder pole
义务	yì wù	Noun: duty, obligation Adjective: voluntary
做梦	zuò mèng	Verb: to dream

显著	xiǎn zhù	Adjective: notable, outstanding, remarkable
遇到	yù dào	Verb: to meet, to run into
次	cì	Adjective: second, secondary
学时	xué shí	Noun: class hour, lesson
分散	fēn sàn	Verb: to disperse, to scatter
巧克力	qiǎo kè lì	Noun: chocolate
耳机	ěr jī	Noun: headphones, earphones
摆	bǎi	Noun: pendulum Verb: to put, to place, to arrange
诗人	shī rén	Noun: bard, poet
保守	bǎo shǒu	Verb: to guard, to keep Adjective: conservative
符合	fú hé	Verb: to accord with, to conform to
树叶	shù yè	Noun: tree leaves
伙	huǒ	Noun: companion, partner Measure Word: for groups of people
单纯	dān chún	Adjective: pure, simple
登记	dēng jì	Verb: to register
学年	xué nián	Noun: academic year
亲密	qīn mì	Adjective: intimate, close
甚至	shèn zhì	Adverb: even
及格	jí gé	Verb: to pass a test
陆地	lù dì	Noun: land, dry land
医学	yī xué	Noun: medical science
箱	xiāng	Noun: box, trunk
熟练	shú liàn	Adjective: skilled, practiced, proficient
顺序	shùn xù	Noun: sequence, order
尽力	jìn lì	Verb: to do all one can
主题	zhǔ tí	Noun: topic, subject (e-mail)
测量	cè liáng	Verb: to measure, to survey
大姐	dà jiě	Noun: big sister
缩短	suō duǎn	Verb: to curtail, to cut down
摆脱	bǎi tuō	Verb: to get rid of, to break out of, to free oneself from

轮船	lún chuán	Noun:	steamship
新郎	xīn láng	Noun:	bridegroom
未必	wèi bì	Adverb:	not necessarily
高潮	gāo cháo	Noun:	high tide, upsurge, climax, orgasm
邮局	yóu jú	Noun:	post office
无所谓	wú suǒ wèi	Expression:	doesn't matter!
尺寸	chǐ cun	Noun:	size, dimension, measurement
厘米	lí mǐ	Measure Word:	centimetre
充分	chōng fèn	Adjective:	ample, full, abundant
花	huā	Adjective:	colourful
脑袋	nǎo dai	Noun:	head, skull, brain
说服	shuō fú	Verb:	to persuade, to convince
戴	dài	Verb:	to put on, to wear, to respect, to support
黄金	huáng jīn	Noun:	gold
抽奖	chōu jiǎng	Noun:	lottery, raffle
		Verb:	to draw a prize
造型	zào xíng	Noun:	modelling, moulding
		Verb:	to model, to mould
粮食	liáng shi	Noun:	food, cereals
语法	yǔ fǎ	Noun:	grammar
冲	chōng	Verb:	to flush, to head for
高价	gāo jià	Noun:	high price
工程	gōng chéng	Noun:	project, undertaking, engineering
收回	shōu huí	Verb:	to take back, to regain, to withdraw
试卷	shì juàn	Noun:	examination paper
灯光	dēng guāng	Noun:	lighting, light
寒冷	hán lěng	Adjective:	cold, frigid
充电器	chōng diàn qì	Noun:	battery charger
再三	zài sān	Adverb:	again and again
奖金	jiǎng jīn	Noun:	premium, award money, bonus
政治	zhèng zhì	Noun:	politics
修理	xiū lǐ	Verb:	to repair, to fix
称赞	chēng zàn	Verb:	to praise, to acclaim, to commend
风格	fēng gé	Noun:	style

智能	zhì néng	Noun:	intelligence, brainpower
		Adjective:	intelligent
发挥	fā huī	Verb:	to develop (skill, ability, idea, etc.), to give play to
获奖	huò jiǎng	Verb:	to win a prize
身份	shēn fèn	Noun:	identity, status
身高	shēn gāo	Noun:	height (body)
海鲜	hǎi xiān	Noun:	seafood
回复	huí fù	Verb:	to reply, to recover
下载	xià zài	Verb:	to download
平方	píng fāng	Noun:	square
鲜明	xiān míng	Adjective:	clear-cut, distinct, colourful
汇报	huì bào	Noun:	to report, to give an account of
担任	dān rèn	Verb:	to hold the post of, to serve as
总理	zǒng lǐ	Noun:	premier, prime minister
疗养	liáo yǎng	Noun:	convalescence
		Verb:	to get well, to heal
利益	lì yì	Noun:	benefit
大爷	dà yé	Noun:	old man, grandpa
含有	hán yǒu	Verb:	to contain, to include
加班	jiā bān	Verb:	to work overtime
肥	féi	Adjective:	fat
参考	cān kǎo	Noun:	consultation, reference
		Verb:	to consult, to refer to
热闹	rè nao	Adjective:	lively, busy
吸	xī	Verb:	to breathe, to suck in, to inhale
措施	cuò shī	Noun:	measure, step
业余	yè yú	Noun:	spare time
		Adjective:	amateur
战斗	zhàn dòu	Noun:	fight, battle
		Verb:	to fight, to battle
模特儿	mó tè er	Noun:	(fashion) model
尾巴	wěi ba	Noun:	tail
复制	fù zhì	Verb:	to copy, to reproduce
如今	rú jīn	Time:	nowadays

消化	xiāo huà	Noun: digestion
		Verb: to digest
中奖	zhòng jiǎng	Verb: to win a prize
演讲	yǎn jiǎng	Verb: to lecture, to make a speech
符号	fú hào	Noun: symbol, mark, sign
战争	zhàn zhēng	Noun: war
发烧	fā shāo	Verb: to have fever
首	shǒu	Measure Word: for poem or song
承担	chéng dān	Verb: to undertake, to shoulder, to take (responsibility, etc.)
渐渐	jiàn jiàn	Adverb: gradually
批	pī	Verb: to criticize
袋	dài	Noun: bag, pocket
此外	cǐ wài	Conjunction: besides, moreover
构造	gòu zào	Noun: structure, composition
质量	zhì liàng	Noun: quality
改善	gǎi shàn	Noun: improvement
		Verb: to improve
能干	néng gàn	Adjective: able, capable, competent
收益	shōu yì	Noun: profit, income
底	dǐ	Noun: background, end, bottom, base
巨大	jù dà	Adjective: huge enormous
对于	duì yú	Pronoun: regarding, as far as sth. is concerned
律师	lǜ shī	Noun: lawyer
淡	dàn	Adjective: mild, (rather) tasteless, light in colour
想念	xiǎng niàn	Verb: to miss, to remember with longing
严格	yán gé	Adjective: strict, rigorous
问候	wèn hòu	Verb: to send a greeting
围巾	wéi jīn	Noun: scarf
来源	lái yuán	Noun: source, origin
了解	liǎo jiě	Verb: to understand
爱护	ài hù	Verb: to cherish, to take good care of
妻子	qī zi	Noun: wife

宁静	níng jìng	Adjective:	tranquil
新娘	xīn niáng	Noun:	bride
扫	sǎo	Verb:	to sweep
追求	zhuī qiú	Verb:	to pursue, to seek after
吸收	xī shōu	Verb:	to absorb, to soak up, to assimilate
矿泉水	kuàng quán shuǐ	Noun:	mineral water
土地	tǔ dì	Noun:	land, soil, territory
获取	huò qǔ	Verb:	to gain, to acquire
夏季	xià jì	Noun:	summer
躺	tǎng	Verb:	to lie (down), to recline
不要紧	bú yào jǐn	Expression:	it doesn't matter, never mind
酸	suān	Adjective:	sour
网址	wǎng zhǐ	Noun:	URL, web address
引导	yǐn dǎo	Noun: Verb:	introduction to guide, to lead, to direct
项目	xiàng mù	Noun:	item, project, sports event
主席	zhǔ xí	Noun:	chairman
叔叔	shū shu	Noun:	uncle
豆腐	dòu fu	Noun:	tofu
转告	zhuǎn gào	Verb:	to pass on (a message, etc.), to transmit
特价	tè jià	Noun:	special price
距离	jù lí	Noun: Verb:	distance to be apart from
小型	xiǎo xíng	Adjective:	small scale, small size
总共	zǒng gòng	Adverb:	altogether, in total
会计	kuài jì	Noun:	accountant, accounting
法院	fǎ yuàn	Noun:	court of law, court
酸奶	suān nǎi	Noun:	yogurt
笨	bèn	Adjective:	stupid, foolish
动摇	dòng yáo	Verb:	to waver, to rock, to destabilize
日历	rì lì	Noun:	calendar
营业	yíng yè	Verb:	to do business, to trade
方案	fāng àn	Noun:	plan, program, scheme
老家	lǎo jiā	Noun:	place of origin

卷	juàn	Noun: book, examination paper, scroll, chapter Measure Word: for books, paintings, etc.
光盘	guāng pán	Noun: CD, DVD
阵	zhèn	Noun: disposition of troops Conjunction: for short periods or events
穷	qióng	Adjective: poor
加入	jiā rù	Verb: to join, to become a member
航空	háng kōng	Noun: aviation
期间	qī jiān	Noun: period of time, period
并	bìng	Verb: to combine, to merge
身材	shēn cái	Noun: figure, stature
减肥	jiǎn féi	Verb: to lose weight
反	fǎn	Verb: to reverse, to oppose Adverb: contrary, anti-
安置	ān zhì	Verb: to find a place for, to arrange for
办事	bàn shì	Verb: to work, to handle sth.
包含	bāo hán	Verb: to contain, to embody, to include
挑	tiǎo	Verb: to stir up, to poke, to provoke
勇敢	yǒng gǎn	Adjective: brave, courageous
打扫	dǎ sǎo	Verb: to clean
隔	gé	Verb: to separate, to partition
无论	wú lùn	Conjunction: no matter how/what
推销	tuī xiāo	Verb: to market, to sell
打折	dǎ zhé	Verb: to give discount
行业	háng yè	Noun: business, industry, profession
尽快	jǐn kuài	Adverb: as soon as possible
敌人	dí rén	Noun: enemy
简历	jiǎn lì	Noun: CV, resume
浓	nóng	Adjective: dense, concentrated, thick
研究	yán jiū	Noun: research Verb: to research
情景	qíng jǐng	Noun: scene, sight, condition, circumstances

心理	xīn lǐ	Noun: psychology, mentality Adjective: psychological, mental
招呼	zhāo hu	Verb: to greet
然而	rán ér	Conjunction: however, but
家务	jiā wù	Noun: housework
电灯	diàn dēng	Noun: electric light
依然	yī rán	Adverb: still, as before
暗示	àn shì	Noun: hint, suggestion Verb: to hint, to suggest
季	jì	Noun: season, period
力气	lì qi	Noun: strength
传统	chuán tǒng	Noun: tradition Adjective: traditional
扩大	kuò dà	Verb: to expand, to enlarge
公元	gōng yuán	Noun: Christian era
以及	yǐ jí	Conjunction: as well as
诗	shī	Noun: poem
促使	cù shǐ	Verb: to urge, to push, to promote
大规模	dà guī mó	Adjective: large scale, extensive
引起	yǐn qǐ	Verb: to give rise to, to lead to
维持	wéi chí	Verb: to keep, to maintain, to preserve
后头	hòu tou	Location: behind, in the back
帽子	mào zi	Noun: hat, cap
调皮	tiáo pí	Adjective: naughty, tricky
提供	tí gōng	Verb: to offer, to supply, to provide
合同	hé tong	Noun: contract
季度	jì dù	Time: quarter, 3 months
而	ér	Conjunction: and, but, yet
逐步	zhú bù	Adverb: step by step
处于	chǔ yú	Verb: to be in
改正	gǎi zhèng	Noun: correction Verb: to correct, to amend
市区	shì qū	Noun: downtown, city centre
无聊	wú liáo	Adjective: boring, bored
表扬	biǎo yáng	Verb: to praise, to commend

寒假	hán jià	Noun: winter vacation
标志	biāo zhì	Noun: symbol, sign
		Verb: to symbolize, to indicate
平稳	píng wěn	Adjective: smooth, steady
奋斗	fèn dòu	Verb: to fight for, to strive for
好	hào	Verb: to be fond of, to be prone to
治疗	zhì liáo	Noun: medical treatment
		Verb: to treat, to cure
运用	yùn yòng	Verb: to use, to utilize
包括	bāo kuò	Verb: to include, to consist of
高尚	gāo shàng	Adjective: nobly, lofty, sublime
延长	yán cháng	Verb: to prolong, to extend
名片	míng piàn	Noun: (business) card
确认	què rèn	Noun: confirmation
		Verb: to confirm, to verify
英勇	yīng yǒng	Noun: bravery
		Adjective: heroic, brave, valiant
酒吧	jiǔ bā	Noun: bar, pub
地址	dì zhǐ	Noun: address
对比	duì bǐ	Noun: contrast, comparison
		Verb: to contrast, to compare
进口	jìn kǒu	Noun: import
		Verb: to import
移动	yí dòng	Noun: movement
		Verb: to move, to shift
		Adjective: mobile, portable
吸烟	xī yān	Verb: to smoke (cigarette)
构成	gòu chéng	Verb: to compose, to constitute, to configure (IT)
机遇	jī yù	Noun: opportunity
片面	piàn miàn	Adjective: unilateral, one-sided
夫人	fū rén	Noun: lady, madam
实施	shí shī	Verb: to carry out, to enforce, to implement
盘子	pán zi	Noun: tray, plate, dish
冰箱	bīng xiāng	Noun: fridge, icebox

分布	fēn bù	Verb:	to distribute, to be distributed
严重	yán zhòng	Adjective:	grave, serious, critical
喂	wèi	Verb:	to feed, to breed
召开	zhào kāi	Verb:	to convene, to convoke, to call together
燃料	rán liào	Noun:	fuel
兵	bīng	Noun:	soldier
器官	qì guān	Noun:	organ, apparatus
怀疑	huái yí	Noun:	doubt, suspicion
		Verb:	to doubt, to suspect
秘密	mì mì	Noun:	secret
		Adjective:	secret, confidential
形容	xíng róng	Noun:	description
		Verb:	to describe
批	pī	Measure Word:	for batches, lots, etc.
说不定	shuō bu dìng	Adverb:	maybe, cannot say for sure
刷	shuā	Noun:	brush
		Verb:	to brush
权利	quán lì	Noun:	right, privilege
迟到	chí dào	Verb:	to be late
产品	chǎn pǐn	Noun:	product, goods
投资	tóu zī	Noun:	investment
		Verb:	to invest
登录	dēng lù	Verb:	to register, to login
研究生	yán jiū shēng	Noun:	graduate, postgraduate or research student
近代	jìn dài	Time:	modern times
塑料	sù liào	Noun:	plastic
登	dēng	Verb:	to publish, to register, to record
降	jiàng	Verb:	to lower, to fall, to drop
法律	fǎ lǜ	Noun:	law
爱国	ài guó	Adjective:	patriotic
列为	liè wéi	Verb:	to be classified as
议论	yì lùn	Noun:	discussion
		Verb:	to discuss, to comment on
降温	jiàng wēn	Verb:	to become cooler, to decline

究竟	jiū jìng	Adverb: after all, actually
发票	fā piào	Noun: invoice, receipt
摇	yáo	Verb: to shake, to sway
味儿	wèi er	Noun: taste
末	mò	Noun: end, final stage, powder, dust
看望	kàn wàng	Verb: to visit
中介	zhōng jiè	Noun: agency, agent
原则	yuán zé	Noun: principle
检测	jiǎn cè	Noun: detection Verb: to detect, to test
转身	zhuǎn shēn	Verb: to turn round (head, body)
夫妻	fū qī	Noun: couple, husband and wife
既然	jì rán	Conjunction: this being the case
良好	liáng hǎo	Adjective: good, favourable, fine
征服	zhēng fú	Verb: to conquer, to subdue
…分之…	fēn zhī	Number: for indicating fraction/percent
促进	cù jìn	Verb: to promote, to advance
大多	dà duō	Adverb: mostly, for the most part
地位	dì wèi	Noun: position, status
宝	bǎo	Noun: jewel, treasure
粗心	cū xīn	Adjective: careless, thoughtless
圈	quān	Noun: circle, ring, loop Measure Word: for loops, laps, etc.
转动	zhuǎn dòng	Verb: to turn sth. around, to swivel
此	cǐ	Pronoun: this, these
抽	chōu	Verb: to pull out from, to draw out, to sprout
百货	bǎi huò	Noun: general merchandise
叶子	yè zi	Noun: leaf
要	yào	Conjunction: if, in case
智力	zhì lì	Noun: intelligence
密	mì	Adjective: secret, confidential, thick, dense
牌	pái	Noun: playing card, tablet
设置	shè zhì	Verb: to install, to set up

平均	píng jūn	Noun: average
		Adjective: average, mean
重量	zhòng liàng	Noun: weight
拍照	pāi zhào	Verb: to take a picture
梦想	mèng xiǎng	Noun: dream, wishful thinking
		Verb: to dream of
毛巾	máo jīn	Noun: towel
论文	lùn wén	Noun: paper, thesis
着急	zháo jí	Verb: to worry, to be nervous
陆续	lù xù	Adverb: one after another, bit by bit
暗	àn	Adjective: dark
个别	gè bié	Adjective: exceptional, very few, individual
封闭	fēng bì	Noun: to seal, to close, to confine
透明	tòu míng	Adjective: transparent
同情	tóng qíng	Noun: sympathy, compassion
		Verb: to sympathize
效率	xiào lǜ	Noun: efficiency
多样	duō yàng	Noun: diversity
		Adjective: diverse, manifold
幼儿园	yòu ér yuán	Noun: kindergarten, nursery school
五颜六色	wǔ yán liù sè	Adjective: multi-coloured
眼镜	yǎn jìng	Noun: eyeglasses
独自	dú zì	Adjective: alone
号码	hào mǎ	Noun: number
沉默	chén mò	Noun: silence, hush
		Verb: to keep silent
		Adjective: silent, uncommunicative
未来	wèi lái	Noun: future
鲜	xiān	Adjective: fresh, tasty, seldom
松	sōng	Noun: pine
		Verb: to loosen, to relax
树林	shù lín	Noun: wood, forest, grove
男女	nán nǚ	Noun: male-female, male and female
研制	yán zhì	Verb: to develop
善于	shàn yú	Verb: to be good at

多年	duō nián	Time:	many years
出席	chū xí	Verb:	to attend, to be present
轮椅	lún yǐ	Noun:	wheelchair
商务	shāng wù	Noun:	commerce, business
日记	rì jì	Noun:	diary
型号	xíng hào	Noun:	model number
居民	jū mín	Noun:	resident
种类	zhǒng lèi	Noun:	kind, type, sort, variety
微信	wēi xìn	Noun:	Weixin, WeChat (Tencent app)
性质	xìng zhì	Noun:	nature, character
别	bié	Verb:	to leave, to distinguish
单调	dān diào	Adjective:	monotonous, dull
红包	hóng bāo	Noun:	cash gift, bribe
了不起	liǎo bu qǐ	Adjective:	amazing, extraordinary
事物	shì wù	Noun:	thing, object
面临	miàn lín	Verb:	to face sth., to be confronted with
外套	wài tào	Noun:	coat, jacket
轮	lún	Noun:	wheel, disk, round
		Measure Word:	for big round objects, rounds of sport events, turns, etc.
卷	juǎn	Noun:	roll
		Verb:	to roll
		Measure Word:	for roll, spool
技巧	jì qiǎo	Noun:	skill, technique
讲座	jiǎng zuò	Noun:	lecture
预测	yù cè	Noun:	forecast, prediction
		Verb:	to forecast, to predict
被迫	bèi pò	Verb:	to be forced
巴士	bā shì	Noun:	bus
自信	zì xìn	Noun:	(self-)confidence
		Adjective:	(self-)confident
刷子	shuā zi	Noun:	brush
运动会	yùn dòng huì	Noun:	sports competition
含	hán	Verb:	to keep, to contain, to suck (in the mouth without chewing)

啊	ā	Expression: ah! oh!
一律	yí lǜ	Adjective: same, uniformly Adverb: all, without exception
堵	dǔ	Verb: to stop up, to block Measure Word: for walls
口语	kǒu yǔ	Noun: spoken language
美女	měi nǚ	Noun: beautiful woman
机构	jī gòu	Noun: mechanism, organization, institution
光临	guāng lín	Verb: to visit as honourable guest
汇	huì	Verb: to remit, to converge, to exchange
延续	yán xù	Verb: to continue, to last
抄写	chāo xiě	Verb: to copy, to transcribe
教训	jiào xùn	Noun: lesson Verb: to teach sbd. a lesson
手套	shǒu tào	Noun: gloves
吸引	xī yǐn	Verb: to attract (interest, customers, etc.)
通知书	tōng zhī shū	Noun: notification, notice
没想到	méi xiǎng dào	Verb: to not have expected sth.
充电	chōng diàn	Verb: to recharge batteries
喜爱	xǐ ài	Verb: to like, to love
官方	guān fāng	Noun: officials, authorities Adjective: official, authoritative
哪	na	Particle: showing approval (after a noun ending in -n)
倒车	dào chē	Verb: to reverse, to drive backwards
倍	bèi	Measure Word: for times, -fold
黑暗	hēi àn	Noun: darkness Adjective: dark
深厚	shēn hòu	Adjective: deep, profound
诚实	chéng shí	Adjective: honest, truthful
急忙	jí máng	Adjective: hasty, in a hurry
秋季	qiū jì	Noun: autumn, fall
比分	bǐ fēn	Noun: score
获得	huò dé	Verb: to obtain, to acquire

神秘	shén mì	Noun: mystery Adjective: mysterious
点名	diǎn míng	Noun: roll call Verb: to call by name
大型	dà xíng	Adjective: large-scale
类型	lèi xíng	Noun: type, category
万一	wàn yī	Noun: contingency Conjunction: in case
闪	shǎn	Noun: lightning, spark, flash
降落	jiàng luò	Verb: to descend, to land
反映	fǎn yìng	Noun: reflection Verb: to reflect, to mirror
地下	dì xià	Noun: underground
塑料袋	sù liào dài	Noun: plastic bag
内科	nèi kē	Noun: internal medicine
呼吸	hū xī	Verb: to breathe
安	ān	Noun: calm, quiet, ampere Adjective: calm, quiet
对付	duì fu	Verb: to deal with, to cope with
细节	xì jié	Noun: detail, particulars
大哥	dà gē	Noun: eldest brother
维护	wéi hù	Verb: to defend, to safeguard, to maintain
抱	bào	Verb: to hug, to embrace, to hold
独立	dú lì	Noun: independence Verb: to stand alone Adjective: independent
最初	zuì chū	Time: first, initial
激动	jī dòng	Verb: to excite Adjective: exciting
设施	shè shī	Noun: facility, installation
矮小	ǎi xiǎo	Adjective: short and small
治	zhì	Verb: to govern, to manage, to control, to treat (disease)
密切	mì qiè	Adjective: close, intimate

顶	dǐng	Noun: top, roof Verb: to carry on the head Adverb: most, extremely, highly Measure Word: for caps, hats, tents, etc.
孙女	sūn nǚ	Noun: granddaughter
冰雪	bīng xuě	Noun: ice and snow
散	sàn	Verb: to scatter, to break up, to disperse, to sack
眼泪	yǎn lèi	Noun: tears
江	jiāng	Noun: big river
怀念	huái niàn	Verb: to cherish the memory of, to think of
激烈	jī liè	Adjective: intense, fierce
列	liè	Noun: row, series Verb: to arrange, to line up Measure Word: for trains
模型	mó xíng	Noun: model, mould, matrix, pattern
舒适	shū shì	Adjective: comfortable, cosy
无	wú	Adverb: not
承认	chéng rèn	Noun: recognition Verb: to admit, to recognize, to acknowledge
翻	fān	Verb: to turn over, to flip over
货	huò	Noun: goods, money
名人	míng rén	Noun: celebrity
地面	dì miàn	Noun: floor, ground
共	gòng	Adjective: together
呀	ya	Particle: to express surprise or doubt
特征	tè zhēng	Noun: distinctive feature, characteristic
疑问	yí wèn	Noun: question, doubt
结论	jié lùn	Noun: conclusion
兴趣	xìng qù	Noun: interest
养成	yǎng chéng	Verb: to cultivate, to form, to acquire
财产	cái chǎn	Noun: property, possession
作出	zuò chū	Verb: to put out, to make (decision)
大众	dà zhòng	Noun: the masses, Volkswagen

针对	zhēn duì	Verb: to be aimed at, to be directed against
本科	běn kē	Noun: Bachelor course
遇	yù	Noun: opportunity Verb: to meet, to encounter
辣	là	Adjective: spicy
街道	jiē dào	Noun: street
人家	rén jia	Noun: household, family Pronoun: others, people, him/her, I
失业	shī yè	Noun: unemployment Verb: to lose one's job Adjective: unemployed
擦	cā	Verb: to wipe, to rub, to erase
交换	jiāo huàn	Noun: exchange Verb: to exchange, to swap, to switch
或许	huò xǔ	Adverb: perhaps, maybe
法	fǎ	Noun: law, method
婚礼	hūn lǐ	Noun: wedding
忽视	hū shì	Verb: to neglect, to ignore, to overlook
电源	diàn yuán	Noun: electric power source
抄	chāo	Verb: to copy, to plagiarize
玉	yù	Noun: jade
运动员	yùn dòng yuán	Noun: athlete
遗传	yí chuán	Noun: heredity, inheritance Verb: to inherit, to transmit
登山	dēng shān	Noun: climbing, mountaineering
专心	zhuān xīn	Noun: concentration Verb: to concentrate Adjective: concentrated, attentive
俩	liǎ	Number: two (people)
运气	yùn qi	Noun: luck, fate
肚子	dù zi	Noun: belly, abdomen
约会	yuē huì	Noun: appointment, engagement, date
前途	qián tú	Noun: prospect, future
彻底	chè dǐ	Adjective: thorough

种植	zhòng zhí	Noun:	cultivation
		Verb:	to plant, to grow
毛衣	máo yī	Noun:	sweater
松树	sōng shù	Noun:	pine tree
利息	lì xī	Noun:	interest (on a loan)
填	tián	Verb:	to fill in
布置	bù zhì	Verb:	to fix up, to arrange, to decorate
总统	zǒng tǒng	Noun:	president (of a country)
体重	tǐ zhòng	Noun:	weight
转移	zhuǎn yí	Noun:	metastasis
		Verb:	to shift, to divert, to transfer
投	tóu	Verb:	to cast, to throw, to invest, to insert
乐趣	lè qù	Noun:	joy, delight, pleasure
穷人	qióng rén	Noun:	poor people, poor person
看来	kàn lái	Conjunction:	it seems, it appears
学术	xué shù	Noun:	learning, science
负担	fù dān	Noun:	burden
		Verb:	to bear a burden
伤害	shāng hài	Verb:	to injure, to harm
坚固	jiān gù	Adjective:	solid, firm, stable, strong
赞助	zàn zhù	Noun:	assistance, support
		Verb:	to support, to assist, to sponsor
童年	tóng nián	Noun:	childhood
位置	wèi zhì	Noun:	position, place
摸	mō	Verb:	to touch, to feel with the hand, to grope
逐渐	zhú jiàn	Adverb:	gradually
误会	wù huì	Noun:	misunderstanding
		Verb:	to misunderstand
无法	wú fǎ	Adverb:	unable, incapable
之前	zhī qián	Time:	before
纯	chún	Adjective:	pure, genuine, unmixed
打	dá	Number:	dozen
准时	zhǔn shí	Adjective:	on time, punctual

电梯	diàn tī	Noun:	elevator
动画片	dòng huà piàn	Noun:	cartoon, animation
苦	kǔ	Adjective:	bitter, miserable
体操	tǐ cāo	Noun:	gymnastics
女士	nǚ shì	Noun:	lady, madam
下降	xià jiàng	Verb:	to decline, to drop, to go down
独特	dú tè	Adjective:	unique, distinct
数码	shù mǎ	Noun:	number, figure
		Adjective:	digital
小吃	xiǎo chī	Noun:	snack, refreshments
刺	cì	Noun:	thorn, splinter
		Verb:	to stab
似的	shì de	Conjunction:	(seems) as if
纷纷	fēn fēn	Adverb:	one after another
大楼	dà lóu	Noun:	high-rise
战士	zhàn shì	Noun:	soldier, warrior
遇见	yù jiàn	Verb:	to meet (by accident)
规模	guī mó	Noun:	scale, scope, size, extent
盖	gài	Noun:	cover
		Verb:	to cover
春季	chūn jì	Time:	springtime
圆满	yuán mǎn	Adjective:	satisfactory, perfect
伙伴	huǒ bàn	Noun:	partner, companion, mate
细	xì	Adjective:	thin, fine
汽油	qì yóu	Noun:	gas, gasoline
出口	chū kǒu	Verb:	to export
棵	kē	Measure Word:	for trees, plants, etc.
预订	yù dìng	Noun:	booking
		Verb:	to book, to subscribe for
厚	hòu	Adjective:	thick, deep
大巴	dà bā	Noun:	big bus
影子	yǐng zi	Noun:	shadow
宽广	kuān guǎng	Adjective:	wide, broad, extensive
相反	xiāng fǎn	Adjective:	opposite, contrary
过分	guò fèn	Adjective:	excessive, undue

上个月	shàng gè yuè	Time: last month
代替	dài tì	Noun: replacement Verb: to replace, to substitute Relative Clause: instead of
骨头	gǔ tou	Noun: bone, strong character
节省	jié shěng	Verb: to save, to economize, to use sparingly
含义	hán yì	Noun: meaning, implication
网络	wǎng luò	Noun: network, internet
可见	kě jiàn	Conjunction: it is obvious that, it can clearly be seen that
丈夫	zhàng fu	Noun: husband
鲜花	xiān huā	Noun: flowers
紧密	jǐn mì	Adjective: inseparable, close
作为	zuò wéi	Noun: conduct, act Verb: to accomplish, to act as Conjunction: as
优良	yōu liáng	Adjective: fine, good
引	yǐn	Verb: to attract, to draw, to lead, to guide
担保	dān bǎo	Verb: to assure, to guarantee, to vouch for
色	sè	Noun: colour
胖子	pàng zi	Noun: fatty
稳	wěn	Adjective: settled, steady, stable
健身	jiàn shēn	Noun: physical exercise Verb: to exercise, to work out
角色	jué sè	Noun: character (in a book, play, etc.)
培育	péi yù	Noun: culture Verb: to cultivate, to breed, to foster
泪	lèi	Noun: tear
位于	wèi yú	Verb: to lie, to be located at
手术	shǒu shù	Noun: operation, surgery
单独	dān dú	Adjective: alone, solo
以内	yǐ nèi	Relative Clause: within
语音	yǔ yīn	Noun: pronunciation
获	huò	Verb: to catch, to obtain, to harvest

交际	jiāo jì	Noun:	communication, social intercourse
		Verb:	socialize
电动车	diàn dòng chē	Noun:	electric car or vehicle
背景	bèi jǐng	Noun:	background, context
结	jié	Noun:	knot
		Verb:	to tie, to bind
一再	yí zài	Adverb:	repeatedly, again and again
聚会	jù huì	Noun:	party, gathering
		Verb:	to party, to get together
测试	cè shì	Noun:	test
		Verb:	to test
刺激	cì jī	Noun:	stimulus, provocation
		Verb:	to provoke, to stimulate, to excite
途中	tú zhōng	Adverb:	en route, on the way
有趣	yǒu qù	Adjective:	interesting
空间	kōng jiān	Noun:	space
用途	yòng tú	Noun:	application, use, purpose
暑假	shǔ jià	Noun:	summer vacation
锻炼	duàn liàn	Verb:	to exercise, to engage in physical exercise
思考	sī kǎo	Verb:	to ponder over, to think over, to reflect upon
汽水	qì shuǐ	Noun:	soda, pop
失望	shī wàng	Noun:	disappointment
		Verb:	to lose hope
		Adjective:	disappointed
官	guān	Noun:	officer, government official
附近	fù jìn	Noun:	vicinity
		Adverb:	nearby
		Relative Clause:	next to
于是	yú shì	Conjunction:	as a result, consequently
感兴趣	gǎn xìng qù	Verb:	to be interested in
处	chù	Noun:	office, department
赞赏	zàn shǎng	Verb:	to admire, to praise
不然	bù rán	Conjunction:	otherwise
延期	yán qī	Verb:	to delay, to postpone, to defer

胸部	xiōng bù	Noun: chest, bosom
尺子	chǐ zi	Noun: ruler
单	dān	Noun: list, form Adjective: only, alone, sole
根据	gēn jù	Noun: basis, foundation Verb: to base on Relative Clause: according to, based on
系列	xì liè	Noun: series
担心	dān xīn	Verb: to worry Adjective: worried, anxious
倒车	dǎo chē	Verb: to change (buses, trains, etc.)
趋势	qū shì	Noun: trend, tendency
亲爱	qīn ài	Adjective: dear, beloved
实用	shí yòng	Adjective: practical, pragmatic, applied
折	zhé	Verb: to break, to bend, to fold, to discount
固定	gù dìng	Verb: to fasten, to fix Adjective: fixed, set, regular
流传	liú chuán	Verb: to spread, to circulate, to hand down
堵车	dǔ chē	Noun: traffic jam
成人	chéng rén	Noun: adult
箱子	xiāng zi	Noun: suitcase, box
即将	jí jiāng	Verb: to be about to Adverb: soon, right away
导致	dǎo zhì	Verb: to lead to, to create, to bring about
县	xiàn	Noun: county
脱	tuō	Verb: to take off, to shed
拉开	lā kāi	Verb: to pull open
似乎	sì hū	Adverb: apparently, it seems as if, seemingly
吃惊	chī jīng	Verb: to be startled, to be shocked, to be amazed
闹	nào	Verb: to make noise, to fall ill Adjective: noisy
概括	gài kuò	Noun: summary Verb: to summarize, to generalize

果实	guǒ shí	Noun:	fruits, gains
名牌儿	míng pái er	Noun:	famous brand
睡着	shuì zháo	Verb:	to fall asleep
赏	shǎng	Noun:	reward
		Verb:	to enjoy
嘴巴	zuǐ ba	Noun:	mouth
大方	dà fang	Adjective:	generous, of good taste
立即	lì jí	Adverb:	immediately, at once
矮	ǎi	Adjective:	low, short
湿	shī	Adjective:	wet
量	liáng	Verb:	to measure
购买	gòu mǎi	Verb:	to buy
资料	zī liào	Noun:	material, data, resources, profile (IT)
不管	bù guǎn	Conjunction:	regardless of, no matter what/how
维修	wéi xiū	Noun:	maintenance
		Verb:	to maintain, to protect
唱片	chàng piàn	Noun:	LP
玉米	yù mǐ	Noun:	corn, maize
无限	wú xiàn	Adjective:	unlimited
的确	dí què	Adverb:	really, indeed
奖	jiǎng	Noun:	prize, award
投入	tóu rù	Verb:	to throw into, to invest in
不在乎	bù zài hu	Verb:	to not care
转弯	zhuǎn wān	Verb:	to turn, to go around a corner
开花	kāi huā	Verb:	to bloom, to blossom
期限	qī xiàn	Noun:	deadline, time limit
老婆	lǎo po	Noun:	wife, female partner
供应	gōng yìng	Verb:	to supply, to provide
包裹	bāo guǒ	Noun:	parcel, package
		Verb:	to wrap up
一致	yí zhì	Noun:	agreement
		Adjective:	identical, unanimous (views, etc.)

宝贝	bǎo bèi	Noun: darling, baby
闹钟	nào zhōng	Noun: alarm clock
选择	xuǎn zé	Noun: choice, option Verb: to choose, to select
装置	zhuāng zhì	Noun: installation, system, device Verb: to install
风俗	fēng sú	Noun: (social) custom
上门	shàng mén	Verb: to visit
弯	wān	Noun: a curve Verb: to bend, to curve Adjective: bent, curved
停下	tíng xià	Verb: to stop
括号	kuò hào	Noun: parentheses, brackets
规则	guī zé	Noun: rule, regulation
套餐	tào cān	Noun: set meal
燃烧	rán shāo	Verb: to burn, to kindle
统计	tǒng jì	Noun: statistics
财富	cái fù	Noun: wealth, riches
潮湿	cháo shī	Adjective: wet, damp, moist
破产	pò chǎn	Noun: bankruptcy Verb: to go bankrupt
孙子	sūn zi	Noun: grandson
守	shǒu	Verb: to guard, to defend
寄	jì	Verb: to send, to mail
打败	dǎ bài	Verb: to defeat, to be defeated
规律	guī lǜ	Noun: law, regular pattern
口袋	kǒu dai	Noun: pocket, sack
争论	zhēng lùn	Noun: argument, debate Verb: to argue, to debate
申请	shēn qǐng	Noun: application Verb: to apply for
帅	shuài	Adjective: handsome, smart (for men)
夫妇	fū fù	Noun: (married) couple, husband and wife
翻译	fān yì	Noun: translation, translator Verb: to translate

却	què	Conjunction: but, yet
高铁	gāo tiě	Noun: highspeed rail
经典	jīng diǎn	Noun: classics, scriptures Adjective: classical
讲究	jiǎng jiu	Verb: to pay attention to Adjective: exquisite, tasteful
药物	yào wù	Noun: medicine, medication
梦	mèng	Noun: dream
两边	liǎng biān	Location: either side, both sides
从此	cóng cǐ	Conjunction: from now on
阻止	zǔ zhǐ	Verb: to prevent, to stop
优秀	yōu xiù	Adjective: outstanding, excellent
期末	qī mò	Time: end of term
痛快	tòng kuài	Adjective: delighted, very happy
教授	jiào shòu	Noun: professor Verb: to instruct, to lecture on
善良	shàn liáng	Adjective: kind-hearted, good, honest
方	fāng	Noun: square, direction, side Measure Word: for square things
祝福	zhù fú	Verb: to bless, to wish well
随手	suí shǒu	Adverb: conveniently, without extra trouble
老公	lǎo gōng	Noun: husband
学分	xué fēn	Noun: course credit
毕业	bì yè	Verb: to graduate, to finish school
划	huà	Noun: stroke of character Verb: to transfer, to assign, to differentiate, to mark off
台阶	tái jiē	Noun: stairs, step
记载	jì zǎi	Noun: record Verb: to write down
结构	jié gòu	Noun: structure, makeup, composition
外交官	wài jiāo guān	Noun: diplomat
词汇	cí huì	Noun: vocabulary, words and phrases
列入	liè rù	Verb: to include on a list
风景	fēng jǐng	Noun: scenery, landscape

航班	háng bān	Noun: scheduled flight, flight number
吸管	xī guǎn	Noun: straw, suction tube
牙	yá	Noun: tooth
依靠	yī kào	Noun: backing, support Verb: to rely on, to depend on
关闭	guān bì	Verb: to close, to shut
多种	duō zhǒng	Adverb: many kinds of
聚	jù	Verb: to congregate, to assemble, to gather together, to amass
透	tòu	Verb: to penetrate, to pass through Adjective: transparent, thorough Adverb: fully, completely
难免	nán miǎn	Adjective: hard to avoid, unavoidable
避	bì	Verb: to avoid, to flee
垃圾	lā jī	Noun: garbage
几乎	jī hū	Adverb: almost, nearly
形势	xíng shì	Noun: situation, circumstances, terrain

HSK 5

防治	fáng zhì	Noun: prevention and cure
蛋糕	dàn gāo	Noun: cake
居然	jū rán	Adverb: unexpectedly
研究所	yán jiū suǒ	Noun: research institute
摩擦	mó cā	Noun: friction, rubbing Verb: to rub against
启动	qǐ dòng	Verb: to start, to launch, to activate
递	dì	Verb: to pass, to hand over
胜负	shèng fù	Noun: victory or defeat
逻辑	luó ji	Noun: logic
不敢当	bù gǎn dāng	Expression: you flatter me!
指标	zhǐ biāo	Noun: norm, index, target
剪	jiǎn	Verb: to cut with scissors, to trim
唯一	wéi yī	Adverb: only, sole
加上	jiā shàng	Verb: plus, to add to, in addition
吐	tǔ	Verb: to spit
厅	tīng	Noun: hall
看成	kàn chéng	Verb: to regard as, to see sth. as
扔	rēng	Verb: to throw (away)
熊	xióng	Noun: bear
寸	cùn	Noun: inch, thumb
自杀	zì shā	Noun: suicide Verb: to kill oneself
向前	xiàng qián	Location: forward
区域	qū yù	Noun: area, region, district
发觉	fā jué	Verb: to become aware, to find, to discover
注重	zhù zhòng	Verb: to emphasize, to attach importance to
签证	qiān zhèng	Noun: visa
品种	pǐn zhǒng	Noun: variety, breed
乡村	xiāng cūn	Noun: village, countryside

罚款	fá kuǎn	Noun:	fine, penalty
		Verb:	to fine
打扮	dǎ ban	Verb:	to decorate, to dress up
忍不住	rěn bu zhù	Verb:	cannot help, unable to bear
值班	zhí bān	Verb:	to be on duty, to work a shift
打包	dǎ bāo	Verb:	to pack, to wrap
污染	wū rǎn	Noun:	pollution, contamination
		Verb:	to pollute, to contaminate
估计	gū jì	Verb:	to estimate
迷人	mí rén	Adjective:	charming, fascinating
只见	zhǐ jiàn	Adverb:	only
贸易	mào yì	Noun:	trade
治理	zhì lǐ	Verb:	to govern, to administer
扇	shàn	Noun:	fan
		Measure Word:	for doors, windows, etc.
散	sǎn	Verb:	to come loose, to fall apart
空中	kōng zhōng	Location:	in the air
等候	děng hòu	Verb:	to wait
闯	chuǎng	Verb:	to rush, to break through, to charge
优惠	yōu huì	Adjective:	preferential, favourable
呆	dāi	Verb:	to stay
		Adjective:	dull, foolish, stupid
艰苦	jiān kǔ	Adjective:	difficult, hard
关键	guān jiàn	Noun:	key, crucial point
沟通	gōu tōng	Verb:	to communicate
如同	rú tóng	Adverb:	like, as
冒	mào	Verb:	to give off, to emit
回收	huí shōu	Verb:	to reclaim, to retrieve, to recover
屋	wū	Noun:	house, room
处在	chǔ zài	Verb:	to find oneself at
为主	wéi zhǔ	Verb:	to attach most importance to
接触	jiē chù	Verb:	to touch, to contact, to get in touch with
为止	wéi zhǐ	Pronoun:	until
特定	tè dìng	Adjective:	special, specific, particular

私人	sī rén	Noun: private (person) Adjective: private
虚心	xū xīn	Adjective: modest
查询	chá xún	Verb: to check, to inquire
冲动	chōng dòng	Noun: impulse
为难	wéi nán	Verb: to feel embarrassed, to feel awkward
保卫	bǎo wèi	Verb: to defend, to safeguard
邀请	yāo qǐng	Noun: invitation Verb: to invite
草原	cǎo yuán	Noun: grassland
不曾	bù céng	Adverb: never
煤气	méi qì	Noun: coal gas
酒鬼	jiǔ guǐ	Noun: drunkard
朵	duǒ	Measure Word: for flowers, clouds, etc.
光线	guāng xiàn	Noun: light, lighting
集团	jí tuán	Noun: group, bloc, corporation
女性	nǚ xìng	Noun: woman Adjective: female
建造	jiàn zào	Noun: construction Verb: to construct, to build
心态	xīn tài	Noun: attitude, way of thinking, mentality
设想	shè xiǎng	Verb: to imagine, to assume
频道	pín dào	Noun: frequency, (TV) channel
即使	jí shǐ	Conjunction: even if, even though
当代	dāng dài	Time: present, nowadays
坚定	jiān dìng	Verb: to steady, to strengthen Adjective: firm, steady, staunch
高大	gāo dà	Adjective: tall and strong, lofty
配套	pèi tào	Verb: to form a complete set
钢笔	gāng bǐ	Noun: fountain pen
尝	cháng	Verb: to taste Adverb: once
靠近	kào jìn	Verb: to approach
围绕	wéi rào	Verb: to revolve around, to surround

回忆	huí yì	Noun: recollection Verb: to recall, to recollect
不停	bù tíng	Adjective: incessant, diligent
能量	néng liàng	Noun: energy, capacity, ability
课题	kè tí	Noun: task, topic for study/discussion
前景	qián jǐng	Noun: prospect, perspective, foreground
放大	fàng dà	Verb: to enlarge, to magnify
讨厌	tǎo yàn	Verb: to hate Adjective: disgusting, nasty
逃跑	táo pǎo	Verb: to flee, to run away
手法	shǒu fǎ	Noun: technique, trick, skill
酸甜苦辣	suān tián kǔ là	Expression: the joys and sorrows of life
立	lì	Verb: to stand
挣	zhèng	Verb: to earn, to make money
看待	kàn dài	Verb: to look upon, to regard
恨	hèn	Noun: hate Verb: to hate
自豪	zì háo	Adjective: proud
得以	dé yǐ	Verb: so that sbd./sth. can ...
悲伤	bēi shāng	Noun: sorrow Adjective: sad, sorrowful
十足	shí zú	Adjective: complete, hundred percent, full of
伸	shēn	Verb: to stretch, to extend
注射	zhù shè	Noun: injection Verb: to inject, to shoot
机器人	jī qì rén	Noun: robot
递给	dì gěi	Verb: to give, to hand over
摘	zhāi	Verb: to pick, to pluck, to take off (glasses, etc.)
丑	chǒu	Noun: clown Adjective: ugly, bad-looking
热量	rè liàng	Noun: heat
现有	xiàn yǒu	Adjective: currently available
掌握	zhǎng wò	Verb: to grasp, to master, to control
挡	dǎng	Verb: to block, to hinder, to obstruct

清晨	qīng chén	Time: early morning
灾害	zāi hài	Noun: calamity, disaster
冲突	chōng tū	Noun: conflict, clash Verb: to conflict, to clash
推行	tuī xíng	Verb: to carry out
延伸	yán shēn	Verb: to extend, to stretch, to spread
颗	kē	Measure Word: for grain, pearls, teeth, stars, etc.
动员	dòng yuán	Noun: mobilization Verb: to mobilize, to arouse
分解	fēn jiě	Verb: to resolve, to break down, to decompose
失误	shī wù	Noun: lapse, mistake, fault
层次	céng cì	Noun: arrangement of ideas, administrative level
补贴	bǔ tiē	Noun: subsidy, allowance
地震	dì zhèn	Noun: earthquake
胃	wèi	Noun: stomach
中央	zhōng yāng	Noun: centre, central authorities Adjective: central
礼拜	lǐ bài	Noun: Sunday, week
意识	yì shí	Noun: consciousness, awareness Verb: to be aware of
矛盾	máo dùn	Noun: contradiction Adjective: contradictory
工作日	gōng zuò rì	Noun: workday
公式	gōng shì	Noun: formula
违规	wéi gūi	Adjective: illegal, corrupt
歇	xiē	Verb: to rest
代价	dài jià	Noun: price, cost
尽可能	jìn kě néng	Expression: as far as possible
启发	qǐ fā	Noun: inspiration, enlightenment Verb: to inspire, to enlighten
物价	wù jià	Noun: price
专辑	zhuān jí	Noun: music album, record, special print
也好	yě hǎo	Adverb: also fine, may as well...

山区	shān qū	Noun: mountain area
斜	xié	Adjective: inclined, slanting, oblique
今日	jīn rì	Time: today
使得	shǐ de	Verb: to cause, to make Adjective: workable, usable
盒子	hé zi	Noun: box, case
脸盆	liǎn pén	Noun: washbowl, basin
盒饭	hé fàn	Noun: packed lunch, box meal
不时	bù shí	Adverb: now and then, from time to time
四周	sì zhōu	Adverb: all around
线索	xiàn suǒ	Noun: clue, hint, trail
无疑	wú yí	Adverb: undoubtedly
悲剧	bēi jù	Noun: tragedy
脾气	pí qi	Noun: temperament, temper
时事	shí shì	Noun: current affairs, present situation
比重	bǐ zhòng	Noun: proportion, specific weight
模式	mó shì	Noun: mode, pattern
价	jià	Noun: price, value
不能不	bù néng bù	Auxiliary Verb: have to
泼	pō	Verb: to splash, to spill
驾驶	jià shǐ	Verb: to drive, to pilot
所在	suǒ zài	Noun: place, location
叉	chā	Noun: fork
乘客	chéng kè	Noun: passenger
猜测	cāi cè	Verb: to guess, to surmise
琴	qín	Noun: zither, musical instrument with strings
建筑	jiàn zhù	Noun: building, architecture Verb: to build, to construct
瞧	qiáo	Verb: to look at, to see
可惜	kě xī	Adjective: it is a pity, what a pity
时光	shí guāng	Time: time, days
押金	yā jīn	Noun: deposit, down payment
立场	lì chǎng	Noun: position, standpoint, stand
发射	fā shè	Verb: to start, to fire, to launch

书桌	shū zhuō	Noun: desk
火灾	huǒ zāi	Noun: fire
注册	zhù cè	Verb: to register
邻居	lín jū	Noun: neighbour
饼	bǐng	Noun: round flat cake, cookie, cake
生成	shēng chéng	Verb: to generate, to produce
启事	qǐ shì	Noun: announcement, notice
目光	mù guāng	Noun: sight, view, vision
扇	shān	Verb: to fan, to instigate
众多	zhòng duō	Adjective: numerous
安慰	ān wèi	Noun: comfort, consolation Verb: to comfort, to console
沙漠	shā mò	Noun: desert
可怜	kě lián	Adjective: pitiful, poor, pathetic
泉	quán	Noun: spring (water)
正版	zhèng bǎn	Noun: original version
回报	huí bào	Noun: payback Verb: to pay back, to requite
水产品	shuǐ chǎn pǐn	Noun: fish, seafood
转让	zhuǎn ràng	Verb: to transfer, to make over
基地	jī dì	Noun: base, military base
仔细	zǐ xì	Adjective: careful, attentive, cautious
打架	dǎ jià	Noun: fight, fistfight Verb: to fight, to scuffle
盆	pén	Noun: basin, tub, pot Measure Word: for approx. 128 litres
支配	zhī pèi	Verb: to control, to dominate
微博	wēi bó	Noun: microblog
竞赛	jìng sài	Noun: contest, competition
不良	bù liáng	Adjective: bad
浪漫	làng màn	Adjective: romantic
大熊猫	dà xióng māo	Noun: giant panda
牛仔裤	niú zǎi kù	Noun: jeans
毛笔	máo bǐ	Noun: brush (for writing)

转向	zhuǎn xiàng	Noun: change of direction Verb: to change direction
慌	huāng	Adjective: panicky, nervous
抢救	qiǎng jiù	Verb: to rescue, to save
柜子	guì zi	Noun: cupboard, cabinet
气体	qì tǐ	Noun: gas
高温	gāo wēn	Noun: high temperature
学位	xué wèi	Noun: academic degree
势力	shì li	Noun: force, power, influence
答	dá	Noun: reply, answer
艰难	jiān nán	Noun: difficulty, hardship Adjective: difficult, hard
寻求	xún qiú	Verb: to seek, to look for
辈	bèi	Noun: generation, lifetime
其	qí	Pronoun: his, her, it, that, etc.
睡眠	shuì mián	Noun: sleep
散文	sǎn wén	Noun: prose, essay
抢	qiǎng	Verb: to grab, to rob
吨	dūn	Measure Word: for a ton
加热	jiā rè	Verb: to heat up
开幕	kāi mù	Verb: to open (conference, etc.)
震惊	zhèn jīng	Verb: to shock, to astonish
加速	jiā sù	Verb: to accelerate
敲门	qiāo mén	Verb: to knock (on a door)
烤肉	kǎo ròu	Noun: barbecue
聪明	cōng ming	Adjective: clever, intelligent, smart
视为	shì wéi	Verb: to view as
更新	gēng xīn	Verb: to replace, to renew, to update
跟前	gēn qián	Location: in front of
插	chā	Verb: to insert, to stick in
锅	guō	Noun: pot, pan
起到	qǐ dào	Verb: serve as, play a role
戒	jiè	Noun: ring (for finger) Verb: to guard against
陪	péi	Verb: to accompany

增强	zēng qiáng	Verb:	to strengthen
随后	suí hòu	Time:	soon after
主办	zhǔ bàn	Verb:	to organize, to sponsor, to host
例外	lì wài	Noun:	exception
		Verb:	to make an exception
		Adjective:	exceptional
指责	zhǐ zé	Verb:	to criticize, to denounce, to accuse
大事	dà shì	Noun:	important task/issue
好运	hǎo yùn	Noun:	good luck
补偿	bǔ cháng	Noun:	compensation
		Verb:	to compensate, to make up
暖	nuǎn	Adjective:	warm
业务	yè wù	Noun:	business, professional work
跟随	gēn suí	Verb:	to follow
主管	zhǔ guǎn	Noun:	person in charge, boss
		Verb:	to be in charge of
师傅	shī fu	Noun:	master, teacher, used to respectfully address older men
如下	rú xià	Adverb:	as follows
咬	yǎo	Verb:	to bite
再次	zài cì	Adverb:	one more time, once again
吃力	chī lì	Adjective:	strenuous, requiring effort
竞争	jìng zhēng	Noun:	competition
		Verb:	to compete
误解	wù jiě	Noun:	misunderstanding
		Verb:	to misunderstand
猜	cāi	Verb:	to guess
被动	bèi dòng	Adjective:	passive
键盘	jiàn pán	Noun:	keyboard
狂	kuáng	Adjective:	mad, wild
正义	zhèng yì	Noun:	justice
		Adjective:	just, righteous
全世界	quán shì jiè	Adjective:	worldwide
脱离	tuō lí	Verb:	to break away from, to separate oneself from

流通	liú tōng	Noun: circulation Verb: to circulate, to flow
率领	shuài lǐng	Verb: to lead, to command
回顾	huí gù	Noun: retrospection Verb: to review, to look back
治安	zhì ān	Noun: public security, law and order
放弃	fàng qì	Verb: to give up
提示	tí shì	Verb: to prompt, to point out
偶然	ǒu rán	Adverb: accidentally, by chance
葡萄酒	pú tao jiǔ	Noun: wine
人力	rén lì	Noun: manpower
高度	gāo dù	Noun: height, altitude Adjective: highly
上级	shàng jí	Noun: higher authorities, superiors
以便	yǐ biàn	Conjunction: so that, in order to
号召	hào zhào	Verb: to call, to appeal
特性	tè xìng	Noun: characteristic
迷信	mí xìn	Noun: superstition
个儿	gè er	Noun: size, stature
转化	zhuǎn huà	Verb: to transform, isomerization (chemistry)
匹	pǐ	Noun: ordinary person Measure Word: for horses and cloth
铃	líng	Noun: bell
缺乏	quē fá	Noun: shortage Verb: to be short of, to lack
严肃	yán sù	Adjective: solemn, serious
全都	quán dōu	Adverb: all, without exception
当选	dāng xuǎn	Verb: to be elected, to win an election
合成	hé chéng	Noun: compound, synthesis Verb: to compose, to constitute, to synthesize Adjective: synthetic
抬头	tái tóu	Noun: space for writing the name on checks, bills, etc. Verb: to raise one's head

分类	fēn lèi	Noun:	classification
撞	zhuàng	Verb:	to hit, to bump against, to collide, to run into
应	yìng	Verb:	to answer, to respond
尝试	cháng shì	Noun:	try, attempt
		Verb:	to try, to attempt
鼓掌	gǔ zhǎng	Verb:	to applaud
寿司	shòu sī	Noun:	sushi
南极	nán jí	Noun:	south pole
规划	guī huà	Noun:	plan, program
		Verb:	to plan, to work out
差别	chā bié	Noun:	difference
神经	shén jīng	Noun:	nerve
困扰	kùn rǎo	Verb:	to cause complications, to disturb
主观	zhǔ guān	Adjective:	subjective
丢	diū	Verb:	to lose, to throw
令	lìng	Noun:	order, warrant
		Verb:	to order, to command
脸色	liǎn sè	Noun:	complexion, look
群体	qún tǐ	Noun:	group, community, colony
电子版	diàn zǐ bǎn	Noun:	electronic version
收购	shōu gòu	Verb:	to purchase, to acquire
辅助	fǔ zhù	Noun:	auxiliary
		Verb:	to assist
解放	jiě fàng	Noun:	liberation
		Verb:	to liberate, to emancipate
朗读	lǎng dú	Verb:	to read aloud
服从	fú cóng	Verb:	to obey, to submit
联络	lián luò	Noun:	communication, connection
		Verb:	to contact, to get in touch with
涨	zhǎng	Verb:	to rise, to go up
子弹	zǐ dàn	Noun:	bullet, cartridge
为期	wéi qī	Verb:	to be done by a definite date
闭幕式	bì mù shì	Noun:	closing ceremony
一身	yī shēn	Noun:	whole body

骗子	piàn zi	Noun:	swindler
经费	jīng fèi	Noun:	expenditure, regular expenses, funds
后悔	hòu huǐ	Verb:	to regret, to repent
顾问	gù wèn	Noun:	adviser, consultant
背包	bēi bāo	Noun:	backpack
违反	wéi fǎn	Verb:	to violate (law)
杀毒	shā dú	Noun:	antivirus
显	xiǎn	Verb:	to reveal, to make visible
		Adjective:	prominent, visible, conspicuous
迟	chí	Adjective:	late, delayed
拆除	chāi chú	Verb:	to tear down, to demolish
必需	bì xū	Verb:	to really need, to be essential
		Auxiliary Verb:	must
献	xiàn	Verb:	to dedicate, to offer
闭幕	bì mù	Verb:	to lower the curtain, to come to an end (meeting, presentation, etc.)
传达	chuán dá	Verb:	to pass on, to transmit
墙壁	qiáng bì	Noun:	wall
可	kě	Auxiliary Verb:	can, may
基金	jī jīn	Noun:	fund
内在	nèi zài	Adjective:	inherent, intrinsic
大都	dà dōu	Adverb:	for the most part, on the whole
警告	jǐng gào	Verb:	to warn, to admonish
待	dāi	Verb:	to stay
干扰	gān rǎo	Noun:	obstruction
		Verb:	to interfere, to disturb
射	shè	Noun:	shot
		Verb:	to shoot, to launch
诊断	zhěn duàn	Noun:	diagnosis
		Verb:	to diagnose
虎	hǔ	Noun:	tiger
温和	wēn hé	Adjective:	moderate, mild, temperate
言语	yán yǔ	Noun:	words, speech, language
乘	chéng	Verb:	to ride on, to multiply

答复	dá fù	Verb: to answer, to reply
传递	chuán dì	Verb: to pass on to, to transfer
胶水	jiāo shuǐ	Noun: glue
真诚	zhēn chéng	Adjective: true, sincere
香肠	xiāng cháng	Noun: sausage
脆	cuì	Adjective: crispy
大象	dà xiàng	Noun: elephant
雄伟	xióng wěi	Adjective: grand, magnificent
落	là	Verb: to leave out, to leave behind
违法	wéi fǎ	Adjective: illegal
披	pī	Verb: to drape over one's shoulder, to crack
悄悄	qiāo qiāo	Adverb: quietly, secretly
外界	wài jiè	Noun: the outside world
饮料	yǐn liào	Noun: drink, beverage
友谊	yǒu yì	Noun: friendship
火腿	huǒ tuǐ	Noun: ham
点燃	diǎn rán	Verb: to ignite, to set on fire
排除	pái chú	Verb: to eliminate, to remove, to get rid of
收集	shōu jí	Verb: to collect, to gather
形态	xíng tài	Noun: shape, form, pattern
戏	xì	Noun: play, drama Verb: to play, to joke
法规	fǎ guī	Noun: legislation, statute
情形	qíng xíng	Noun: circumstances, situation
深处	shēn chù	Noun: abyss, depth
展览	zhǎn lǎn	Noun: exhibition Verb: to exhibit
池子	chí zi	Noun: pond
客厅	kè tīng	Noun: living room
意味着	yì wèi zhe	Verb: to mean, to imply, to signify
客户	kè hù	Noun: client, customer
月球	yuè qiú	Noun: moon
漫长	màn cháng	Adjective: very long, endless

糟	zāo	Verb: to insult, to ruin
		Adjective: in a mess, rotten
注视	zhù shì	Verb: to watch attentively, to gaze at
分离	fēn lí	Verb: to separate (sth. from sth.)
辞职	cí zhí	Verb: to resign
软件	ruǎn jiàn	Noun: software
优先	yōu xiān	Noun: priority
		Adjective: preferential
胆小	dǎn xiǎo	Adjective: timid
脑子	nǎo zi	Noun: brain
会谈	huì tán	Noun: talks, discussion
将要	jiāng yào	Auxiliary Verb: will, shall
人物	rén wù	Noun: character, protagonist
确立	què lì	Verb: to establish
升高	shēng gāo	Verb: to raise, to ascend
乡	xiāng	Noun: native place
运行	yùn xíng	Verb: to be in motion, to run
汗	hàn	Noun: sweat
执行	zhí xíng	Verb: to carry out, to execute
月饼	yuè bǐng	Noun: mooncake
强迫	qiǎng pò	Verb: to compel, to force
口号	kǒu hào	Noun: slogan, catchphrase
之中	zhī zhōng	Adverb: inside, within
证实	zhèng shí	Verb: to confirm, to verify
加以	jiā yǐ	Verb: to deal with
		Adverb: in addition, moreover
摔	shuāi	Verb: to fall, to throw down
增多	zēng duō	Verb: to increase, to grow in number
中秋节	zhōng qiū jié	Noun: Mid-Autumn Festival
肠	cháng	Noun: intestines
便条	biàn tiáo	Noun: (informal) note
必	bì	Auxiliary Verb: must, will
		Adjective: certainly, necessarily
边境	biān jìng	Noun: border, frontier
慌忙	huāng máng	Adjective: hurried, hasty, in a great rush

装饰	zhuāng shì	Noun: decoration Verb: to decorate
学科	xué kē	Noun: subject, course, academic discipline
珍惜	zhēn xī	Verb: to value, to cherish
上涨	shàng zhǎng	Verb: to rise
二维码	èr wéi mǎ	Noun: QR code
相声	xiàng shēng	Noun: cross-talk, comic dialogue
剪刀	jiǎn dāo	Noun: scissors
在内	zài nèi	Adverb: including
隔壁	gé bì	Location: next door
北极	běi jí	Location: north pole
厉害	lì hai	Adjective: awesome, terrible, strict, severe, difficult to deal with
饼干	bǐng gān	Noun: biscuit, cookie
成效	chéng xiào	Noun: effect, result
神奇	shén qí	Adjective: miraculous, mystical
冻	dòng	Noun: jelly Verb: to freeze, to feel very cold
杀	shā	Verb: to kill
福利	fú lì	Noun: well-being, welfare
从而	cóng ér	Conjunction: thus, thereby
前提	qián tí	Noun: precondition, prerequisite
性能	xìng néng	Noun: function, capability, performance
城里	chéng lǐ	Location: in the city
协议书	xié yì shū	Noun: contract, protocol
歌曲	gē qǔ	Noun: song
挤	jǐ	Verb: to squeeze Adjective: crowded
处罚	chǔ fá	Verb: to penalize, to punish
水分	shuǐ fèn	Noun: moisture content
吐	tù	Verb: to vomit
总算	zǒng suàn	Adverb: finally, in the end, at long last
选修	xuǎn xiū	Noun: optional course Verb: to take an optional course

典礼	diǎn lǐ	Noun:	celebration, ceremony
视频	shì pín	Noun:	video
健全	jiàn quán	Adjective:	healthy, strong, robust
玻璃	bō li	Noun:	glass
剧本	jù běn	Noun:	screenplay
牛	niú	Adjective:	awesome
终身	zhōng shēn	Adjective:	lifelong
		Adverb:	all one's life
糟糕	zāo gāo	Adjective:	terrible, bad
充足	chōng zú	Adjective:	adequate, sufficient, abundant
刻	kè	Verb:	to cut, to carve
场面	chǎng miàn	Noun:	scene, occasion
钢琴	gāng qín	Noun:	piano
一下子	yí xià zi	Adverb:	all of a sudden
向上	xiàng shàng	Location:	upward
		Verb:	to try to improve oneself
胶带	jiāo dài	Noun:	tape
鬼	guǐ	Noun:	ghost
		Adjective:	clever, sly
称	chēng	Verb:	to name, to state
丰收	fēng shōu	Verb:	to have a good harvest
原理	yuán lǐ	Noun:	principle, theory
幽默	yōu mò	Noun:	humour
		Adjective:	humorous
愁	chóu	Verb:	to worry about
人间	rén jiān	Noun:	this world
书柜	shū guì	Noun:	bookcase
不得了	bù dé liǎo	Adjective:	disastrous, terrible
		Adverb:	extremely, terribly
有害	yǒu hài	Adjective:	harmful, damaging
勤奋	qín fèn	Adjective:	hardworking, diligent
增	zēng	Verb:	to increase, to expand, to add
皮鞋	pí xié	Noun:	leather shoes
消除	xiāo chú	Verb:	to eliminate, to remove
终止	zhōng zhǐ	Verb:	to stop, to end

礼貌	lǐ mào	Noun: politeness, courtesy
游泳池	yóu yǒng chí	Noun: swimming pool
毒	dú	Noun: poison, narcotics
餐馆	cān guǎn	Noun: restaurant
拥抱	yōng bào	Verb: to embrace, to hug
华语	huá yǔ	Noun: Chinese language(s)
进化	jìn huà	Noun: evolution
暂时	zàn shí	Adjective: temporary
消毒	xiāo dú	Noun: disinfection, sterilization Verb: to disinfect, to sterilize
扇子	shàn zi	Noun: fan
雨水	yǔ shuǐ	Noun: rain water
解除	jiě chú	Noun: relief, dissolution Verb: to relief, to remove, to dissolve
此时	cǐ shí	Time: now, this moment
采购	cǎi gòu	Verb: to procure, to purchase
代理	dài lǐ	Noun: agency, representation Verb: to act on behalf of, to represent
年度	nián dù	Noun: year
思维	sī wéi	Noun: thought, thinking
赔偿	péi cháng	Noun: compensation Verb: to compensate
灾难	zāi nàn	Noun: disaster, catastrophe
干脆	gān cuì	Adjective: clear-cut, straightforward Adverb: simply, you might as well
修建	xiū jiàn	Verb: to build, to construct
裁判	cái pàn	Noun: judgment, referee, judge, umpire Verb: to act as referee
亏	kuī	Noun: deficiency, deficit
争议	zhēng yì	Noun: dispute, controversy
拼	pīn	Verb: to piece together, to stake all
罚	fá	Verb: to punish, to penalize
委托	wěi tuō	Verb: to entrust, to commission, to consign
耳朵	ěr duo	Noun: ear

印刷	yìn shuā	Noun: printing Verb: to print
认定	rèn dìng	Verb: to believe firmly
预备	yù bèi	Noun: preparation Verb: to prepare, to get ready
编辑	biān jí	Noun: editor, compiler
怪	guài	Verb: to blame
中断	zhōng duàn	Verb: to break off, to interrupt, to discontinue
近来	jìn lái	Adverb: recently, lately
天才	tiān cái	Noun: talent, gift Adjective: talented, gifted
皮肤	pí fū	Noun: skin
附件	fù jiàn	Noun: enclosure, attachment, appendix
洞	dòng	Noun: cave, hole
弹	tán	Verb: to play an instrument, to pluck (string), to flick, to flip
宾馆	bīn guǎn	Noun: hotel
污水	wū shuǐ	Noun: sewage
随意	suí yì	Adverb: as one wishes, voluntary, random
转换	zhuǎn huàn	Verb: to transform, to convert
先后	xiān hòu	Adverb: one after another, in succession
羽绒服	yǔ róng fú	Noun: down garment
国民	guó mín	Noun: nationals, citizen
胡同儿	hú tòng er	Noun: lane, alley, hutong
修复	xiū fù	Noun: restoration Verb: to repair, to restore
损失	sǔn shī	Noun: loss, damage Verb: to lose, to damage
清理	qīng lǐ	Verb: to clean up, to put in order, to check up
不顾	bú gù	Verb: to ignore, to disregard Adverb: in spite of, regardless of
主导	zhǔ dǎo	Verb: to lead, to manage Adjective: leading, predominant

依法	yī fǎ	Adjective:	legal
早期	zǎo qī	Noun:	early phase, early stage
幅度	fú dù	Noun:	range, extent
桃花	táo huā	Noun:	peach blossom, love affair
太空	tài kōng	Noun:	outer space
信箱	xìn xiāng	Noun:	letter box
赠送	zèng sòng	Verb:	to present as a gift
漏洞	lòu dòng	Noun:	leak, hole
拜访	bài fǎng	Verb:	to pay a visit, to call on
真相	zhēn xiàng	Noun:	actual facts, truth
回避	huí bì	Verb:	to avoid, to obviate
卧室	wò shì	Noun:	bedroom
模仿	mó fǎng	Verb:	to imitate, to copy
胡子	hú zi	Noun:	beard
咳	hāi	Particle:	sound of sighing
西装	xī zhuāng	Noun:	suit
乘坐	chéng zuò	Verb:	to ride (in a vehicle)
出差	chū chāi	Verb:	to go on a business trip
交代	jiāo dài	Verb:	to explain, to justify oneself, to hand over (duties), to confess
郊区	jiāo qū	Noun:	suburbs
年龄	nián líng	Noun:	age (of a person)
猴	hóu	Noun:	monkey
叉子	chā zi	Noun:	fork
甲	jiǎ	Number:	first(ly)
相等	xiāng děng	Verb:	to be equal
		Adjective:	equal
鲜艳	xiān yàn	Adjective:	bright-coloured, colourful
神情	shén qíng	Noun:	look, expression, mien
闲	xián	Adjective:	idle, free, not busy
锁	suǒ	Noun:	lock
		Verb:	to lock up
辞典	cí diǎn	Noun:	dictionary
指示	zhǐ shì	Noun:	instruction
		Verb:	to instruct, to point out

联想	lián xiǎng	Noun: association
		Verb: to associate with sth.
拍摄	pāi shè	Verb: to film, to shoot a picture
平坦	píng tǎn	Adjective: flat, level, even
元旦	yuán dàn	Noun: New Year's Day
博览会	bó lǎn huì	Noun: exhibition, international fair
大脑	dà nǎo	Noun: brain, cerebrum
躲	duǒ	Verb: to hide, to avoid
恋爱	liàn ài	Noun: love
		Verb: to be in love, to have an affair
职位	zhí wèi	Noun: position, post, office
棒	bàng	Noun: stick, club
		Adjective: strong, capable, good
		Measure Word: for legs of relay race
鼠	shǔ	Noun: rat, mouse
拥有	yōng yǒu	Verb: to have, to possess
尊重	zūn zhòng	Noun: respect, esteem
		Verb: to respect, to honour
博物馆	bó wù guǎn	Noun: museum
受灾	shòu zāi	Verb: to be hit by a natural disaster
之外	zhī wài	Adverb: outside, excluding
一口气	yī kǒu qì	Noun: one breath
修养	xiū yǎng	Noun: training, self-cultivation, good manners
活泼	huó pō	Adjective: lively, vivid
疯	fēng	Adjective: insane, mad, wild
摄像机	shè xiàng jī	Noun: camera
画面	huà miàn	Noun: scene, picture, image
消费者	xiāo fèi zhě	Noun: consumer
体力	tǐ lì	Noun: physical strength
喜剧	xǐ jù	Noun: comedy
胆	dǎn	Noun: gall bladder
不易	bù yì	Adjective: difficult, not easy
感想	gǎn xiǎng	Noun: impressions, reflections
将	jiāng	Auxiliary Verb: will, shall

调动	diào dòng	Verb: to transfer, to manoeuvre (troops, etc.)
双手	shuāng shǒu	Noun: both hands
存款	cún kuǎn	Noun: bank deposit Verb: to save money
剪子	jiǎn zi	Noun: scissors
相应	xiāng yìng	Verb: to correspond Adjective: corresponding, appropriate, relevant
偷	tōu	Verb: to steal
册	cè	Noun: book, booklet Measure Word: for books
超越	chāo yuè	Verb: to surpass, to exceed
单一	dān yī	Adverb: single, only, sole
当前	dāng qián	Time: current, present
舍不得	shě bu de	Verb: reluctant to give up or let go
展现	zhǎn xiàn	Verb: to unfold, to emerge, to come out
展示	zhǎn shì	Noun: show, exhibition, demonstration Verb: to show, to reveal, to display
报警	bào jǐng	Verb: to give a warning
高于	gāo yú	Verb: to be greater than, to exceed
决不	jué bù	Adverb: not at all
广	guǎng	Adjective: wide, numerous, wide spread
消极	xiāo jí	Adjective: negative, passive, inactive
古老	gǔ lǎo	Adjective: ancient, age-old
除非	chú fēi	Conjunction: only if, unless
一带	yí dài	Noun: region
倒是	dào shì	Adverb: actually, contrary to expectation
到来	dào lái	Noun: arrival Verb: to arrive
或是	huò shì	Conjunction: or
签约	qiān yuē	Verb: to sign a contract/agreement
偷偷	tōu tōu	Adjective: secretly, covertly, on the sly
传真	chuán zhēn	Noun: fax
尤其	yóu qí	Adverb: especially, particularly

接连	jiē lián	Adverb: in succession, in a row, one after another
有毒	yǒu dú	Adjective: poisonous
景象	jǐng xiàng	Noun: scene, sight
稍微	shāo wēi	Adverb: a little bit
厨房	chú fáng	Noun: kitchen
之下	zhī xià	Adverb: under, less than
环节	huán jié	Noun: link, segment, connection
电饭锅	diàn fàn guō	Noun: electric rice cooker
处分	chǔ fèn	Noun: punishment Verb: to punish, to discipline
瘦	shòu	Adjective: thin, slim
扶	fú	Verb: to help (sbd. up)
间接	jiàn jiē	Adjective: indirect
岸	àn	Noun: shore, beach, coast
增产	zēng chǎn	Verb: to increase production
低于	dī yú	Verb: to be lower than
慰问	wèi wèn	Noun: consolation, greetings Verb: to express sympathy
资产	zī chǎn	Noun: property, assets
肌肉	jī ròu	Noun: muscle
询问	xún wèn	Verb: to inquire
忍	rěn	Verb: to bear, to endure
输出	shū chū	Verb: to export, to output
频繁	pín fán	Adverb: frequently, often
一向	yí xiàng	Adverb: always, all along, constantly
体积	tǐ jī	Noun: volume
乙	yǐ	Number: second(ly)
宽度	kuān dù	Noun: width
敲	qiāo	Verb: to knock
随着	suí zhe	Relative Clause: along with, in the wake of
道德	dào dé	Noun: morality, ethics
改革	gǎi gé	Noun: reform Verb: to reform

遵守	zūn shǒu	Verb:	to abide by, to comply with
共计	gòng jì	Noun:	total
		Verb:	to total, to count up
南北	nán běi	Location:	north and south
享受	xiǎng shòu	Noun:	enjoyment, pleasure
		Verb:	to enjoy
广泛	guǎng fàn	Adjective:	extensive, wide ranging
饮食	yǐn shí	Noun:	food and drink
车主	chē zhǔ	Noun:	vehicle owner
打击	dǎ jī	Noun:	blow, hit
		Verb:	to strike, to hit, to attack
配备	pèi bèi	Noun:	equipment
		Verb:	to equip, to allocate
便利	biàn lì	Adjective:	convenient, easy
评论	píng lùn	Noun:	commentary, review
		Verb:	to comment on, to discuss
用户	yòng hù	Noun:	user, consumer
周期	zhōu qī	Noun:	period, cycle
灰色	huī sè	Adjective:	grey
西红柿	xī hóng shì	Noun:	tomato
天然气	tiān rán qì	Noun:	natural gas
大奖赛	dà jiǎng sài	Noun:	Grand Prix
抬	tái	Verb:	to lift up, to raise, to carry
公认	gōng rèn	Verb:	to be generally acknowledged
只不过	zhǐ bu guò	Adverb:	only, merely, no more than
漏	lòu	Verb:	to leak
此刻	cǐ kè	Time:	this moment, now
摔倒	shuāi dǎo	Verb:	to fall down
收拾	shōu shi	Verb:	to put in order, to tidy up, to punish
除夕	chú xī	Noun:	New Year's Eve
商标	shāng biāo	Noun:	trademark, logo
差距	chā jù	Noun:	disparity, gap, difference
军人	jūn rén	Noun:	soldier, military personnel
驾照	jià zhào	Noun:	driving license

详细	xiáng xì	Adjective: detailed
夹	jiā	Noun: clip Verb: to clip, to put between
幅	fú	Measure Word: for pictures, paintings, textiles, etc.
上下	shàng xià	Noun: up and down, top and bottom
得了	dé le	Expression: all right! that's enough!
入门	rù mén	Noun: entrance, introduction
餐厅	cān tīng	Noun: restaurant
耐心	nài xīn	Noun: patience Adjective: patient
振动	zhèn dòng	Noun: vibration Verb: to vibrate
打	dǎ	Adverb: since, from
繁荣	fán róng	Adjective: flourishing, prosperous, booming
划分	huà fēn	Verb: to divide up, to mark off
齐全	qí quán	Adjective: complete
用于	yòng yú	Verb: to use for
秒	miǎo	Time: second
记忆	jì yì	Noun: memory Verb: to remember
岸上	àn shàng	Location: ashore
扮演	bàn yǎn	Verb: to play the role of, to act
回信	huí xìn	Verb: to write back
肯定	kěn dìng	Verb: to affirm, to confirm Adjective: certain, definite Adverb: certainly, definitely
地带	dì dài	Noun: zone, region, area
不足	bù zú	Noun: shortcomings Adjective: insufficient, not enough
出汗	chū hàn	Verb: to sweat
面貌	miàn mào	Noun: face, appearance
漫画	màn huà	Noun: caricature, cartoon, manga
抱怨	bào yuàn	Verb: to complain, to grumble
由此	yóu cǐ	Adverb: hereby, from this

愿	yuàn	Verb: to be willing, to be ready
书法	shū fǎ	Noun: calligraphy
协议	xié yì	Noun: agreement, pact
试图	shì tú	Verb: to attempt, to try
竹子	zhú zi	Noun: bamboo
眼光	yǎn guāng	Noun: vision, foresight
保养	bǎo yǎng	Noun: maintenance Verb: to maintain, to take care of one's health
版	bǎn	Noun: version, edition
搞好	gǎo hǎo	Verb: to do a good job
赠	zèng	Verb: to give as a present
年前	nián qián	Expression: ... years ago
贺卡	hè kǎ	Noun: greeting card, congratulation card
成语	chéng yǔ	Noun: idiom, proverb
差点儿	chà diǎn er	Adverb: almost, off a little bit
动手	dòng shǒu	Verb: to start work, to begin, to hit with hands
桃树	táo shù	Noun: peach tree
声	shēng	Noun: sound, voice, noise Measure Word: for sounds
梨	lí	Noun: pear
象征	xiàng zhēng	Noun: symbol Verb: to symbolize, to stand for
编辑	biān jí	Verb: to edit, to compile
男性	nán xìng	Noun: a man Adjective: male
招生	zhāo shēng	Verb: to recruit/enrol new students
天文	tiān wén	Noun: astronomy
发行	fā xíng	Verb: to publish, to issue, to distribute, to release
摄像	shè xiàng	Verb: to tape, to film
摇头	yáo tóu	Verb: to shake the head
现状	xiàn zhuàng	Noun: current situation, status quo
洒	sǎ	Verb: to sprinkle, to spray

负责人	fù zé rén	Noun:	person in charge
长寿	cháng shòu	Noun:	longevity
		Adjective:	long lived
人士	rén shì	Noun:	person, public figure
卫星	wèi xīng	Noun:	satellite
光荣	guāng róng	Noun:	honour, glory
		Adjective:	glorious, honourable
报答	bào dá	Verb:	to pay back, to repay
品	pǐn	Noun:	character, rank
中毒	zhòng dú	Noun:	poisoning
		Verb:	to be poisoned
摄影	shè yǐng	Verb:	to take a photo, to shoot a movie
期望	qī wàng	Noun:	hope, expectation
		Verb:	to hope, to expect
硬件	yìng jiàn	Noun:	hardware
便于	biàn yú	Adjective:	easy, convenient
大厅	dà tīng	Noun:	hall, lounge
考核	kǎo hé	Verb:	to examine, to assess, to evaluate
青	qīng	Adjective:	blue/green
一辈子	yí bèi zi	Noun:	a lifetime
博士	bó shì	Noun:	doctor, Ph.D.
利润	lì rùn	Noun:	profit
比方	bǐ fang	Noun:	analogy, instance
盒	hé	Noun:	small box, case
小偷儿	xiǎo tōu er	Noun:	thief
煤	méi	Noun:	coal
突破	tū pò	Verb:	to break through, to make a breakthrough
骗	piàn	Verb:	to cheat, to swindle
怨	yuàn	Verb:	to blame, to complain
薄弱	bó ruò	Adjective:	weak, frail
继承	jì chéng	Verb:	to inherit, to carry on, to succeed
逃走	táo zǒu	Verb:	to escape, to flee
职能	zhí néng	Noun:	function, role
学者	xué zhě	Noun:	scholar

明明	míng míng	Adverb: obviously, undoubtedly
拔	bá	Verb: to pull out, to pick
珍贵	zhēn guì	Adjective: precious, valuable
舞	wǔ	Noun: dance Verb: to dance
占领	zhàn lǐng	Verb: to capture, to occupy
大于	dà yú	Adverb: greater than, bigger than
动态	dòng tài	Noun: developments, trends
局长	jú zhǎng	Noun: bureau chief
鼓	gǔ	Noun: drum Verb: to drum, to strike
绕	rào	Verb: to wind, to coil (around), to go around
舍得	shě de	Verb: to be willing to part with sth./sbd.
阅览室	yuè lǎn shì	Noun: reading room
灾区	zāi qū	Noun: disaster area
肩	jiān	Noun: shoulder
直线	zhí xiàn	Noun: straight line
一路	yī lù	Expression: all the way
不幸	bú xìng	Noun: misfortune Adjective: unfortunate Adverb: unfortunately
公正	gōng zhèng	Noun: justice Adjective: just, fair
一旦	yí dàn	Time: in one day Conjunction: in case, if, once
模范	mó fàn	Noun: model, fine example
分享	fēn xiǎng	Verb: to share
傻	shǎ	Adjective: foolish
证书	zhèng shū	Noun: credentials, certificate
资助	zī zhù	Noun: support, patronage Verb: to sponsor, to subsidize, to give financial assistance
来信	lái xìn	Noun: incoming letter Verb: to send a letter our way
无奈	wú nài	Verb: to have no choice

面子	miàn zi	Noun: face, prestige
包装	bāo zhuāng	Noun: package Verb: to pack
大纲	dà gāng	Noun: leading principles, syllabus
带有	dài yǒu	Verb: to have, to involve
依旧	yī jiù	Adverb: as before, still like before
依照	yī zhào	Adverb: according to, in light of
远处	yuǎn chù	Noun: distant place
羽毛球	yǔ máo qiú	Noun: badminton
先前	xiān qián	Adverb: before, previously
风光	fēng guāng	Noun: scene, sight, landscape, good reputation
农产品	nóng chǎn pǐn	Noun: agricultural produce
公告	gōng gào	Noun: announcement, bulletin
物业	wù yè	Noun: real estate
深度	shēn dù	Noun: depth, profundity
提倡	tí chàng	Verb: to promote, to advocate
实惠	shí huì	Noun: tangible benefit, material advantage Adjective: advantageous
此后	cǐ hòu	Adverb: after this, afterwards, hereafter
创立	chuàng lì	Verb: to found, to establish
害	hài	Verb: to harm, to cause trouble to
完了	wán le	Adjective: finished, done for
更换	gēng huàn	Noun: change Verb: to change, to exchange
过敏	guò mǐn	Noun: allergy Verb: to be allergic
紫	zǐ	Adjective: purple
一下儿	yī xià er	Adverb: once, one time
不止	bù zhǐ	Adverb: without end, more than, not limited to
阻碍	zǔ ài	Verb: to obstruct, to hinder, to block
白酒	bái jiǔ	Noun: distilled spirit, white wine
正规	zhèng guī	Adjective: regular, according to standards

鼓励	gǔ lì	Verb: to encourage, to urge
达成	dá chéng	Verb: to reach (agreement), to accomplish
发布	fā bù	Verb: to release, to issue
赔	péi	Verb: to compensate, to lose money
堆	duī	Noun: pile, stack, heap Measure Word: for piles of things
用来	yòng lái	Verb: to be used for
台风	tái fēng	Noun: hurricane, typhoon
损害	sǔn hài	Noun: harm Verb: to damage
园林	yuán lín	Noun: garden, park
群众	qún zhòng	Noun: the masses (people)
落实	luò shí	Verb: to carry out, to implement Adjective: practical, workable
制成	zhì chéng	Verb: to manufacture
碎	suì	Verb: to break into pieces Adjective: broken (into pieces)
中药	zhōng yào	Noun: traditional Chinese medicine (drug)
模糊	mó hu	Adjective: fuzzy, blurred, indistinct
信念	xìn niàn	Noun: faith, belief, conviction
成交	chéng jiāo	Verb: to reach a deal, to complete a contract
运	yùn	Noun: fortune, luck Verb: to move, to transport, to use
对立	duì lì	Verb: to oppose Adjective: opposite, opposing
乘车	chéng chē	Verb: to ride, to take (bus, train, etc.)
共享	gòng xiǎng	Verb: to share, to enjoy together
明亮	míng liàng	Noun: brightness
检验	jiǎn yàn	Noun: test Verb: to examine, to check, to test, to inspect
局面	jú miàn	Noun: situation, aspect
封	fēng	Verb: to seal, to confer
彼此	bǐ cǐ	Pronoun: each other, one another

打扰	dǎ rǎo	Verb: to disturb
岁月	suì yuè	Noun: years
劳动	láo dòng	Noun: work, labour
戏剧	xì jù	Noun: drama, play, theatre
买卖	mǎi mai	Noun: business, buying and selling
制约	zhì yuē	Noun: restriction Verb: to restrict, to condition
不利	bú lì	Adjective: unfavourable, disadvantageous
真理	zhēn lǐ	Noun: truth
增大	zēng dà	Verb: to enlarge, to amplify, to magnify
劝	quàn	Verb: to advise, to persuade, to encourage
剩下	shèng xià	Verb: to remain, to be left over
有力	yǒu lì	Adjective: powerful, forceful
出于	chū yú	Adverb: due to
成本	chéng běn	Noun: costs (production, etc.)
葡萄	pú tao	Noun: grape
手段	shǒu duàn	Noun: method, means, measure
休闲	xiū xián	Noun: leisure
不免	bù miǎn	Adverb: inevitably
物质	wù zhì	Noun: matter, substance, material
摄影师	shè yǐng shī	Noun: photographer, cameraman
晴朗	qíng lǎng	Noun: sunny, cloudless
滑	huá	Verb: to slip, to slide Adjective: smooth, slippery
熟悉	shú xī	Verb: to be familiar with
偶尔	ǒu ěr	Adverb: occasionally
骂	mà	Noun: abuse Verb: to abuse, to curse
稍	shāo	Adverb: somewhat, a little bit
凭	píng	Noun: proof Verb: to rely on, to lean against Relative Clause: according to, on the basis of
硕士	shuò shì	Noun: Master's degree

平原	píng yuán	Noun: plain, field
高跟鞋	gāo gēn xié	Noun: high-heels
用不着	yòng bu zháo	Verb: to have no use for
支出	zhī chū	Noun: expense Verb: to spend, to expend
届	jiè	Verb: to become due Measure Word: for events, meetings, etc.
签订	qiān dìng	Verb: to conclude and sign
变动	biàn dòng	Verb: to change, to alter
旁	páng	Noun: side Adverb: beside, aside
一流	yī liú	Adjective: best, top quality
客气	kè qi	Adjective: polite
救灾	jiù zāi	Verb: to relieve disaster
鼠标	shǔ biāo	Noun: mouse (IT)
鸭子	yā zi	Noun: duck
命令	mìng lìng	Noun: order, command Verb: to order, to command
倡导	chàng dǎo	Verb: to initiate, to advocate
助手	zhù shǒu	Noun: assistant, helper
恢复	huī fù	Verb: to recover, to restore
开幕式	kāi mù shì	Noun: opening ceremony
珍珠	zhēn zhū	Noun: pearl
时常	shí cháng	Adverb: often, frequently
诗歌	shī gē	Noun: poem
欠	qiàn	Verb: to owe Adjective: deficient
意志	yì zhì	Noun: will, determination
气象	qì xiàng	Noun: meteorology
码头	mǎ tóu	Noun: dock, pier, wharf
欣赏	xīn shǎng	Verb: to enjoy, to appreciate
奖励	jiǎng lì	Noun: reward Verb: to reward
难得	nán dé	Adjective: rare

拾	shí	Verb: to pick up
		Number: 10 (in banks)
烤鸭	kǎo yā	Noun: roast duck
大致	dà zhì	Adverb: roughly, more or less
终点	zhōng diǎn	Noun: destination, end point, terminal
签	qiān	Verb: to sign
豆制品	dòu zhì pǐn	Noun: bean/soy products
自愿	zì yuàn	Adjective: voluntary
射击	shè jī	Verb: to shoot, to fire (a gun)
大胆	dà dǎn	Adjective: bold, daring, fearless
占有	zhàn yǒu	Verb: to own, to possess
资本	zī běn	Noun: capital
尽管	jǐn guǎn	Adverb: unhesitatingly
		Conjunction: in spite of, although, despite
夜间	yè jiān	Time: during the night
兔	tù	Noun: rabbit
博客	bó kè	Noun: blog
门诊	mén zhěn	Noun: outpatient service
有着	yǒu zhe	Verb: to have, to possess
签字	qiān zì	Verb: to sign (signature)
铃声	líng shēng	Noun: ringtone
流动	liú dòng	Verb: to flow
亚军	yà jūn	Noun: runner-up, second place
减轻	jiǎn qīng	Verb: to ease, to alleviate
调节	tiáo jié	Verb: to adjust, to regulate, to reconcile
不许	bù xǔ	Verb: be not allowed, must not
过于	guò yú	Adverb: excessively, too much
部位	bù wèi	Noun: position, place, section
如此	rú cǐ	Adverb: in this way
产业	chǎn yè	Noun: industry, property
		Adjective: industrial
依据	yī jù	Noun: basis, grounds
		Adverb: according to, based on

分析	fēn xī	Noun: analysis Verb: to analyse
签名	qiān míng	Noun: signature Verb: to sign
活力	huó lì	Noun: energy, vitality, vigour
按摩	àn mó	Noun: massage Verb: to massage
数目	shù mù	Noun: number, amount, quantity
脚步	jiǎo bù	Noun: footstep
原始	yuán shǐ	Adjective: original, primitive, first-hand
至	zhì	Adverb: most Pronoun: to, until
技能	jì néng	Noun: skill, technical ability
行驶	xíng shǐ	Verb: to drive, to steer
毕竟	bì jìng	Adverb: after all, in the end
专利	zhuān lì	Noun: patent
本人	běn rén	Pronoun: I, myself Adverb: oneself, personal
起码	qǐ mǎ	Adverb: at the minimum, at least
化石	huà shí	Noun: fossil
快活	kuài huo	Adjective: happy, cheerful
总体	zǒng tǐ	Adjective: total, entire, complete
式	shì	Noun: type, form, pattern, style
预期	yù qī	Verb: to expect, to anticipate Adjective: expected
因而	yīn ér	Conjunction: thus, as a result
文艺	wén yì	Noun: literature and art
等级	děng jí	Noun: grade, rank
冠军	guàn jūn	Noun: champion
时机	shí jī	Noun: moment of opportunity, fortunate timing
灾	zāi	Noun: disaster
通用	tōng yòng	Adjective: commonly used, interchangeable
再也	zài yě	Adverb: (not) any more
职务	zhí wù	Noun: post, job, duties

尊敬	zūn jìng	Noun: respect, esteem
		Verb: to respect, to revere
渴望	kě wàng	Verb: to thirst for, to long for
餐饮	cān yǐn	Noun: catering, food and drink
举动	jǔ dòng	Noun: action, activity, movement
蔬菜	shū cài	Noun: vegetables
总裁	zǒng cái	Noun: general director
挣钱	zhèng qián	Verb: to make money
工艺	gōng yì	Noun: arts and crafts
法制	fǎ zhì	Noun: legal system
关怀	guān huái	Noun: care, solicitude
		Verb: to care for, to show solicitude for
厂长	chǎng zhǎng	Noun: factory director
俱乐部	jù lè bù	Noun: club
包围	bāo wéi	Verb: to surround, to encircle
调解	tiáo jiě	Verb: to mediate, to conciliate
招手	zhāo shǒu	Verb: to wave, to beckon
题材	tí cái	Noun: subject matter, theme
指甲	zhǐ jia	Noun: fingernail
国籍	guó jí	Noun: nationality, citizenship
连接	lián jiē	Noun: link, connection
		Verb: to link, to join
搜	sōu	Verb: to search
喷	pēn	Verb: to puff, to spout, to spray, to spurt
硬	yìng	Adjective: hard, stiff, firm
消防	xiāo fáng	Noun: fire control, fire fighting
拆	chāi	Verb: open, tear down
键	jiàn	Noun: key (piano/computer), button
礼	lǐ	Noun: etiquette, courtesy
原先	yuán xiān	Adjective: former, original
不耐烦	bú nài fán	Noun: impatience
		Adjective: impatient
总数	zǒng shù	Noun: sum, total
宿舍	sù shè	Noun: dormitory
搞	gǎo	Verb: to do, to make

蛇	shé	Noun:	snake
桃	táo	Noun:	peach
搜索	sōu suǒ	Verb:	to search, to look for sth.
仍旧	réng jiù	Adverb:	still, yet
特有	tè yǒu	Adjective:	characteristic, distinctive
原有	yuán yǒu	Adjective:	original, former
电池	diàn chí	Noun:	battery, electric cell
许可	xǔ kě	Noun:	permission
		Verb:	to allow, to permit
约束	yuē shù	Noun:	restriction, constraint
		Verb:	to restrict, to limit to
沟	gōu	Noun:	ditch, gutter, ravine
醉	zuì	Adjective:	intoxicated, drunk
水库	shuǐ kù	Noun:	reservoir
摩托	mó tuō	Noun:	motor, motorbike
拒绝	jù jué	Verb:	to refuse, to decline
说法	shuō fǎ	Noun:	wording, statement, argument
之内	zhī nèi	Adverb:	inside, within
软	ruǎn	Adjective:	soft
看出	kàn chū	Verb:	to make out, to see
土豆	tǔ dòu	Noun:	potato
病毒	bìng dú	Noun:	virus
示范	shì fàn	Noun:	demonstration
		Verb:	to demonstrate, to show how to do sth.
绝望	jué wàng	Noun:	desperation, hopelessness
		Verb:	to despair, to lose courage
机制	jī zhì	Noun:	mechanism
		Adjective:	machine-made
控制	kòng zhì	Noun:	control
		Verb:	to control
对应	duì yìng	Verb:	to correspond
		Adjective:	corresponding, homologous
当场	dāng chǎng	Adverb:	on the spot, at the scene
社	shè	Noun:	society, club
团长	tuán zhǎng	Noun:	regimental command

祝贺	zhù hè	Noun: congratulations Verb: to congratulate
忍受	rěn shòu	Verb: to bear, to endure
干预	gān yù	Noun: intervention Verb: to intervene, to meddle
贷款	dài kuǎn	Noun: loan Verb: to provide a loan
社区	shè qū	Noun: community
风度	fēng dù	Noun: poise, grace, style
初期	chū qī	Noun: initial stage
逃	táo	Verb: to escape, to run away, to flee
过度	guò dù	Adjective: excessive
出版	chū bǎn	Verb: to publish
强度	qiáng dù	Noun: intensity, strength
提起	tí qǐ	Verb: to mention, to raise, to lift up
鼻子	bí zi	Noun: nose
分成	fēn chéng	Verb: to divide, to split
停留	tíng liú	Verb: to stop over
敏感	mǐn gǎn	Adjective: sensitive, susceptible
从中	cóng zhōng	Adverb: from, therefrom
水灾	shuǐ zāi	Noun: flood
涨价	zhǎng jià	Verb: to increase in price
组织	zǔ zhī	Noun: organisation Verb: to organize
热门	rè mén	Adjective: popular, in vogue
两岸	liǎng àn	Adjective: both sides, bilateral
心疼	xīn téng	Verb: to love dearly, to feel distressed, to feel sorry
合并	hé bìng	Verb: to merge, to unite, to incorporate
辛苦	xīn kǔ	Adjective: hard, toilsome
评估	píng gū	Noun: evaluation, assessment Verb: to evaluate, to assess
模样	mú yàng	Noun: look, style, appearance
难以	nán yǐ	Adverb: hard to
以往	yǐ wǎng	Adverb: in the past, formerly

紧紧	jǐn jǐn	Adjective:	tight, close
臭	chòu	Adjective:	smelly
高原	gāo yuán	Noun:	plateau
神	shén	Noun:	god
枪	qiāng	Noun:	gun, spear
有利于	yǒu lì yú	Adjective:	advantageous
犹豫	yóu yù	Verb:	to hesitate
滚	gǔn	Verb:	to boil, to roll
助理	zhù lǐ	Noun:	assistant
窗帘	chuāng lián	Noun:	window curtains
长度	cháng dù	Noun:	length
回头	huí tóu	Verb:	to turn around
		Adverb:	afterwards
疯狂	fēng kuáng	Noun:	madness
		Adjective:	crazy, mad
当年	dāng nián	Time:	then, in those days
汇款	huì kuǎn	Noun:	remittance
		Verb:	to remit money
一句话	yī jù huà	Expression:	in a word, in short
在场	zài chǎng	Verb:	to be present
暂停	zàn tíng	Verb:	to suspend, to stop temporarily
领带	lǐng dài	Noun:	tie
严厉	yán lì	Adjective:	strict, severe
剩	shèng	Verb:	to remain
正如	zhèng rú	Adverb:	just as, precisely as
地形	dì xíng	Noun:	topography, terrain
向导	xiàng dǎo	Noun:	guide
握	wò	Verb:	to grasp, to hold in the hand
染	rǎn	Verb:	to dye
大伙儿	dà huǒ er	Pronoun:	everyone, all of us
儿女	ér nǚ	Noun:	children, sons and daughters
彩票	cǎi piào	Noun:	lottery, lottery ticket
承办	chéng bàn	Verb:	to undertake, to accept a contract
情节	qíng jié	Noun:	story, plot, circumstances
库	kù	Noun:	warehouse

称号	chēng hào	Noun:	title, term of address
吓	xià	Verb:	to frighten, to scare
动机	dòng jī	Noun:	motive, intention, motivation
偶像	ǒu xiàng	Noun:	idol
认	rèn	Verb:	to recognize, to know, to admit
火柴	huǒ chái	Noun:	match (for fire)
返回	fǎn huí	Verb:	to return to, to come back
主体	zhǔ tǐ	Noun:	main part, body, subject
烂	làn	Verb:	to rot
		Adjective:	rotten, mushy, soft
品	pǐn	Noun:	article, product, goods
		Verb:	to sample, to taste

HSK 6

城区	chéng qū	Noun: urban area
不成	bù chéng	Expression: won't do, not possible
吞	tūn	Verb: to swallow
好学	hào xué	Adjective: eager to learn
绿化	lǜ huà	Verb: to plant greenery, to reforest
泥	ní	Noun: mud, clay, paste
误	wù	Noun: mistake, error Verb: to miss, to harm, to neglect, to delay
用处	yòng chu	Noun: use, usefulness
章	zhāng	Noun: seal, badge, regulation, order, chapter, section, clause
成品	chéng pǐn	Noun: a finished product
拖鞋	tuō xié	Noun: slippers
薯条	shǔ tiáo	Noun: French fries
祖国	zǔ guó	Noun: fatherland, homeland
人权	rén quán	Noun: human rights
查看	chá kàn	Verb: to examine, to check up
错过	cuò guò	Verb: to miss (train, opportunity, etc.)
到期	dào qī	Verb: to expire, to mature, to fall due
网吧	wǎng bā	Noun: Internet café
与	yǔ	Conjunction: and, with
从不	cóng bù	Adverb: never
指着	zhǐ zhe	Verb: to point at
构建	gòu jiàn	Verb: to construct
精美	jīng měi	Adjective: delicate, fine
照耀	zhào yào	Verb: shine, illuminate
座谈会	zuò tán huì	Noun: conference
担忧	dān yōu	Verb: to worry
圣诞节	shèng dàn jié	Noun: Christmas
游行	yóu xíng	Noun: demonstration, march, parade
一代	yī dài	Noun: generation

壮观	zhuàng guān	Adjective: spectacular, magnificent, imposing, grand
家园	jiā yuán	Noun: home, homeland
杆	gǎn	Noun: stick, pole Measure Word: for long objects like guns, etc.
孤独	gū dú	Adjective: lonely
直升机	zhí shēng jī	Noun: helicopter
抱歉	bào qiàn	Expression: sorry! my apologies!
分工	fēn gōng	Noun: division of labour
外来	wài lái	Adjective: external, foreign, outside
防守	fáng shǒu	Verb: to defend, to protect
区分	qū fēn	Verb: to distinguish, to differentiate between
箭	jiàn	Noun: arrow
精品	jīng pǐn	Noun: quality products
就是说	jiù shì shuō	Adverb: in other words
牵	qiān	Verb: to pull, to lead, to hold hands
本期	běn qī	Noun: current period
客车	kè chē	Noun: coach, bus, passenger train
观光	guān guāng	Noun: tourism, sightseeing Verb: to tour, to go sightseeing
测定	cè dìng	Verb: to survey, to evaluate
险	xiǎn	Noun: danger Adjective: dangerous, rugged
安检	ān jiǎn	Noun: safety check
总量	zǒng liàng	Noun: overall amount
崇拜	chóng bài	Noun: adoration Verb: to adore, to worship
稿子	gǎo zi	Noun: precedent
凡是	fán shì	Adverb: every, any, all
跌	diē	Verb: to drop, to fall down
不怎么样	bù zěn me yàng	Verb: not be particularly great
看作	kàn zuò	Verb: to regard as
母女	mǔ nǚ	Noun: mother-daughter

自在	zì zai	Adjective: unrestrained, comfortable, at ease
作战	zuò zhàn	Verb: to combat, to fight
赚	zhuàn	Verb: to earn, to make a profit
面向	miàn xiàng	Verb: to face, to turn towards, to cater for (target group)
抵抗	dǐ kàng	Noun: resistance Verb: to resist, to fight back
事后	shì hòu	Adjective: in hindsight
办事处	bàn shì chù	Noun: office, branch office
全力	quán lì	Adverb: with all one's strength
同期	tóng qī	Noun: corresponding time period Adjective: synchronous
理	lǐ	Noun: reason, natural science Verb: to manage, to pay attention to
强壮	qiáng zhuàng	Adjective: strong, sturdy, robust
港口	gǎng kǒu	Noun: port, harbour
虽	suī	Conjunction: although, even though
讲课	jiǎng kè	Noun: to teach, to lecture
钟头	zhōng tóu	Noun: hour
捡	jiǎn	Verb: to pick up, to gather
考题	kǎo tí	Noun: exam question
名胜	míng shèng	Noun: famous place, scenic spot
省钱	shěng qián	Verb: to save money
如一	rú yī	Adverb: to be as one
上帝	shàng dì	Noun: god
自来水	zì lái shuǐ	Noun: tap water
招聘	zhāo pìn	Noun: recruitment Verb: to recruit
惨	cǎn	Adjective: miserable, tragic
低温	dī wēn	Noun: low temperature
时装	shí zhuāng	Noun: fashionable dress, latest fashion
创办	chuàng bàn	Verb: to found, to establish
倾向	qīng xiàng	Noun: trend, tendency Verb: to tend to, to be inclined to

清洗	qīng xǐ	Verb: to wash, to clean
设计师	shè jì shī	Noun: designer, architect
处处	chù chù	Adverb: everywhere, in all respects
海湾	hǎi wān	Noun: bay, gulf
强盗	qiáng dào	Noun: robber
光辉	guāng huī	Noun: radiance, brilliance Adjective: brilliant, magnificent
旅店	lǚ diàn	Noun: hotel
海洋	hǎi yáng	Noun: ocean
变更	biàn gēng	Noun: modification Verb: to modify, to change
总监	zǒng jiān	Noun: director
杰出	jié chū	Adjective: outstanding, remarkable
进攻	jìn gōng	Verb: to attack, to assault
窗口	chuāng kǒu	Noun: window
巩固	gǒng gù	Noun: consolidation Verb: to consolidate, to solidify
残酷	cán kù	Noun: cruelty Adjective: cruel, brutal
爽	shuǎng	Adjective: bright, clear, wicked, pleasant
账	zhàng	Noun: account, bill
应对	yìng duì	Noun: response Verb: to answer, to respond
算了	suàn le	Expression: forget it!
藏	cáng	Verb: to hide
同	tóng	Adverb: like, same, together with
愤怒	fèn nù	Adjective: angry
晓得	xiǎo de	Verb: to know
首	shǒu	Noun: first, chief, head
捐	juān	Noun: tax, contribution Verb: to contribute, to donate, to give up
雨衣	yǔ yī	Noun: raincoat
恩人	ēn rén	Noun: a benefactor
陷入	xiàn rù	Verb: to get caught up in, to sink into
近日	jìn rì	Adverb: recently

核心	hé xīn	Noun: core
于	yú	Adverb: in, at, to, from, by, than, out of
渡	dù	Verb: to cross, to pass through
抵达	dǐ dá	Verb: to arrive, to reach
节假日	jié jià rì	Noun: holiday, public holiday
所	suǒ	Pronoun: to build passive, to build a certain noun
激情	jī qíng	Noun: passion, enthusiasm
半决赛	bàn jué sài	Noun: semi-final
酱油	jiàng yóu	Noun: soy sauce
反抗	fǎn kàng	Verb: to resist, to rebel
快车	kuài chē	Noun: express bus, express train
依次	yī cì	Adverb: in turn, in proper order
牺牲	xī shēng	Noun: sacrifice Verb: to sacrifice oneself, to lay down one's life
档	dàng	Noun: quality, grade (of goods), file Measure Word: for events, affairs, etc.
师生	shī shēng	Noun: teachers and students
免得	miǎn de	Conjunction: in order to avoid
处长	chù zhǎng	Noun: department head
养老	yǎng lǎo	Noun: provision for the elderly Verb: to provide for the elderly
混	hùn	Verb: to mix, to mingle Adjective: muddled, thoughtless, reckless
内地	nèi dì	Noun: mainland China
阴影	yīn yǐng	Noun: shadow
不见	bú jiàn	Verb: to not see, to have disappeared, to be missing
同行	tóng háng	Noun: person of the same profession
管道	guǎn dào	Noun: pipeline
研发	yán fā	Noun: research and development
诞生	dàn shēng	Verb: to be born, to be founded
公	gōng	Adjective: fair, public, male
报刊	bào kān	Noun: the press

司长	sī zhǎng	Noun:	bureau chief
谦虚	qiān xū	Adjective:	modest
却是	què shì	Adverb:	nevertheless, actually
首脑	shǒu nǎo	Noun:	head of state, leader
撤销	chè xiāo	Verb:	to repeal, to revoke
商城	shāng chéng	Noun:	shopping centre
娃娃	wá wa	Noun:	baby, small child, doll
昌盛	chāng shèng	Adjective:	prosperous
赌博	dǔ bó	Noun:	gambling
		Verb:	to gamble, to bet
涉及	shè jí	Verb:	to involve, to concern
很难说	hěn nán shuō	Adjective:	hard to say
宴会	yàn huì	Noun:	banquet, feast
首次	shǒu cì	Adverb:	for the first time
中等	zhōng děng	Adjective:	medium
认同	rèn tóng	Verb:	to approve of, to identify oneself with
会见	huì jiàn	Noun:	meeting
		Verb:	to meet with
徒弟	tú dì	Noun:	apprentice
侵犯	qīn fàn	Verb:	to infringe on, to violate (law, rule, etc.)
山谷	shān gǔ	Noun:	valley, ravine
短片	duǎn piàn	Noun:	short film, video
能否	néng fǒu	Adverb:	if possible or not
炒股	chǎo gǔ	Verb:	to speculate in stocks
吉祥	jí xiáng	Adjective:	lucky, auspicious
宏大	hóng dà	Adjective:	grand, massive
墓	mù	Noun:	grave
出动	chū dòng	Verb:	to dispatch troops, to start a trip
常规	cháng guī	Noun:	convention, routine
		Adjective:	conventional
开设	kāi shè	Verb:	to open, to found
协会	xié huì	Noun:	association, union, society
议题	yì tí	Noun:	topic of discussion

忠心	zhōng xīn	Noun:	devotion, loyalty
姑姑	gū gu	Noun:	aunt (paternal)
法语	fǎ yǔ	Noun:	French language
打官司	dǎ guān si	Verb:	to sue, to go to court
改装	gǎi zhuāng	Verb:	to modify, to remodel, to repack
送行	sòng xíng	Verb:	to see someone off
宠物	chǒng wù	Noun:	pet
赚钱	zhuàn qián	Verb:	to earn money
团队	tuán duì	Noun:	team
医药	yī yào	Noun:	medicine, drug
情绪	qíng xù	Noun:	feeling, mood, sentiment
三明治	sān míng zhì	Noun:	sandwich
母鸡	mǔ jī	Noun:	hen
净	jìng	Adjective:	clean, net (income)
		Adverb:	completely, only
道教	dào jiào	Noun:	Taoism
船长	chuán zhǎng	Noun:	captain (boat)
血管	xuè guǎn	Noun:	blood vessel
扭	niǔ	Verb:	to turn, to twist, to wring
肯	kěn	Verb:	to agree, to be ready to do sth., to be willing
海报	hǎi bào	Noun:	poster, playbill
族	zú	Noun:	race, ethnicity, nationality
一同	yì tóng	Adverb:	together
聊天儿	liáo tiān er	Verb:	to talk, to chat
墨水	mò shuǐ	Noun:	ink
掌声	zhǎng shēng	Noun:	applause
毒品	dú pǐn	Noun:	drugs, narcotics, dope
厨师	chú shī	Noun:	chef
枝	zhī	Noun:	branch
		Measure Word:	for sticks, rods, pencils, etc.
岛	dǎo	Noun:	island
印	yìn	Noun:	a print, a stamp
		Verb:	to print

出入	chū rù	Noun:	entrance and exit
		Verb:	to go out and come in
闭	bì	Verb:	to close, to shut
发电	fā diàn	Noun:	electricity generation
		Verb:	to generate electricity
专用	zhuān yòng	Adjective:	special, dedicated
蒙	méng	Verb:	to cover
		Adjective:	ignorant, uneducated
外科	wài kē	Noun:	surgery (branch of medicine)
假日	jià rì	Noun:	holiday
挖	wā	Verb:	to dig, to excavate
跨	kuà	Verb:	to step across, to stride over
混合	hùn hé	Verb:	to mix, to blend
上台	shàng tái	Verb:	to go on stage, to rise to power
不便	bú biàn	Adjective:	inconvenient
就算	jiù suàn	Conjunction:	even if
搭档	dā dàng	Noun:	partner
		Verb:	to cooperate, to work together
房价	fáng jià	Noun:	cost of housing
重组	chóng zǔ	Noun:	reorganization, restructuring
		Verb:	to reorganize, to restructure
裂	liè	Verb:	to split, to break open
杂	zá	Adjective:	mixed, miscellaneous
峰会	fēng huì	Noun:	summit meeting
涨	zhàng	Verb:	to swell
戏曲	xì qǔ	Noun:	Chinese opera
演奏	yǎn zòu	Verb:	to perform music, to play (music)
民警	mín jǐng	Noun:	civil police
端	duān	Noun:	extremity, end, point
		Verb:	to carry
联手	lián shǒu	Verb:	to act together
分裂	fēn liè	Noun:	fission
		Verb:	to split, to divide
跪	guì	Verb:	to kneel
取款机	qǔ kuǎn jī	Noun:	ATM

奏	zòu	Verb: to play music
寺	sì	Noun: temple
悲惨	bēi cǎn	Adjective: tragic, miserable
因素	yīn sù	Noun: element, factor
近视	jìn shì	Adjective: short-sighted
金钱	jīn qián	Noun: money, currency
科研	kē yán	Noun: scientific research
醋	cù	Noun: vinegar
截止	jié zhǐ	Verb: to close, to stop, to put a stop to
叹气	tàn qì	Noun: sigh Verb: to sigh
蓝领	lán lǐng	Noun: blue collar worker
出名	chū míng	Adjective: famous
织	zhī	Verb: to weave, to knit
反问	fǎn wèn	Noun: rhetorical question, counter question
笑脸	xiào liǎn	Noun: smiling face
一贯	yí guàn	Adjective: consistent, constant, all along
写字台	xiě zì tái	Noun: writing desk
井	jǐng	Noun: well
城乡	chéng xiāng	Noun: city and countryside
传媒	chuán méi	Noun: media
踏实	tā shi	Adjective: down-to-earth, anxiety-free
远离	yuǎn lí	Verb: to be far from
只得	zhǐ dé	Auxiliary Verb: to have no alternative but to
作废	zuò fèi	Verb: to become invalid, to cancel, to delete
冷水	lěng shuǐ	Noun: cold water
待会儿	dāi huì er	Adverb: later, in a little bit
遭到	zāo dào	Verb: to suffer
挨着	āi zhe	Adjective: near
细胞	xì bāo	Noun: cell (biology)
野生	yě shēng	Adjective: wild, undomesticated

顾	gù	Verb: to look after, to attend to, to consider
租金	zū jīn	Noun: rent
赶不上	gǎn bù shàng	Verb: can't keep up with
巧妙	qiǎo miào	Adjective: ingenious, clever
肺	fèi	Noun: lung
据	jù	Verb: to seize Adverb: according to
美容	měi róng	Noun: cosmetics, beauty care
借鉴	jiè jiàn	Verb: to take example by, to use as reference
露	lù	Noun: dew, syrup, nectar Verb: to uncover, to expose, to reveal
仪器	yí qì	Noun: instrument, apparatus
勺	sháo	Noun: spoon, ladle
症状	zhèng zhuàng	Noun: symptom
跳水	tiào shuǐ	Noun: diving (Olympic sport) Verb: to dive
明日	míng rì	Time: tomorrow
奶粉	nǎi fěn	Noun: powdered milk
出面	chū miàn	Verb: to appear personally, to show up
楼房	lóu fáng	Noun: building with 2+ levels
清	qīng	Adjective: clear, distinct, pure
出行	chū xíng	Verb: to travel
储存	chǔ cún	Noun: storage, deposition Verb: to store up, to stockpile
心灵	xīn líng	Noun: heart, soul, spirit Adjective: bright, smart
懒	lǎn	Adjective: lazy
战略	zhàn lüè	Noun: strategy
刮	guā	Verb: to blow (wind), to scrape, to plunder, to shave
若	ruò	Verb: to seem Adverb: like, as if
必修	bì xiū	Noun: a required course
关爱	guān ài	Verb: to show concern and care for

西班牙语	xī bān yá yǔ	Noun: Spanish language
偏	piān	Verb: to lean Adjective: oblique, prejudiced
运作	yùn zuò	Noun: operations Verb: to operate
皮球	pí qiú	Noun: ball (made of rubber, leather, etc.)
顽强	wán qiáng	Adjective: tenacious, indomitable
留言	liú yán	Noun: message Verb: to leave a message
犯罪	fàn zuì	Noun: crime Verb: to commit a crime
故障	gù zhàng	Noun: malfunction, breakdown, defect, fault
番茄	fān qié	Noun: tomato
愉快	yú kuài	Adjective: happy, cheerful
厂商	chǎng shāng	Noun: company
为此	wèi cǐ	Adverb: for this reason
评	píng	Verb: to discuss, to comment, to criticize, to choose, to judge
诸位	zhū wèi	Pronoun: everyone, Ladies and Gentlemen
之类	zhī lèi	Adverb: and so on
拆迁	chāi qiān	Verb: to demolish a building and relocate people
异常	yì cháng	Adjective: exceptional, unusual, abnormal
障碍	zhàng ài	Noun: barrier, obstacle, obstruction
觉	jiào	Noun: sleep
有没有	yǒu méi yǒu	Expression: is there a..., do you have...
配置	pèi zhì	Noun: configuration, allocation Verb: to deploy, to allocate
总部	zǒng bù	Noun: headquarters
炒	chǎo	Verb: to fry
恰恰	qià qià	Adverb: exactly, precisely
飞行员	fēi xíng yuán	Noun: pilot
塞	sāi	Verb: to stop up, to squeeze in, to stuff
园	yuán	Noun: garden, park

护	hù	Verb:	to protect
时节	shí jié	Time:	season
屏幕	píng mù	Noun:	screen
嫌	xián	Noun:	suspicion, resentment
		Verb:	to dislike, to mind
原	yuán	Adjective:	former, original
压迫	yā pò	Verb:	to oppress, to repress
股票	gǔ piào	Noun:	share, stock
晕	yūn	Verb:	to pass out, to faint
		Adjective:	dizzy, faint, confused
领取	lǐng qǔ	Verb:	to receive, to get
住宅	zhù zhái	Noun:	residence, tenement
剑	jiàn	Noun:	sword
		Measure Word:	for blows of a sword
心脏	xīn zàng	Noun:	heart
办公	bàn gōng	Verb:	to work (office work)
无边	wú biān	Adjective:	without boundary
查出	chá chū	Verb:	to discover
办学	bàn xué	Verb:	to run a school
听取	tīng qǔ	Verb:	to hear, to listen to
优质	yōu zhì	Adjective:	good quality
古典	gǔ diǎn	Adjective:	classical
干涉	gān shè	Noun:	interference
		Verb:	to interfere, to intervene
长远	cháng yuǎn	Adjective:	long-term
平衡	píng héng	Noun:	balance, equilibrium
这就是说	zhè jiù shì shuō	Expression:	in other words
参展	cān zhǎn	Verb:	to exhibit, to take part in a trade show
正当	zhèng dāng	Adjective:	honest, fair, sensible
		Conjunction:	just when
钻	zuān	Verb:	to drill, to dig into, study intensively
踢	tī	Verb:	to kick
援助	yuán zhù	Noun:	assistance, aid
		Verb:	to help, to aid

利	lì	Noun: advantage, benefit, profit Adjective: sharp (knife)
出路	chū lù	Noun: way out (of difficulty)
老乡	lǎo xiāng	Noun: sbd. from the same hometown
赌	dǔ	Verb: to bet, to gamble
双打	shuāng dǎ	Noun: doubles (sport)
暴露	bào lù	Verb: to expose, to reveal
用品	yòng pǐn	Noun: products, goods
肝	gān	Noun: liver
爆	bào	Verb: to explode, to burst, to quick fry
截至	jié zhì	Relative Clause: up to, by (time)
仓库	cāng kù	Noun: storehouse, warehouse, depot
嘛	ma	Particle: to express urging
算是	suàn shì	Adverb: at last, in the end
播	bō	Verb: to broadcast, to spread, to sow
氧气	yǎng qì	Noun: oxygen
波浪	bō làng	Noun: wave
传言	chuán yán	Noun: rumour
纠正	jiū zhèng	Verb: to correct, to put right
解说	jiě shuō	Noun: explanation Verb: to explain
国王	guó wáng	Noun: king
煮	zhǔ	Verb: to cook, to boil
法庭	fǎ tíng	Noun: court of law
拖	tuō	Verb: to drag, to pull
超出	chāo chū	Verb: to exceed, to overstep, to go too far
升学	shēng xué	Verb: to enter a higher grade in school
先锋	xiān fēng	Noun: vanguard, pioneer
服	fú	Noun: clothes Verb: to convince, to obey
不料	bú liào	Adverb: unexpectedly
节奏	jié zòu	Noun: rhythm
战场	zhàn chǎng	Noun: battlefield

中华	zhōng huá	Noun: China
		Adjective: Chinese
好不容易	hǎo bù róng yì	Adjective: very difficult
长跑	cháng pǎo	Noun: long-distance running
撤离	chè lí	Noun: evacuation
		Verb: to evacuate
响声	xiǎng shēng	Noun: noise
首相	shǒu xiàng	Noun: prime minister
传出	chuán chū	Verb: to transmit outwards, to disseminate
指数	zhǐ shù	Noun: index (numerical, statistical)
矿	kuàng	Noun: mine, ore
识字	shí zì	Verb: to be able to read and write
国旗	guó qí	Noun: flag of a country
酱	jiàng	Noun: sauce, paste
袖珍	xiù zhēn	Adjective: pocket-sized
车牌	chē pái	Noun: license plate
衡量	héng liang	Verb: to weigh, to examine
应急	yìng jí	Verb: to respond to an emergency
梅花	méi huā	Noun: plum blossom, clubs (a suit in card games)
不通	bù tōng	Adjective: blocked, obstructed
名誉	míng yù	Noun: reputation, honour, fame
要好	yào hǎo	Verb: to be close friends
母子	mǔ zǐ	Noun: mother-child
无效	wú xiào	Adjective: ineffective
说实话	shuō shí huà	Expression: to be honest, ...
探索	tàn suǒ	Verb: to explore, to probe
康复	kāng fù	Verb: to recover (health)
实践	shí jiàn	Verb: to practice, to carry out
档案	dàng àn	Noun: file, record, archive
更是	gèng shì	Adverb: even more, even more so
回应	huí yìng	Noun: response
		Verb: to respond

发炎	fā yán	Noun: inflammation Verb: to inflame Adjective: inflamed
退票	tuì piào	Verb: get a ticket refunded
变换	biàn huàn	Noun: transformation Verb: to transform, to convert
爆发	bào fā	Verb: to erupt, to break out, to explode
开关	kāi guān	Noun: power switch
录音机	lù yīn jī	Noun: tape recorder
热点	rè diǎn	Noun: hot spot, point of special interest
城镇	chéng zhèn	Noun: cities and towns
产量	chǎn liàng	Noun: output
白领	bái lǐng	Noun: white collar worker
发言人	fā yán rén	Noun: spokesperson
前方	qián fāng	Noun: the front Location: ahead
主流	zhǔ liú	Noun: main stream (of river), main aspect of a matter
起点	qǐ diǎn	Noun: starting point, beginning
开创	kāi chuàng	Verb: to start, to found
要不然	yào bu rán	Conjunction: otherwise
原谅	yuán liàng	Verb: to excuse, to forgive
电力	diàn lì	Noun: electrical power
特地	tè dì	Adverb: specially
炮	pào	Noun: cannon, firecracker
定时	dìng shí	Adverb: fixed time
薪水	xīn shuǐ	Noun: salary, wage
消灭	xiāo miè	Noun: annihilation Verb: to eliminate, to perish
元素	yuán sù	Noun: element, basic element
潜力	qián lì	Noun: potential, capacity
厕所	cè suǒ	Noun: toilet
田	tián	Noun: field
种种	zhǒng zhǒng	Adverb: all kinds of
允许	yǔn xǔ	Verb: to permit, to allow

遍地	biàn dì	Adverb: everywhere
起诉	qǐ sù	Verb: to sue
蓝天	lán tiān	Noun: blue sky
歌唱	gē chàng	Verb: to sing
馒头	mán tou	Noun: steamed bun
报考	bào kǎo	Verb: to sign up for an exam
层面	céng miàn	Noun: plane, level
凉鞋	liáng xié	Noun: sandals
加盟	jiā méng	Verb: to join an alliance
聊	liáo	Verb: to chat, to talk
感人	gǎn rén	Adjective: touching, moving
柱子	zhù zi	Noun: pillar
协助	xié zhù	Verb: to assist, to help, to aid
搭配	dā pèi	Verb: to arrange, to match
用法	yòng fǎ	Noun: usage
循环	xún huán	Noun: circle, loop Verb: to cycle, to circulate
差异	chā yì	Noun: difference, discrepancy
死亡	sǐ wáng	Noun: death Verb: to die
面对面	miàn duì miàn	Adverb: face to face
指定	zhǐ dìng	Verb: to appoint, to designate, to assign
名义	míng yì	Noun: based on the name Adjective: nominal, titular
娱乐	yú lè	Noun: amusement, entertainment Verb: to amuse, to entertain
通话	tōng huà	Noun: phone call Verb: to talk over the telephone
追究	zhuī jiū	Verb: to investigate, to look into
必将	bì jiāng	Adverb: inevitably
整顿	zhěng dùn	Verb: to consolidate, to reorganize, to tidy up
清明节	qīng míng jié	Noun: Qingming Festival, celebration of the dead
打牌	dǎ pái	Verb: to play Mahjong or cards

热水器	rè shuǐ qì	Noun: water heater
新人	xīn rén	Noun: newly-wed, freshman
炸弹	zhà dàn	Noun: bomb
被告	bèi gào	Noun: defendant
珠宝	zhū bǎo	Noun: pearls, jewels
队伍	duì wu	Noun: troops, ranks
残疾	cán jí	Noun: disability, deformity Adjective: disabled, handicapped
食欲	shí yù	Noun: appetite
补考	bǔ kǎo	Verb: to resit an exam, to sit for a makeup exam
露	lòu	Verb: to show, to reveal, to expose
联盟	lián méng	Noun: alliance, union, coalition
啦	la	Particle: to end a sentence
同胞	tóng bāo	Noun: brother or sister by blood, fellow citizen, compatriot
透露	tòu lù	Verb: to reveal, to leak out
协调	xié tiáo	Verb: to coordinate, to harmonize
特大	tè dà	Adjective: huge
捉	zhuō	Verb: to clutch, to grab, to capture
新兴	xīn xīng	Adjective: up-and-coming, rising
通讯	tōng xùn	Noun: communication, news report
探讨	tàn tǎo	Verb: to investigate, to discuss, to probe into
中外	zhōng wài	Noun: home and abroad
骄傲	jiāo ào	Verb: to be proud of sth. Adjective: arrogant, conceited
微波炉	wēi bō lú	Noun: microwave oven
创建	chuàng jiàn	Verb: to found, to establish
对外	duì wài	Adverb: with regards to foreign/external affairs
指头	zhǐ tou	Noun: finger, toe
母	mǔ	Noun: mother Adjective: female
剧	jù	Noun: drama, play Adjective: severe

往年	wǎng nián	Adverb: in previous years
足以	zú yǐ	Adverb: enough to, sufficient to
再生	zài shēng	Noun: recycling, regeneration Verb: to be reborn, to regenerate
清洁工	qīng jié gōng	Noun: cleaner, janitor
广阔	guǎng kuò	Adjective: wide, vast
强势	qiáng shì	Adjective: strong, powerful
儿科	ér kē	Noun: paediatrics
当作	dàng zuò	Verb: to treat as
样	yàng	Noun: appearance, type, shape
机关	jī guān	Noun: office, mechanism, organ, intrigue, plot trick
舞蹈	wǔ dǎo	Noun: dance
不禁	bù jīn	Adverb: can't help, can't refrain from
过后	guò hòu	Adjective: after an event, retroactive
平方米	píng fāng mǐ	Noun: square metre
自言自语	zì yán zì yǔ	Verb: to talk to oneself, to think aloud
外观	wài guān	Noun: exterior appearance
隐藏	yǐn cáng	Verb: to hide, to conceal
乌云	wū yún	Noun: black cloud
波动	bō dòng	Noun: wave motion Verb: to fluctuate, to rise and fall
转动	zhuàn dòng	Verb: to rotate, to revolve, to turn
税	shuì	Noun: tax, duty
只顾	zhǐ gù	Verb: to be deeply focused on sth.
政权	zhèng quán	Noun: regime, political power
整治	zhěng zhì	Verb: to repair, to regulate, to prepare
特	tè	Adjective: special, unique, distinguished Adverb: very
头疼	tóu téng	Noun: headache
深深	shēn shēn	Adjective: deep, profound
只管	zhǐ guǎn	Adverb: by all means, do not hesitate
简介	jiǎn jiè	Noun: summary, brief introduction
股东	gǔ dōng	Noun: shareholder, stockholder
血液	xuè yè	Noun: blood

出台	chū tái	Verb: to appear on stage, to officially launch
贫困	pín kùn	Noun: poverty Adjective: poor
监督	jiān dū	Noun: supervisor Verb: to control, to supervise
小费	xiǎo fèi	Noun: tip (money)
疾病	jí bìng	Noun: disease, sickness
户外	hù wài	Location: outdoor
打动	dǎ dòng	Verb: to move sbd., to touch sbd.
楼道	lóu dào	Noun: corridor
金融	jīn róng	Noun: finance, banking
心脏病	xīn zàng bìng	Noun: heart disease
命	mìng	Noun: life, fate
出场	chū chǎng	Verb: to appear (on stage), to play (for team)
薯片	shǔ piàn	Noun: potato chips
咨询	zī xún	Noun: consultation Verb: to consult, to seek advice
收养	shōu yǎng	Noun: adoption Verb: to adopt a child
岗位	gǎng wèi	Noun: post, position, station
解	jiě	Noun: solution, dissection Verb: to divide, to split, to dissolve, to solve, to explain
马车	mǎ chē	Noun: carriage, chariot
海浪	hǎi làng	Noun: (sea) wave
此前	cǐ qián	Adverb: before this, before
毁	huǐ	Verb: to destroy, to damage, to ruin, to defame, to slander
串	chuàn	Verb: to string together, to connect Measure Word: for rows, strings, skewers, etc.
上当	shàng dàng	Verb: to be fooled
望见	wàng jiàn	Verb: to spot
外头	wài tou	Location: outside

富人	fù rén	Noun: rich person
书房	shū fáng	Noun: study room, work room
评选	píng xuǎn	Verb: to select
一道	yí dào	Adverb: together
有事	yǒu shì	Verb: to be busy
罪	zuì	Noun: fault, sin, crime
无关	wú guān	Verb: to be unrelated
逼	bī	Verb: to force sbd. to do sth.
高层	gāo céng	Adjective: high level, high class
全新	quán xīn	Adjective: completely new
意愿	yì yuàn	Noun: desire, wish
奇妙	qí miào	Adjective: wonderful, fantastic
看	kān	Verb: to look after, to guard
惊人	jīng rén	Adjective: astonishing
高峰	gāo fēng	Noun: peak, summit
定价	dìng jià	Noun: fixed price Verb: to set a price
一路上	yī lù shang	Adverb: along the way (as one lives life)
托	tuō	Verb: to trust, to entrust
宇航员	yǔ háng yuán	Noun: astronaut
增值	zēng zhí	Verb: to increase in value
学会	xué huì	Noun: association Verb: to learn, to master
哲学	zhé xué	Noun: philosophy
花生	huā shēng	Noun: peanut
富有	fù yǒu	Adjective: rich
昏	hūn	Verb: to faint, to lose consciousness Adjective: muddle-headed
看得起	kàn de qǐ	Verb: to think highly of
捐助	juān zhù	Noun: contribution, donation Verb: to donate, to contribute
排行榜	pái háng bǎng	Noun: charts, table of ranking
理财	lǐ cái	Noun: financial management
考场	kǎo chǎng	Noun: exam room, exam location
佛教	fó jiào	Noun: Buddhism

揭	jiē	Verb: to expose, to unmask
约定	yuē dìng	Noun: commitment Verb: to agree on sth., to arrange
化解	huà jiě	Verb: to resolve, to dissolve
关联	guān lián	Noun: link Adjective: related, linked, affiliated
早晚	zǎo wǎn	Adverb: sooner or later
阴谋	yīn móu	Noun: plot, conspiracy, machination
生活费	shēng huó fèi	Noun: cost of living, living expenses
调研	diào yán	Noun: research, investigation Verb: to research, to investigate
常年	cháng nián	Time: throughout the year
电车	diàn chē	Noun: tram
宽阔	kuān kuò	Noun: width, thickness Adjective: wide, expansive, spacious
遭受	zāo shòu	Verb: to suffer, to be subject to
当成	dàng chéng	Verb: to consider as, to take to be
高等	gāo děng	Adjective: high level, advanced
通报	tōng bào	Noun: bulletin, scientific journal Verb: to inform, to announce
拐	guǎi	Verb: to turn, to kidnap
防范	fáng fàn	Verb: to be on guard
田径	tián jìng	Noun: track and field, athletics
洪水	hóng shuǐ	Noun: flood, deluge
伤口	shāng kǒu	Noun: wound
罪恶	zuì è	Noun: crime, sin
策略	cè lüè	Noun: tactics
集	jí	Noun: collection Verb: to collect Measure Word: for episodes
增进	zēng jìn	Verb: to enhance, to further, to advance
炸药	zhà yào	Noun: explosive
哇	wa	Particle: oh
账户	zhàng hù	Noun: bank account
场地	chǎng dì	Noun: space, place

国歌	guó gē	Noun: national anthem
写字楼	xiě zì lóu	Noun: office building
形	xíng	Noun: form, shape
低头	dī tóu	Verb: to give in
路过	lù guò	Verb: to pass by or through
录像	lù xiàng	Noun: video Verb: to film
途径	tú jìng	Noun: way, approach, route
打造	dǎ zào	Verb: to create, to build, to develop
副	fù	Adjective: deputy, vice-
内衣	nèi yī	Noun: underwear
游人	yóu rén	Noun: tourist
本身	běn shēn	Pronoun: itself, in itself
有关	yǒu guān	Verb: to relate to, to concern
祝愿	zhù yuàn	Noun: congratulations Verb: to wish
上市	shàng shì	Verb: to hit the market (product), to float (stock market)
收藏	shōu cáng	Verb: to collect, to store up
要素	yào sù	Noun: essential factor, key element
宗教	zōng jiào	Noun: religion
驻	zhù	Verb: to be stationed (troops, diplomats, etc.)
天然	tiān rán	Adjective: natural
果树	guǒ shù	Noun: fruit tree
水泥	shuǐ ní	Noun: cement
横	héng	Adjective: horizontal
试点	shì diǎn	Noun: pilot scheme
大批	dà pī	Number: large quantities of
夺	duó	Verb: to seize, to take away with force
幻想	huàn xiǎng	Noun: illusion, fantasy Verb: to dream
撑	chēng	Verb: to support, to prop up, to maintain, to fill up

入	rù	Verb: to enter
		Adverb: into
隐私	yǐn sī	Noun: one's secrets, private matters
缺陷	quē xiàn	Noun: defect, flaw
球员	qiú yuán	Noun: player (sport)
踏	tà	Verb: to tread, to step on, to press a pedal
军事	jūn shì	Noun: military affairs
尽	jìn	Verb: to use up, to exhaust, to finish
		Adjective: exhausted, finished
精	jīng	Noun: vitality, energy, essence, sperm
		Adjective: excellent, highly perfected
歌词	gē cí	Noun: lyrics
铺	pū	Verb: to spread, to extend, to pave, to lay
线路	xiàn lù	Noun: line, route, path
细菌	xì jūn	Noun: bacterium, germ
师父	shī fu	Noun: master
外部	wài bù	Noun: external part
		Adjective: external
原告	yuán gào	Noun: plaintiff
修车	xiū chē	Verb: to repair (car, bike, etc.)
图书	tú shū	Noun: books
救助	jiù zhù	Noun: help
		Verb: to help
炒作	chǎo zuò	Verb: to hype, to promote
供给	gōng jǐ	Verb: to supply, to furnish, to provide
斗争	dòu zhēng	Noun: struggle, fight
		Verb: to fight, to combat, to battle
盼望	pàn wàng	Verb: to hope for, to look forward to
素质	sù zhì	Noun: quality, basic essence
慢车	màn chē	Noun: regional train, slow train with many stops
决策	jué cè	Noun: (strategic) decision
		Verb: to make policy, to make a strategic decision

接收	jiē shōu	Noun: reception Verb: to receive, to accept
入学	rù xué	Verb: to enter a school or college
信仰	xìn yǎng	Noun: belief, conviction, faith Verb: to believe in
占据	zhàn jù	Verb: to occupy, to hold
捕	bǔ	Verb: to catch, to seize, to capture
难忘	nán wàng	Adjective: unforgettable
少儿	shào ér	Noun: child
日语	rì yǔ	Noun: Japanese language
机动车	jī dòng chē	Noun: motor vehicle
预约	yù yuē	Noun: reservation Verb: to reserve
陆军	lù jūn	Noun: army
惊喜	jīng xǐ	Noun: nice surprise
看得见	kàn dé jiàn	Adjective: visible
特快	tè kuài	Adjective: express (train, delivery, etc.)
招	zhāo	Verb: to hire, to recruit, to beckon
平凡	píng fán	Adjective: common, ordinary
出事	chū shì	Verb: to have an accident
监测	jiān cè	Noun: monitoring Verb: to monitor
赶上	gǎn shàng	Verb: to catch up with
乐曲	yuè qǔ	Noun: musical composition
牢	láo	Noun: prison, stable Adjective: firm, sturdy
重建	chóng jiàn	Noun: reconstruction, rebuilding Verb: to rebuild
扎实	zhā shi	Adjective: strong, sturdy, robust
鉴定	jiàn dìng	Noun: evaluation Verb: to appraise, to evaluate
村庄	cūn zhuāng	Noun: village
洋	yáng	Adjective: vast, foreign
捐款	juān kuǎn	Noun: donation Verb: to donate money
伤亡	shāng wáng	Noun: casualties, injuries and deaths

英雄	yīng xióng	Noun:	hero
定位	dìng wèi	Noun:	position, location
		Verb:	to position
孤儿	gū ér	Noun:	orphan
笔试	bǐ shì	Noun:	written examination
官司	guān si	Noun:	lawsuit
派出	pài chū	Verb:	to send, to dispatch
游玩	yóu wán	Verb:	to have fun, to take a stroll
蹲	dūn	Verb:	to squat
球星	qiú xīng	Noun:	sports star
忽略	hū lüè	Verb:	to neglect, to overlook
极端	jí duān	Adjective:	extreme, radical, utmost
盛行	shèng xíng	Verb:	to prevail, to be in vogue
局	jú	Measure Word:	for matches, sets, rounds, etc.
采纳	cǎi nà	Verb:	to accept, to adopt
园地	yuán dì	Noun:	garden area
学员	xué yuán	Noun:	student
沿海	yán hǎi	Location:	coastal, along the coast
转	zhuàn	Verb:	to revolve, to turn, to rotate
		Measure Word:	for repeat actions
缘故	yuán gù	Noun:	reason, cause
活跃	huó yuè	Adjective:	active, vigorous
看管	kān guǎn	Verb:	to look after
要么	yào me	Adverb:	either one or the other
职责	zhí zé	Noun:	duty, responsibility, obligation
成	chéng	Measure Word:	for 1/10
政党	zhèng dǎng	Noun:	(political) party
打发	dǎ fa	Verb:	to send sbd. away, to pass the time
岁数	suì shù	Noun:	age
边缘	biān yuán	Noun:	edge, fringe, brink
创意	chuàng yì	Noun:	creativity
餐	cān	Noun:	meal
		Verb:	to eat
		Measure Word:	for meals

膜	mó	Noun: membrane, film
外资	wài zī	Noun: foreign investment
掏	tāo	Verb: to take out, to fish out
埋	mái	Verb: to bury
开夜车	kāi yè chē	Verb: to work late into the night
皇帝	huáng dì	Noun: emperor
笑声	xiào shēng	Noun: laughter
如	rú	Conjunction: if, such as
公鸡	gōng jī	Noun: cock, rooster
景	jǐng	Noun: scenery Adjective: bright
长假	cháng jià	Noun: long vacation
场景	chǎng jǐng	Noun: scene, scenario
企图	qǐ tú	Noun: attempt Verb: to attempt
危机	wēi jī	Noun: crisis
识	shí	Verb: to record
金额	jīn é	Noun: sum of money
将军	jiāng jūn	Noun: admiral, general Verb: to challenge
此处	cǐ chù	Location: here, this place
不至于	bù zhì yú	Adverb: not as bad as, not be that extreme
罢工	bà gōng	Noun: strike Verb: to go on strike
磨	mó	Verb: to polish, to sharpen, to rub, to grind
多方面	duō fāng miàn	Adverb: in many aspects
治病	zhì bìng	Verb: to treat an illness
国会	guó huì	Noun: parliament, congress
外衣	wài yī	Noun: jacket, appearance
踩	cǎi	Verb: to stamp on, to step, to press a pedal
扎	zhā	Verb: to prick, to push a needle into
吉利	jí lì	Adjective: lucky, auspicious

单打	dān dǎ	Noun:	singles (sports)
犯	fàn	Verb:	to make a mistake, to violate, to offend
编制	biān zhì	Verb:	to weave, to work out, to draw up
妙	miào	Adjective:	wonderful
地名	dì míng	Noun:	name of a place
长久	cháng jiǔ	Time:	long time
脚印	jiǎo yìn	Noun:	footprint
空军	kōng jūn	Noun:	air force
便是	biàn shì	Adverb:	precisely, exactly
炸	zhà	Verb:	to explode
部队	bù duì	Noun:	army, troops
远远	yuǎn yuǎn	Adjective:	distant
消耗	xiāo hào	Noun:	consumption
		Verb:	to use up, to consume
上演	shàng yǎn	Verb:	to screen (a movie), to stage (a play)
两侧	liǎng cè	Noun:	both sides
恰当	qià dàng	Adjective:	suitable, appropriate, proper
蒙	mēng	Verb:	to deceive (sbd.), to cheat (sbd.)
军队	jūn duì	Noun:	army
工商	gōng shāng	Noun:	industry and commerce
联赛	lián sài	Noun:	league (sports)
大赛	dà sài	Noun:	major competition
狠	hěn	Adjective:	fierce, ruthless
升值	shēng zhí	Verb:	to rise in value, to appreciate
海底	hǎi dǐ	Noun:	seafloor, bottom of the ocean
宫	gōng	Noun:	palace, uterus
栏目	lán mù	Noun:	column
审查	shěn chá	Noun:	censorship, investigation
		Verb:	to censor, to inspect, to examine
火箭	huǒ jiàn	Noun:	rocket
强化	qiáng huà	Verb:	to strengthen, to intensify
智慧	zhì huì	Noun:	wisdom, intelligence, knowledge
顽皮	wán pí	Adjective:	naughty

一行	yī xíng	Noun: delegation, group
动画	dòng huà	Noun: animation, cartoon
对抗	duì kàng	Noun: resistance, confrontation Verb: to withstand, to resist
不仅仅	bù jǐn jǐn	Adverb: not only (but also)
觉悟	jué wù	Noun: consciousness, awareness Verb: to become aware of
暴力	bào lì	Noun: violence
挨	ái	Verb: to endure, to suffer
此致	cǐ zhì	Adverb: used at the end of a letter to introduce a polite salutation
变形	biàn xíng	Noun: deformation Verb: to become deformed
选拔	xuǎn bá	Verb: to choose, to select
最终	zuì zhōng	Adjective: final, ultimate
多半	duō bàn	Adverb: most likely, mostly
海外	hǎi wài	Noun: overseas, abroad
土	tǔ	Adjective: unsophisticated, indigenous
急救	jí jiù	Noun: first aid Verb: to provide first aid
往来	wǎng lái	Noun: dealings, contacts Verb: to be in touch, to go back and forth
车号	chē hào	Noun: license number (car)
平台	píng tái	Noun: platform, terrace
佛	fó	Noun: Buddha
自我	zì wǒ	Noun: self
外币	wài bì	Noun: foreign currency
支撑	zhī chēng	Verb: to support, to prop up
兴旺	xīng wàng	Adjective: prosperous, thriving
海军	hǎi jūn	Noun: navy
傍晚	bàng wǎn	Time: towards evening, at nightfall
赶忙	gǎn máng	Verb: to hurry
股	gǔ	Noun: portion, section, thigh Measure Word: for smells, electric currents, long thin things, a group of people, etc.

来往	lái wǎng	Verb: to come and go, to have dealings with
战术	zhàn shù	Noun: tactics
灵活	líng huó	Adjective: flexible, agile, nimble
酷	kù	Adjective: ruthless, cool
欺负	qī fu	Verb: to bully, to intimidate
表面上	biǎo miàn shang	Adverb: on the surface, appearing as if
推出	tuī chū	Verb: to release, to launch
传输	chuán shū	Noun: transport, transmission
过时	guò shí	Adjective: old-fashioned, antiquated, out of date
亲眼	qīn yǎn	Adverb: with one's own eyes
茄子	qié zi	Noun: eggplant
权	quán	Noun: power, right
便	biàn	Verb: to relieve oneself Adjective: convenient, handy Adverb: then, in that case
救援	jiù yuán	Verb: to save, to help, to support
公众	gōng zhòng	Adjective: public
自学	zì xué	Noun: self-study
债	zhài	Noun: debt Verb: to be indebted to
迎来	yíng lái	Verb: to welcome
灭	miè	Verb: to extinguish, to put out, to drown
车展	chē zhǎn	Noun: motor show
花费	huā fèi	Noun: expense, cost Verb: to spend
复苏	fù sū	Verb: to recover, to resuscitate
渠道	qú dào	Noun: medium of communication, channel, ditch
仪式	yí shì	Noun: ceremony, ritual
刚好	gāng hǎo	Adverb: just, exactly
升级	shēng jí	Noun: update, upgrade Verb: to escalate, to upgrade
艺人	yì rén	Noun: performing artist
伤员	shāng yuán	Noun: hurt person

小于	xiǎo yú	Number: less than, smaller than
民工	mín gōng	Noun: migrant worker
奶牛	nǎi niú	Noun: dairy cow
罢了	bà le	Pronoun: to indicate that that's all, not much there
患者	huàn zhě	Noun: patient
桥梁	qiáo liáng	Noun: bridge
晕车	yùn chē	Verb: to be carsick
市民	shì mín	Noun: city resident
料	liào	Verb: to expect, to anticipate
公安	gōng ān	Noun: Ministry of Public Security, police, public safety
奔跑	bēn pǎo	Verb: to run fast
畅通	chàng tōng	Adjective: unblocked, free-flowing
互动	hù dòng	Adjective: interactive
没收	mò shōu	Verb: to confiscate, to forfeit
棉	mián	Noun: cotton
此事	cǐ shì	Adverb: this issue
地板	dì bǎn	Noun: floor
为何	wèi hé	Adverb: why
轨道	guǐ dào	Noun: railway, track, orbit
反响	fǎn xiǎng	Noun: echo
都市	dū shì	Noun: city, metropolis
赛场	sài chǎng	Noun: racetrack, field (athletics)
止	zhǐ	Verb: to stop Adverb: until, only
作	zuò	Verb: to do
承诺	chéng nuò	Noun: promise, commitment Verb: to promise, to agree to
主持人	zhǔ chí rén	Noun: TV or radio presenter
走私	zǒu sī	Noun: smuggling Verb: to smuggle
领袖	lǐng xiù	Noun: leader
足	zú	Noun: foot Adjective: sufficient, ample

主角	zhǔ jué	Noun: leading role
民主	mín zhǔ	Noun: democracy Adjective: democratic
通道	tōng dào	Noun: communications channel, thoroughfare, passage
地下室	dì xià shì	Noun: basement, cellar
战友	zhàn yǒu	Noun: battle companion
奉献	fèng xiàn	Noun: dedication Verb: to dedicate, to devote
至于	zhì yú	Conjunction: to go so far as to, with regard to
街头	jiē tóu	Noun: street
大师	dà shī	Noun: master
中期	zhōng qī	Time: mid-term
礼堂	lǐ táng	Noun: assembly hall, auditorium
凶	xiōng	Adjective: terrible, fearful
肿	zhǒng	Verb: to swell Adjective: swollen
最佳	zuì jiā	Noun: optimum, peak Adjective: optimal, best
长短	cháng duǎn	Noun: length, duration
补课	bǔ kè	Verb: to make up missed lesson, to reschedule a class
手续费	shǒu xù fèi	Noun: service charge, processing fee
趟	tàng	Measure Word: for number of trips or runs made
公主	gōng zhǔ	Noun: princess
山坡	shān pō	Noun: hillside
天堂	tiān táng	Noun: paradise, heaven
沿着	yán zhe	Adverb: along
阔	kuò	Adjective: rich, wide, broad
首席	shǒu xí	Noun: chief
猛	měng	Adjective: ferocious, fierce, sudden, abrupt
镇	zhèn	Noun: small town, garrison Verb: to press down, to suppress

协商	xié shāng	Verb: to consult with, to talk things over, to negotiate about
成分	chéng fèn	Noun: ingredient, component
丧失	sàng shī	Verb: to lose, to forfeit
一模一样	yī mú yī yàng	Adjective: identical
补助	bǔ zhù	Noun: subsidy, allowance
浮	fú	Verb: to float
物品	wù pǐn	Noun: articles, goods
拨打	bō dǎ	Verb: to call, to dial
大使	dà shǐ	Noun: ambassador
黑夜	hēi yè	Noun: night
次数	cì shù	Noun: frequency, number of time
绘画	huì huà	Noun: painting Verb: to paint
沿	yán	Noun: riverside Adverb: along
太阳能	tài yáng néng	Noun: solar energy
不再	bù zài	Adverb: no more, no longer
开通	kāi tōng	Verb: being open-minded, to open up
教堂	jiào táng	Noun: church
盲人	máng rén	Noun: blind person
行程	xíng chéng	Noun: journey, route, itinerary
品牌	pǐn pái	Noun: brand, trademark
残疾人	cán jí rén	Noun: disabled person
旋转	xuán zhuǎn	Verb: to rotate, to spin
王后	wáng hòu	Noun: queen
因	yīn	Noun: cause, reason Conjunction: because
祖父	zǔ fù	Noun: grandfather (paternal)
大街	dà jiē	Noun: street, main street
一齐	yì qí	Adverb: simultaneously
小麦	xiǎo mài	Noun: wheat
让座	ràng zuò	Verb: to let sbd. sit down
祖母	zǔ mǔ	Noun: grandmother (maternal)
赖	lài	Verb: to blame, to renege (promise)

维生素	wéi shēng sù	Noun:	vitamin
远方	yuǎn fāng	Noun:	a distant location
拿走	ná zǒu	Verb:	to take away
音量	yīn liàng	Noun:	sound volume
高档	gāo dàng	Adjective:	top grade
坡	pō	Noun:	slope
装备	zhuāng bèi	Noun:	equipment
		Verb:	to equip, to outfit
一时	yī shí	Adverb:	for a short while, temporary
游戏机	yóu xì jī	Noun:	game console
混乱	hùn luàn	Noun:	chaos, confusion, disorder
		Adjective:	chaotic, disorderly, unorganized
爆炸	bào zhà	Noun:	explosion
		Verb:	to explode, to blow up
铜牌	tóng pái	Noun:	bronze medal
暴雨	bào yǔ	Noun:	torrential rain
当	dàng	Verb:	to fail (a student), to pawn
		Adverb:	suitable, at that time
从没	cóng méi	Adverb:	never (past)
理智	lǐ zhì	Noun:	reason, intellect
同一	tóng yī	Adjective:	identical
通红	tōng hóng	Verb:	to blush
再说	zài shuō	Adverb:	moreover, what's more
		Expression:	let's talk about that later
高手	gāo shǒu	Noun:	expert
威胁	wēi xié	Noun:	threat, menace
		Verb:	to threaten, to menace
机械	jī xiè	Noun:	machine
		Adjective:	mechanical, inflexible
场馆	chǎng guǎn	Noun:	arena, venue
网页	wǎng yè	Noun:	web page
凶手	xiōng shǒu	Noun:	murderer, assassin
扣	kòu	Noun:	button
		Verb:	to deduct (money), to button, to fasten

冲击	chōng jī	Noun: shock, strike, attack, impact
船只	chuán zhǐ	Noun: ship, boat, vessel
泡	pào	Noun: bubble, foam Verb: to soak, to pick up (girl)
热线	rè xiàn	Noun: hotline
大力	dà lì	Adjective: energetic, vigorous
遗憾	yí hàn	Verb: to regret Adjective: regrettable
合约	hé yuē	Noun: contract
扑	pū	Verb: to throw oneself on, to pounce
特意	tè yì	Adverb: specially, expressly
攻击	gōng jī	Noun: attack Verb: to attack, to accuse
界	jiè	Noun: kingdom, boundary, scope
界	jiè	Noun: social circle
国产	guó chǎn	Noun: domestic product Adjective: domestically produced
时期	shí qī	Noun: period, phase
两手	liǎng shǒu	Noun: double tactic Adverb: with both hands
父女	fù nǚ	Noun: father and daughter
党	dǎng	Noun: party, association, society
本地	běn dì	Adjective: local
深化	shēn huà	Verb: to deepen, to intensify
药品	yào pǐn	Noun: medicine, drug
本	běn	Adverb: originally Pronoun: this
想不到	xiǎng bu dào	Adjective: unexpected
台灯	tái dēng	Noun: table lamp
盗版	dào bǎn	Noun: illegal copy, pirated version
投票	tóu piào	Noun: poll Verb: to vote
族	zú	Noun: social group (e.g. office workers, etc.)
不怎么	bù zěn me	Adverb: not very, not particularly
站台	zhàn tái	Noun: platform (train)

本质	běn zhì	Noun: essence, nature
保健	bǎo jiàn	Noun: health protection Verb: to maintain good health
基督教	jī dū jiào	Noun: Christianity
补习	bǔ xí	Verb: to take extra lessons
妇女	fù nǚ	Noun: woman
操纵	cāo zòng	Verb: to operate, to control, to handle
赛	sài	Noun: match, competition Verb: to compete
添	tiān	Verb: to add, to increase, to replenish
知名	zhī míng	Adjective: well-known, famous
权力	quán lì	Noun: power, authority
照样	zhào yàng	Adverb: in the same way as usual, as before
影迷	yǐng mí	Noun: movie lover
会长	huì zhǎng	Noun: president (club, committee, etc.)
发起	fā qǐ	Verb: to initiate, to originate, to propose
节能	jié néng	Verb: to save energy
送礼	sòng lǐ	Verb: to give a present
影星	yǐng xīng	Noun: film star
暴风雨	bào fēng yǔ	Noun: rainstorm
番	fān	Verb: to take turns Measure Word: times
大道	dà dào	Noun: main street
军舰	jūn jiàn	Noun: warship
除	chú	Verb: to divide, to exclude Relative Clause: except for
时时	shí shí	Adverb: often, constantly
救命	jiù mìng	Verb: to save a life Expression: help!
尖	jiān	Noun: top, point (on top) Verb: to get into Adjective: sharp, pointed
仿佛	fǎng fú	Adverb: to seem as if
山峰	shān fēng	Noun: (mountain) peak
家电	jiā diàn	Noun: electric household appliance

民意	mín yì	Noun: public opinion
融合	róng hé	Noun: mixture Verb: to fit in, to harmonize with
求职	qiú zhí	Verb: to seek employment
教育部	jiào yù bù	Noun: Ministry of Education
前来	qián lái	Verb: to come
高考	gāo kǎo	Noun: college entrance exam
好似	hǎo sì	Verb: to seem
取款	qǔ kuǎn	Verb: to withdraw money
搭	dā	Verb: to put up, to build, to take (boat, bus, train, etc.)
革新	gé xīn	Noun: innovation Verb: to innovate
说明书	shuō míng shū	Noun: manual
恰好	qià hǎo	Adverb: just at the right time, by lucky coincidence
端午节	duān wǔ jié	Noun: Dragon Boat Festival
初等	chū děng	Adjective: elementary
打印机	dǎ yìn jī	Noun: printer
捐赠	juān zèng	Noun: donation Verb: to contribute
本土	běn tǔ	Noun: one's native country
风暴	fēng bào	Noun: storm
过渡	guò dù	Noun: transition Verb: to cross over Adjective: interim
弯曲	wān qū	Noun: bend, curve Verb: to bend, to curve, to warp Adjective: curved, crooked
好转	hǎo zhuǎn	Noun: improvement Verb: to improve
力	lì	Particle: used at the end of other nouns to form a new noun
绝大多数	jué dà duō shù	Noun: absolute majority
病房	bìng fáng	Noun: ward, hospital room
副	fù	Measure Word: for pairs, sets, etc.

背心	bèi xīn	Noun: vest, tank top
发怒	fā nù	Verb: to get angry
打断	dǎ duàn	Verb: to interrupt, to break off, to break (a bone)
道歉	dào qiàn	Verb: to apologize
电动	diàn dòng	Adjective: electric-powered
电器	diàn qì	Noun: (electrical) device
遭遇	zāo yù	Verb: to meet with (sth. unfortunate), to encounter
布满	bù mǎn	Verb: to cover with
往后	wǎng hòu	Adverb: from now on, in the future
负	fù	Verb: to carry, to be defeated Adjective: negative
卧铺	wò pù	Noun: couchette, bed on a train
贡献	gòng xiàn	Noun: contribution Verb: to contribute, to dedicate
口试	kǒu shì	Noun: oral test
争夺	zhēng duó	Verb: to fight for, to contend for
去掉	qù diào	Verb: to get rid of
粥	zhōu	Noun: porridge
当天	dāng tiān	Noun: on the same day, that day
用得着	yòng de zháo	Verb: to have a use for sth.
气氛	qì fēn	Noun: atmosphere, mood
内外	nèi wài	Noun: inside and outside, domestic and foreign
铅笔	qiān bǐ	Noun: pencil
持有	chí yǒu	Verb: to hold (passport, views, etc.)
一番	yī fān	Adverb: one time
日夜	rì yè	Time: day and night, around the clock
依赖	yī lài	Verb: to depend on, to be dependent on
信用	xìn yòng	Noun: trustworthiness, creditworthiness Verb: to trust
焦点	jiāo diǎn	Noun: focus, focal point
纠纷	jiū fēn	Noun: dispute, entanglement
另	lìng	Adverb: other, another

长	zhǎng	Noun: chief, head
病情	bìng qíng	Noun: state of an illness, patient's condition
出访	chū fǎng	Verb: to visit in an official capacity
犯规	fàn guī	Noun: foul, illegality Verb: to break the rules
嘉宾	jiā bīn	Noun: honoured guest
滴	dī	Verb: to drip, to drop Measure Word: for a drop
和谐	hé xié	Adjective: harmonious
景点	jǐng diǎn	Noun: scenic spot
节	jié	Verb: to save, to economize
绝	jué	Verb: to cut short, to interrupt Adjective: extreme, depleted
名额	míng é	Noun: quota of people
券	quàn	Noun: contract, ticket, certificate
意想不到	yì xiǎng bù dào	Adjective: unexpected
支援	zhī yuán	Verb: to support, to provide assistance
提交	tí jiāo	Verb: to submit (e.g. a report), to refer sth. to sbd.
时而	shí ér	Adverb: occasionally, from time to time
酒水	jiǔ shuǐ	Noun: beverage
流感	liú gǎn	Noun: flu, influenza
侧	cè	Noun: side Verb: to incline, to lean Adjective: inclined
民歌	mín gē	Noun: folk song
疼痛	téng tòng	Noun: pain
果酱	guǒ jiàng	Noun: jam
开头	kāi tóu	Noun: beginning, starting point
大米	dà mǐ	Noun: rice
料	liào	Noun: material
显出	xiǎn chū	Verb: to express, to accentuate
四处	sì chù	Adverb: all over the place
繁殖	fán zhí	Verb: to breed, to reproduce

高科技	gāo kē jì	Noun:	high tech
一次性	yī cì xìng	Adjective:	single-use
笑容	xiào róng	Noun:	smile
		Verb:	to smile
花瓶	huā píng	Noun:	vase
总经理	zǒng jīng lǐ	Noun:	general manager, CEO
此次	cǐ cì	Adverb:	this time
不值	bù zhí	Adverb:	not worth
切实	qiè shí	Adjective:	feasible, realistic, practical
夺取	duó qǔ	Verb:	to seize, to capture
多媒体	duō méi tǐ	Noun:	multimedia
扁	biǎn	Adjective:	flat
父子	fù zǐ	Noun:	father and son
球拍	qiú pāi	Noun:	racket
清洁	qīng jié	Adjective:	clean, unpolluted
塔	tǎ	Noun:	tower
文娱	wén yú	Noun:	cultural recreation, entertainment
洗衣粉	xǐ yī fěn	Noun:	washing powder
外出	wài chū	Verb:	to go out (of the house)
乳制品	rǔ zhì pǐn	Noun:	dairy products
吊	diào	Verb:	to hang, to suspend, to express condolence to
舌头	shé tou	Noun:	tongue
看好	kàn hǎo	Verb:	to think highly of
背着	bèi zhe	Verb:	to carry sth. or sbd.
吸毒	xī dú	Noun:	drug addiction
		Verb:	to take drugs
烟花	yān huā	Noun:	fireworks, prostitute
陪同	péi tóng	Verb:	to accompany
敢于	gǎn yú	Verb:	to dare to
判	pàn	Verb:	to judge, to sentence, to discriminate, to discern
聘请	pìn qǐng	Verb:	to hire, to engage
悬	xuán	Verb:	to hang, to suspend
		Adjective:	unresolved, baseless

冲	chòng	Relative Clause: towards, facing
野	yě	Adjective: wild, untamed, rude
眼看	yǎn kàn	Verb: to watch (without moving/helping) Adverb: soon, in a moment
船员	chuán yuán	Noun: sailor, crew member
百分点	bǎi fēn diǎn	Noun: percentage point
给予	jǐ yǔ	Verb: to give, to render, to present, to accord
政策	zhèng cè	Noun: policy
超	chāo	Verb: to exceed
抗议	kàng yì	Verb: to protest
收取	shōu qǔ	Verb: to receive, to collect
策划	cè huà	Verb: to plan, to plot, to engineer
发病	fā bìng	Verb: to get sick
飞船	fēi chuán	Noun: spaceship
亲属	qīn shǔ	Noun: relatives
选举	xuǎn jǔ	Noun: election Verb: to elect
音像	yīn xiàng	Adjective: audio-visual
参赛	cān sài	Verb: to take part in a competition
天下	tiān xià	Noun: the whole world
融入	róng rù	Verb: to blend into, to assimilate, to merge
适当	shì dàng	Adjective: suitable, appropriate
热水	rè shuǐ	Noun: hot water
心愿	xīn yuàn	Noun: wish
仰	yǎng	Verb: to look up, to admire, to rely on
发放	fā fàng	Verb: to provide, to give, to grant
顺	shùn	Relative Clause: along
壶	hú	Noun: pot, kettle Measure Word: for bottled liquid
提升	tí shēng	Verb: to promote, to upgrade
用心	yòng xīn	Adjective: attentive, diligent
冷气	lěng qì	Noun: air conditioning
圆珠笔	yuán zhū bǐ	Noun: ballpoint pen

歌星	gē xīng	Noun:	singer
王子	wáng zǐ	Noun:	prince
挨打	ái dǎ	Verb:	to take a beating
通行	tōng xíng	Noun:	a passage through
		Verb:	to go through, to license

HSK 7-9 (1/3)

廉洁	lián jié	Noun: integrity Adjective: honest, incorruptible
成问题	chéng wèn tí	Verb: to be a problem Adjective: problematic
失恋	shī liàn	Adjective: lovesick
阶级	jiē jí	Noun: (social) class
上场	shàng chǎng	Verb: to go on stage, to take the field
传授	chuán shòu	Verb: to pass on, to teach, to impart
路子	lù zi	Noun: approach
领域	lǐng yù	Noun: field, domain, area, territory
攻	gōng	Verb: to attack, to accuse
定义	dìng yì	Noun: definition
推翻	tuī fān	Verb: to overthrow, to overturn, to reverse, to topple
喘息	chuǎn xī	Verb: to take a breather
去向	qù xiàng	Noun: direction taken, whereabouts
自称	zì chēng	Verb: to claim (oneself) to be, to claim a title
悲欢离合	bēi huān lí hé	Noun: the vicissitudes of life
喜怒哀乐	xǐ nù āi lè	Noun: emotions
狼	láng	Noun: wolf
窝	wō	Noun: nest Measure Word: for broods, nests, etc.
止咳	zhǐ ké	Verb: to ease/suppress coughing
心声	xīn shēng	Noun: thoughts, feelings, inner voice
馅儿	xiàn er	Noun: filling
媲美	pì měi	Verb: to match, to be comparable with
垄断	lǒng duàn	Noun: monopoly Verb: to monopolize
微妙	wēi miào	Adjective: subtle
看中	kàn zhòng	Verb: to fancy, to have a preference for
液晶	yè jīng	Noun: liquid crystal (as in LCD)

自相矛盾	zì xiāng máo dùn	Expression: contradicting oneself, self-contradictory
狡猾	jiǎo huá	Adjective: sly, cunning, tricky
搅拌	jiǎo bàn	Verb: to stir, to mix up
疏忽	shū hu	Noun: negligence, carelessness Verb: to neglect, to omit
上流	shàng liú	Noun: upper class
耍赖	shuǎ lài	Verb: to act shamelessly
勾结	gōu jié	Verb: to collude with, to gang up with
畏惧	wèi jù	Verb: to fear, to dread, to be afraid of
独身	dú shēn	Adjective: single, unmarried
判处	pàn chǔ	Verb: to sentence, to condemn
刨	páo	Verb: to dig, to excavate, to exclude, to not count
腐化	fǔ huà	Verb: to rot, to decay, to become corrupt
埋伏	mái fú	Noun: ambush Verb: to ambush, to lurk
轮流	lún liú	Verb: to alternate, to take turns
主力	zhǔ lì	Noun: main force (military force)
开张	kāi zhāng	Verb: to open a business
拉拢	lā lǒng	Verb: to rope in, to entice
恩赐	ēn cì	Noun: favour, handout Verb: to give charity to sbd. out of pity
一应俱全	yī yīng jù quán	Verb: everything needed is available
上火	shàng huǒ	Verb: to get angry
铝	lǚ	Noun: aluminium
免疫	miǎn yì	Noun: immunity Adjective: immune
坚硬	jiān yìng	Adjective: hard, solid
钉子	dīng zi	Noun: nail, saboteur
目瞪口呆	mù dèng kǒu dāi	Adjective: dumbstruck, stunned
绿地	lǜ dì	Noun: green area
救护车	jiù hù chē	Noun: ambulance
没意思	méi yì si	Adjective: boring
一晃	yī huǎng	Verb: to pass in an instant

刻意	kè yì	Adjective:	meticulous, deliberate
刺耳	cì ěr	Adjective:	shrill, ear-piercing
地狱	dì yù	Noun:	hell, underworld
荡漾	dàng yàng	Verb:	to ripple, to undulate
脑海	nǎo hǎi	Noun:	mind, brain
保姆	bǎo mǔ	Noun:	nanny, housekeeper
后勤	hòu qín	Noun:	logistics
器材	qì cái	Noun:	equipment, material
帝国	dì guó	Noun:	empire
旺盛	wàng shèng	Adjective:	vigorous, abundant
恰巧	qià qiǎo	Adverb:	fortunately, by chance
放映	fàng yìng	Verb:	to show (movie, etc.)
爆满	bào mǎn	Adjective:	filled to capacity (stadium, etc.)
橡皮	xiàng pí	Noun:	rubber, eraser
独立自主	dú lì zì zhǔ	Verb:	to act independently
约定俗成	yuē dìng sú chéng	Adverb:	habitually
相比之下	xiāng bǐ zhī xià	Adverb:	by comparison
答辩	dá biàn	Noun:	plea (law)
		Verb:	to reply to a charge
阀门	fá mén	Noun:	valve
放肆	fàng sì	Adjective:	unbridled
局部	jú bù	Adverb:	in part, partial, local
出血	chū xuè	Verb:	to bleed
根深蒂固	gēn shēn dì gù	Adjective:	deep-rooted, ineradicable
遗址	yí zhǐ	Noun:	ruins
妥当	tuǒ dang	Adjective:	appropriate, proper, suitable
渔船	yú chuán	Noun:	fishing boat
股民	gǔ mín	Noun:	investors, shareholders
响起	xiǎng qǐ	Verb:	to sound, to go off (sound)
会场	huì chǎng	Noun:	meeting place, place where people gather
同年	tóng nián	Time:	the same year
积淀	jī diàn	Verb:	to accumulate
部件	bù jiàn	Noun:	components, parts

接班	jiē bān	Verb:	to succeed sbd.
借用	jiè yòng	Verb:	to borrow, to lend (idea, etc.)
源泉	yuán quán	Noun:	source, fountain, spring
诈骗	zhà piàn	Verb:	to defraud, to swindle
可悲	kě bēi	Adjective:	lamentable
脖子	bó zi	Noun:	neck
足智多谋	zú zhì duō móu	Adjective:	resourceful
合情合理	hé qíng hé lǐ	Adjective:	reasonable and fair
口感	kǒu gǎn	Noun:	texture (of food)
一毛不拔	yī máo bù bá	Adjective:	stingy
坦白	tǎn bái	Noun:	confession
		Verb:	to confess, to admit
		Adjective:	frank, candid
路程	lù chéng	Noun:	route, course, path
非凡	fēi fán	Adjective:	out of the ordinary
率	shuài	Verb:	to lead, to command
		Adjective:	rash, frank
		Adverb:	generally
化纤	huà xiān	Noun:	synthetic fibre
十字路口	shí zì lù kǒu	Noun:	crossroads, intersection
漠然	mò rán	Adjective:	indifferent
抽象	chōu xiàng	Adjective:	abstract
商贩	shāng fàn	Noun:	peddler, trader
恼羞成怒	nǎo xiū chéng nù	Verb:	to be hopping mad
面目全非	miàn mù quán fēi	Verb:	to change beyond recognition
萌芽	méng yá	Noun:	sprout, germ, beginning (of sth.)
扣人心弦	kòu rén xīn xián	Verb:	to excite, to thrill
		Adjective:	exciting, thrilling
气管	qì guǎn	Noun:	windpipe, respiratory tract
碑	bēi	Noun:	stone tablet
风水	fēng shuǐ	Noun:	feng shui
掩护	yǎn hù	Noun:	protection, cover
		Verb:	to screen, to shield, to cover
仲裁	zhòng cái	Noun:	arbitration
无不	wú bù	Adverb:	without exception

巨额	jù é	Noun:	large sum (money), huge amount
龟	guī	Noun:	tortoise, turtle
容忍	róng rěn	Verb:	to tolerate, to put up with
造福	zào fú	Verb:	to benefit (the people, etc.)
可谓	kě wèi	Adverb:	it could even be said
源头	yuán tóu	Noun:	source, fountainhead
胀	zhàng	Verb:	to swell, to be bloated
友人	yǒu rén	Noun:	friend, acquaintance
说情	shuō qíng	Verb:	to intercede
半场	bàn chǎng	Adjective:	half-time, half-court
仇恨	chóu hèn	Noun:	hatred, hostility
		Verb:	to hate
忧虑	yōu lǜ	Noun:	anxiety
		Verb:	to worry
务必	wù bì	Adverb:	to be sure to
		Auxiliary Verb:	must
异议	yì yì	Noun:	objection, dissent
血栓	xuè shuān	Noun:	blood clot, thrombosis
真挚	zhēn zhì	Noun:	sincerity
		Adjective:	sincere, cordial
见效	jiàn xiào	Verb:	to be effective
香烟	xiāng yān	Noun:	cigarette, cigar, butt
一塌糊涂	yī tā hú tú	Noun:	total mess
歌剧	gē jù	Noun:	opera
直径	zhí jìng	Noun:	diameter
牧场	mù chǎng	Noun:	pasture, grazing land
栽培	zāi péi	Noun:	cultivation, planting
		Verb:	to grow, to cultivate
迫害	pò hài	Noun:	persecution
		Verb:	to persecute
过瘾	guò yǐn	Verb:	to satisfy a craving, to enjoy fully
拌	bàn	Verb:	to mix
振作	zhèn zuò	Verb:	to pull oneself together
源于	yuán yú	Verb:	to have its origins in
施压	shī yā	Verb:	to pressure

以身作则	yǐ shēn zuò zé	Verb: to set an example
算账	suàn zhàng	Verb: to balance the books, to do the accounts
武力	wǔ lì	Noun: military force, armed force
长征	cháng zhēng	Noun: Long March
槐树	huái shù	Noun: locust tree
视觉	shì jué	Noun: sight, vision
个头儿	gè tóu er	Noun: size, height
改为	gǎi wéi	Verb: to change into
没劲	méi jìn	Adjective: spiritless, weak, listless
疑虑	yí lǜ	Noun: hesitation, doubt
兢兢业业	jīng jīng yè yè	Adjective: cautious and conscientious
缺口	quē kǒu	Noun: nick, jag, gap
备课	bèi kè	Verb: to prepare lessons
吉祥物	jí xiáng wù	Noun: mascot
优	yōu	Adjective: excellent
致富	zhì fù	Verb: to become rich
投射	tóu shè	Noun: projection Verb: to project
所作所为	suǒ zuò suǒ wéi	Noun: conduct, deeds
傻瓜	shǎ guā	Noun: idiot, fool
来回	lái huí	Noun: round trip Location: back and forth, to and from
下属	xià shǔ	Noun: subordinate, vassal
孤单	gū dān	Adjective: lone, lonely
不由自主	bù yóu zì zhǔ	Adverb: can't help, involuntarily
计时	jì shí	Verb: to time
稳健	wěn jiàn	Adjective: firm, stable, steady, moderate
特权	tè quán	Noun: privilege, prerogative
催促	cuī cù	Verb: to urge
往常	wǎng cháng	Adverb: as one used to do
视线	shì xiàn	Noun: line of sight
改良	gǎi liáng	Verb: to improve
要领	yào lǐng	Noun: main aspect, essentials
电网	diàn wǎng	Noun: electrical network

川流不息	chuān liú bù xī	Verb: to flow in an endless stream
残缺	cán quē	Adjective: badly damaged
夸夸其谈	kuā kuā qí tán	Verb: to talk big
俘虏	fú lǔ	Noun: captive, prisoner Verb: to capture, to arrest
软弱	ruǎn ruò	Adjective: weak, feeble
喷泉	pēn quán	Noun: fountain
相差	xiāng chà	Verb: to differ
缤纷	bīn fēn	Noun: rich and diverse mess
未成年人	wèi chéng nián rén	Noun: minor (person)
浮现	fú xiàn	Verb: to appear (before)
格式	gé shi	Noun: format, specification
尴尬	gān gà	Adjective: embarrassed, awkward
粽子	zòng zi	Noun: filled glutinous rice
温馨	wēn xīn	Adjective: comfortable, warm, soft
使唤	shǐ huàn	Verb: to order sbd. about
经贸	jīng mào	Noun: trade
邮编	yóu biān	Noun: zip code
端正	duān zhèng	Adjective: upright, regular
全方位	quán fāng wèi	Adverb: all around
整合	zhěng hé	Verb: to integrate
太极拳	tài jí quán	Noun: shadowboxing, Taiji
金字塔	jīn zì tǎ	Noun: pyramid
航海	háng hǎi	Noun: sailing, voyage by sea
自由自在	zì yóu zì zài	Adjective: carefree
争执	zhēng zhí	Noun: conflict, disagreement Verb: to disagree, to wrangle, to argue
树枝	shù zhī	Noun: branch, twig
内需	nèi xū	Noun: domestic demand
解体	jiě tǐ	Verb: to disintegrate
牵挂	qiān guà	Verb: to be concerned about
责怪	zé guài	Verb: to blame, to rebuke
开工	kāi gōng	Verb: to begin work, to start a construction job
清单	qīng dān	Noun: list of items

贫穷	pín qióng	Adjective: poor, impoverished
岛屿	dǎo yǔ	Noun: islands
捅	tǒng	Verb: to poke, to nudge
品行	pǐn xíng	Noun: behaviour, moral conduct
散发	sàn fā	Noun: emission, distribution Verb: to emit, to distribute
成年	chéng nián	Time: the whole year
脂肪	zhī fáng	Noun: fat (body)
前期	qián qī	Time: earlier, preceding period
铲子	chǎn zi	Noun: shovel
至此	zhì cǐ	Adverb: up until now, so far
恨不得	hèn bu de	Verb: to itch, to wish one could do sth.
全局	quán jú	Noun: general situation
打交道	dǎ jiāo dao	Verb: to have dealings with
争气	zhēng qì	Verb: to try to make a good showing, to be determined not to fall short
上空	shàng kōng	Noun: airspace over a certain area Adjective: topless
肩负	jiān fù	Verb: to shoulder (burden/responsibility)
飞翔	fēi xiáng	Verb: to fly
威力	wēi lì	Noun: might, formidable power
情调	qíng diào	Noun: sentiment
稍后	shāo hòu	Adverb: in a moment
车型	chē xíng	Noun: vehicle model
串门	chuàn mén	Verb: to drop by
转播	zhuǎn bō	Verb: to relay, to broadcast
迷惑不解	mí huò bù jiě	Verb: to feel puzzled
则	zé	Measure Word: for written items
敬意	jìng yì	Noun: respect, tribute
情人	qíng rén	Noun: lover
空前	kòng qián	Adjective: unprecedented
流程	liú chéng	Noun: course, sequence of processes
络绎不绝	luò yì bù jué	Adverb: continuously, in an endless stream
逾期	yú qī	Verb: to be overdue

枢纽	shū niǔ	Noun: hub, hinge, fulcrum
即	jí	Verb: to get near
		Adverb: even if, immediately
酝酿	yùn niàng	Verb: to brew, to ferment, to incubate (used in abstract way)
可乘之机	kě chéng zhī jī	Noun: opportunity
多功能	duō gōng néng	Adjective: multi-functional
宣泄	xuān xiè	Verb: to drain, to unburden oneself, to leak a secret
香料	xiāng liào	Noun: spice, perfume, flavouring
飘	piāo	Verb: to flutter, to float (in the wind)
重量级	zhòng liàng jí	Noun: heavyweight (division)
掉头	diào tóu	Noun: U-turn
		Verb: to turn around
分化	fēn huà	Noun: differentiation
		Verb: to split apart
燃油	rán yóu	Noun: fuel oil
预算	yù suàn	Noun: budget
人气	rén qì	Noun: popularity, reputation, personality
怀旧	huái jiù	Noun: nostalgia
		Verb: to be nostalgic
嚼	jiáo	Verb: to chew
躲藏	duǒ cáng	Verb: to hide oneself
罢免	bà miǎn	Verb: to dismiss (sbd.)
监察	jiān chá	Noun: control
		Verb: to supervise
凸显	tū xiǎn	Verb: to present clearly, to magnify
荣获	róng huò	Verb: to be honoured with
麻辣	má là	Adjective: hot and numbing
涝	lào	Adjective: flooded
骇人听闻	hài rén tīng wén	Adjective: shocking, horrifying
奏效	zòu xiào	Adjective: effective
无理	wú lǐ	Adjective: irrational, unreasonable
激活	jī huó	Verb: to activate
重返	chóng fǎn	Verb: to return to

假冒	jiǎ mào	Verb: to impersonate, to counterfeit
聋	lóng	Adjective: deaf
困惑	kùn huò	Adjective: perplexed, confused
退回	tuì huí	Verb: to return, to send back
烟火	yān huǒ	Noun: fireworks
亲和力	qīn hé lì	Noun: affinity
固然	gù rán	Adverb: admittedly, it is true, no doubt
调侃	tiáo kǎn	Noun: chitchat Verb: to ridicule, to tease, to mock
牢牢	láo láo	Adjective: firm, safe
弄虚作假	nòng xū zuò jiǎ	Verb: to practice fraud, to trick sbd.
斩草除根	zhǎn cǎo chú gēn	Verb: to eliminate completely
凳子	dèng zi	Noun: stool, small seat
焦距	jiāo jù	Noun: focal length
对峙	duì zhì	Noun: confrontation Verb: to stand opposite, to confront
抒情	shū qíng	Verb: to express emotions
魅力	mèi lì	Noun: charm, fascination
幸免	xìng miǎn	Verb: to narrowly escape
狭隘	xiá ài	Adjective: narrow, tight, narrow minded
调料	tiáo liào	Noun: flavouring, seasoning
待	dài	Verb: to wait, to wait for
焰火	yàn huǒ	Noun: fireworks
动工	dòng gōng	Noun: to start (building project)
蹬	dēng	Verb: to tread on, to step on
缓和	huǎn hé	Verb: to ease, to relax, to moderate
反感	fǎn gǎn	Noun: resentment, antipathy, disfavour
质地	zhì dì	Noun: texture, disposition, grain, character
兴高采烈	xìng gāo cǎi liè	Verb: to be happy and excited, to be in high spirits
称呼	chēng hu	Noun: name, term of address Verb: to address sbd., to call sbd. (a name)
苦心	kǔ xīn	Adverb: with a lot of effort

真假	zhēn jiǎ	Expression: real/fake
举世瞩目	jǔ shì zhǔ mù	Verb: to attract worldwide attention
造纸术	zào zhǐ shù	Noun: papermaking process
节衣缩食	jié yī suō shí	Verb: to live frugally
发热	fā rè	Verb: to have a high temperature, to get hot, to get angry
指点	zhǐ diǎn	Noun: remark Verb: to give directions, to show how
穴位	xué wèi	Noun: acupuncture point
伤痕	shāng hén	Noun: scar
千军万马	qiān jūn wàn mǎ	Noun: impressive display of manpower
相提并论	xiāng tí bìng lùn	Verb: to put on equal terms
眼神	yǎn shén	Noun: expression in eyes, eyesight
丰满	fēng mǎn	Adjective: plump, well-rounded, plentiful
倒卖	dǎo mài	Verb: to sell at a profit
山川	shān chuān	Noun: landscape
竟敢	jìng gǎn	Verb: to have the audacity to do sth.
艰苦奋斗	jiān kǔ fèn dòu	Verb: to struggle arduously
利害	lì hài	Noun: pros and cons
淘气	táo qì	Noun: naughty
挑衅	tiǎo xìn	Noun: provocation Verb: to provoke
烟囱	yān cōng	Noun: chimney
与其	yǔ qí	Conjunction: rather than
情愿	qíng yuàn	Adverb: would rather ...
当晚	dàng wǎn	Time: that same evening
字幕	zì mù	Noun: caption, subtitle
五花八门	wǔ huā bā mén	Adverb: all kinds of, all sorts of
骨气	gǔ qì	Noun: integrity, moral backbone
胚胎	pēi tāi	Noun: embryo
驱逐	qū zhú	Verb: to expel, to banish
繁忙	fán máng	Adjective: busy
司令	sī lìng	Noun: commander, commanding officer
吃不上	chī bu shàng	Verb: being unable to get sth. to eat
解答	jiě dá	Noun: answer, explanation, solution

烘干	hōng gān	Verb: to dry over a stove
防护	fáng hù	Verb: to defend, to protect
上司	shàng sī	Noun: boss, superior
离奇	lí qí	Adjective: odd, bizarre
治愈	zhì yù	Verb: to cure
终结	zhōng jié	Noun: end, conclusion Verb: to end, to terminate
筹措	chóu cuò	Verb: to raise (capital)
呼吁	hū yù	Noun: appeal Verb: to appeal
吵嘴	chǎo zuǐ	Verb: to quarrel
命	mìng	Verb: to order, to command
后台	hòu tái	Noun: backstage, svengali
重心	zhòng xīn	Noun: centre of gravity, central core
预料	yù liào	Verb: to anticipate, to predict, to expect
放水	fàng shuǐ	Verb: to turn on the water, to throw a game (sports)
失效	shī xiào	Verb: to fail, to lose effectiveness
威风	wēi fēng	Noun: power and prestige Adjective: majestic, awe-inspiring
名著	míng zhù	Noun: masterpiece
无缘	wú yuán	Verb: no chance to be together
详尽	xiáng jìn	Adjective: detailed, thorough
伤势	shāng shì	Noun: degree of injury
追踪	zhuī zōng	Verb: to follow, to pursue
别看	bié kàn	Verb: don't be fooled by the fact that
子孙	zǐ sūn	Noun: offspring
测算	cè suàn	Verb: to take measurements and calculate
合资	hé zī	Noun: joint venture
砂糖	shā táng	Noun: granulated sugar
敏捷	mǐn jié	Adjective: quick, nimble, agile
反思	fǎn sī	Verb: to rethink, to think over again
遛	liù	Verb: to stroll, to linger
条款	tiáo kuǎn	Noun: clause, article, term

节水	jié shuǐ	Verb: to save water
生机	shēng jī	Noun: chance of survival, vitality
手枪	shǒu qiāng	Noun: pistol
坛	tán	Noun: altar, jar
诚意	chéng yì	Noun: sincerity, good faith
发源地	fā yuán dì	Noun: birthplace, place of origin
致辞	zhì cí	Verb: to make a speech, to address
下山	xià shān	Verb: to descend, to come down
自私	zì sī	Adjective: selfish
轰炸	hōng zhà	Verb: to bomb
纪念馆	jì niàn guǎn	Noun: memorial hall
孤立	gū lì	Noun: isolation Verb: to isolate Adjective: isolated
沉迷	chén mí	Verb: to be absorbed with, to lose oneself in, to be addicted to
旱灾	hàn zāi	Noun: drought
手帕	shǒu pà	Noun: handkerchief
土壤	tǔ rǎng	Noun: soil, earth
火山	huǒ shān	Noun: volcano
仁慈	rén cí	Noun: benevolence, charity Adjective: benevolent, charitable
过头	guò tóu	Verb: to overdo it Adverb: excessively
体贴	tǐ tiē	Adjective: considerate
着重	zhuó zhòng	Verb: to stress, to put emphasis on
预定	yù dìng	Verb: to reserve, to schedule in advance
湿润	shī rùn	Adjective: moist, humid
守株待兔	shǒu zhū dài tù	Verb: to trust there will be an opportunity rather than show initiative
含蓄	hán xù	Verb: to imply, to contain Adjective: implied, unspoken
坝	bà	Noun: dam, dike
庄稼	zhuāng jia	Noun: farm crop
笨重	bèn zhòng	Adjective: heavy, cumbersome

友情	yǒu qíng	Noun:	friendship
宫廷	gōng tíng	Noun:	palace
委屈	wěi qu	Verb:	to feel wronged
姿势	zī shì	Noun:	gesture, posture, pose
换成	huàn chéng	Verb:	to replace with, to exchange sth. for sth. else
嫁妆	jià zhuāng	Noun:	dowry
借口	jiè kǒu	Noun:	excuse, pretext
核实	hé shí	Verb:	to verify, to check
改日	gǎi rì	Time:	another day
免职	miǎn zhí	Noun:	dismissal
		Verb:	to sack, to dismiss
携手	xié shǒu	Verb:	to collaborate
		Adverb:	hand in hand
暗中	àn zhōng	Adverb:	in secret
公积金	gōng jī jīn	Noun:	official reserves, accumulated fund
催眠	cuī mián	Noun:	hypnosis
难处	nán chu	Noun:	trouble, difficulty
口香糖	kǒu xiāng táng	Noun:	chewing gum
提议	tí yì	Noun:	proposal, suggestion
		Verb:	to propose, to suggest
充当	chōng dāng	Verb:	to serve as, to act as
腺	xiàn	Noun:	gland
不准	bù zhǔn	Verb:	to prohibit
		Adjective:	prohibited
契约	qì yuē	Noun:	agreement, contract
操劳	cāo láo	Verb:	to work hard, to look after
存折	cún zhé	Noun:	deposit book
左顾右盼	zuǒ gù yòu pàn	Verb:	to look left and right, to look all around
坑	kēng	Noun:	pit, hole, tunnel
		Verb:	to cheat, to entrap
宽容	kuān róng	Adjective:	lenient, tolerant
交锋	jiāo fēng	Verb:	to cross swords with sbd.
山路	shān lù	Noun:	mountain road

不景气	bù jǐng qì	Noun: depression, recession
集资	jí zī	Verb: to raise money
恋恋不舍	liàn liàn bù shě	Verb: to be reluctant to part
图表	tú biǎo	Noun: chart, diagram
非	fēi	Noun: non-metal (chem.)
相对	xiāng duì	Verb: to face each other Adverb: relatively, comparatively
精益求精	jīng yì qiú jīng	Verb: to keep improving sth. already outstanding
棍	gùn	Noun: stick, rod
原创	yuán chuàng	Noun: originality Adjective: original
吓人	xià rén	Verb: to scare, to frighten Adjective: scary
花卉	huā huì	Noun: flowers, (ornamental) plants
一度	yí dù	Adverb: once, for some time
封顶	fēng dǐng	Noun: limit Verb: to put a roof on a building
抚养	fǔ yǎng	Verb: to foster, to bring up
烤	kǎo	Verb: to bake, to roast
朗诵	lǎng sòng	Verb: to read aloud with expression, to recite
裹	guǒ	Verb: to bind, to wrap
秀丽	xiù lì	Adjective: pretty, beautiful
征收	zhēng shōu	Verb: to levy, to impose, to collect
国画	guó huà	Noun: Chinese art
赞同	zàn tóng	Verb: to agree with, to approve of
阅历	yuè lì	Noun: experience Verb: to experience
乞丐	qǐ gài	Noun: beggar
微观	wēi guān	Adjective: microscopic
残忍	cán rěn	Adjective: cruel, merciless, brutal
之所以	zhī suǒ yǐ	Adverb: this is why, the reason why
辜负	gū fù	Verb: to fail to live up to, to be unworthy of, to disappoint
私下	sī xià	Adverb: in private

抄袭	chāo xí	Noun: rip-off Verb: to plagiarize
客流	kè liú	Noun: passenger flow
乖	guāi	Adjective: obedient, well-behaved, clever, good
莫非	mò fēi	Adverb: could it be that ...
简体字	jiǎn tǐ zì	Noun: simplified character
体能	tǐ néng	Noun: physical capability, stamina
低谷	dī gǔ	Noun: valley, low point
出风头	chū fēng tóu	Verb: to enjoy the limelight
亏本	kuī běn	Verb: to make a loss
裸露	luǒ lù	Adjective: naked, exposed
老大	lǎo dà	Noun: eldest child, boss, captain of a boat Adjective: very old
怀里	huái lǐ	Noun: embrace, bosom
夺冠	duó guàn	Verb: to win (championship, gold medal, etc.)
丢脸	diū liǎn	Noun: humiliation Verb: to lose face
扣留	kòu liú	Verb: to confiscate, to arrest
尖端	jiān duān	Noun: sharp pointed end, tip, highest point, peak
混浊	hùn zhuó	Adjective: turbid, dirty
岂有此理	qǐ yǒu cǐ lǐ	Adjective: outrageous, preposterous Expression: this is not true, is it?
背面	bèi miàn	Noun: back, reverse side
繁重	fán zhòng	Adjective: heavy, burdensome, arduous
蚊子	wén zi	Noun: mosquito
归结	guī jié	Verb: to sum up, to conclude
未经	wèi jīng	Adverb: not (yet)
喜酒	xǐ jiǔ	Noun: wedding feast
辞呈	cí chéng	Noun: written resignation
筹集	chóu jí	Verb: to raise funds
刑法	xíng fǎ	Noun: criminal law
报社	bào shè	Noun: newspaper office

了结	liǎo jié	Verb: to finish, to conclude
普通人	pǔ tōng rén	Noun: ordinary person
均衡	jūn héng	Noun: equilibrium, harmony Verb: to balance
热衷	rè zhōng	Noun: obsession Verb: to feel strongly about
兼顾	jiān gù	Verb: to simultaneously consider 2 things
擅长	shàn cháng	Verb: to be good at
筹码	chóu mǎ	Noun: bargaining chip, chip
抑郁	yì yù	Noun: depression Adjective: depressed
颠倒	diān dǎo	Verb: to turn upside down Adjective: reversed, inverted, confused
劫	jié	Noun: calamity Verb: to rob, to seize by force
看台	kàn tái	Noun: spectator's grandstand, viewing platform
选用	xuǎn yòng	Verb: to select and use
不难	bù nán	Adjective: relatively easy, not difficult
漫游	màn yóu	Verb: to travel around, to roam
照明	zhào míng	Noun: lighting, illumination
晕倒	yūn dǎo	Noun: unconsciousness Verb: to faint, to become unconscious
复查	fù chá	Verb: to recheck, to re-examine
三维	sān wéi	Adjective: three dimensional, 3D
古董	gǔ dǒng	Noun: antique, curio
久违	jiǔ wéi	Expression: long time no see
动听	dòng tīng	Adjective: pleasant to listen to
流量	liú liàng	Noun: flow rate, throughput
听从	tīng cóng	Verb: to comply with
孤零零	gū líng líng	Adjective: alone, isolated
耻辱	chǐ rǔ	Noun: humiliation
小人	xiǎo rén	Noun: person of low social status, little person, evil person
传人	chuán rén	Noun: student, disciple

勾	gōu	Noun: hook Verb: to strike out, to delineate, to collude
无偿	wú cháng	Adjective: free, free of charge
打磨	dǎ mó	Verb: to polish, to grind
截然不同	jié rán bù tóng	Adjective: entirely different
封面	fēng miàn	Noun: cover
杨树	yáng shù	Noun: poplar tree
绅士	shēn shì	Noun: gentleman
划算	huá suàn	Verb: to be worth it Adjective: worthwhile, cost-effective
朝代	cháo dài	Noun: dynasty
兼任	jiān rèn	Verb: to work part-time Adjective: part-time
搂	lǒu	Verb: to hug, to embrace
豆浆	dòu jiāng	Noun: soy milk
车位	chē wèi	Noun: parking spot
奔赴	bēn fù	Verb: to rush to
特产	tè chǎn	Noun: specialty (product)
熬夜	áo yè	Verb: to stay up late/all night
凶猛	xiōng měng	Adjective: violent, ferocious
累计	lěi jì	Noun: total sum Verb: to calculate the running total
暗杀	àn shā	Noun: assassination Verb: to assassinate
悬崖	xuán yá	Noun: overhanging cliff, precipice
下一代	xià yī dài	Noun: next generation
偏远	piān yuǎn	Adjective: remote, far (from civilization)
清新	qīng xīn	Adjective: fresh, clean
纵观	zòng guān	Verb: to survey
粗心大意	cū xīn dà yì	Adjective: negligent, careless
拳	quán	Noun: fist
走弯路	zǒu wān lù	Verb: to take an indirect route
情结	qíng jié	Noun: complex (psychology)
未知数	wèi zhī shù	Noun: unknown quantity (math.)

学子	xué zǐ	Noun: student, scholar
完蛋	wán dàn	Verb: to be finished, to be all over
危及	wēi jí	Verb: to endanger, to jeopardize
忠实	zhōng shí	Adjective: faithful, trustworthy
颁发	bān fā	Verb: to award, to issue
融洽	róng qià	Adjective: harmonious
譬如	pì rú	Adverb: for example, for instance
简短	jiǎn duǎn	Adjective: short, brief
一线	yī xiàn	Noun: front line
养老院	yǎng lǎo yuàn	Noun: nursing home
项链	xiàng liàn	Noun: necklace
领略	lǐng lüè	Verb: to appreciate
天主教	tiān zhǔ jiào	Noun: Catholicism
看护	kān hù	Verb: to watch over, to look after
冷酷	lěng kù	Adjective: grim, hard-hearted, callous
趁机	chèn jī	Verb: to seize an opportunity
驱动	qū dòng	Noun: drive, driver (IT) Verb: to drive, to propel
分赃	fēn zāng	Verb: to share the booty
定做	dìng zuò	Verb: to have something made to order
深情	shēn qíng	Noun: deep feeling, deep love
激起	jī qǐ	Verb: to cause, to evoke
腐败	fǔ bài	Noun: corruption Adjective: corrupt, rotten
起劲	qǐ jìn	Adverb: vigorously, energetically, enthusiastically
陪伴	péi bàn	Verb: to accompany
得知	dé zhī	Verb: to find out
讥笑	jī xiào	Noun: ironical smile Verb: to sneer at, to ridicule
从容不迫	cóng róng bù pò	Adjective: calm, unhurried
顿时	dùn shí	Adverb: at once, immediately, suddenly
拱	gǒng	Verb: to arch
望远镜	wàng yuǎn jìng	Noun: binoculars, telescope
欣慰	xīn wèi	Verb: to be gratified

瞪	dèng	Verb: to stare, to open (one's eyes)
叠	dié	Verb: to fold, to pile up
闺女	guī nü	Noun: unmarried woman, daughter
万万	wàn wàn	Adverb: absolutely, wholly
宫殿	gōng diàn	Noun: palace
帆	fān	Noun: sail
缩水	suō shuǐ	Verb: to shrink
燃放	rán fàng	Verb: to set off (firecrackers, etc.)
节俭	jié jiǎn	Adjective: frugal, economical
风筝	fēng zhēng	Noun: kite
禁忌	jìn jì	Noun: taboo, contraindication
珍视	zhēn shì	Verb: to treasure
比比皆是	bǐ bǐ jiē shì	Verb: sth. can be found everywhere
夜市	yè shì	Noun: night market
卡车	kǎ chē	Noun: truck, lorry
难堪	nán kān	Adjective: embarrassed, embarrassing, humiliating
草坪	cǎo píng	Noun: lawn
减弱	jiǎn ruò	Verb: to weaken
迟疑	chí yí	Verb: to hesitate
以至于	yǐ zhì yú	Adverb: to the extent that...
按键	àn jiàn	Noun: button, key Verb: to press a button
附带	fù dài	Adjective: attached, added Adverb: additionally, in passing
赡养	shàn yǎng	Noun: maintenance Verb: to support, to provide support for sbd.
轰	hōng	Verb: to attack, to shoo away
分辨	fēn biàn	Verb: to distinguish, to defend oneself against an accusation
车间	chē jiān	Noun: workshop
枕头	zhěn tou	Noun: pillow
犹豫不决	yóu yù bù jué	Noun: hesitancy Verb: to waver, to hesitate

谈到	tán dào	Verb: to refer to, to talk about
安心	ān xīn	Adjective: at ease
取笑	qǔ xiào	Verb: to tease, to make fun of
好意	hǎo yì	Noun: good intention
生怕	shēng pà	Verb: to fear, to be extremely nervous
可不是	kě bu shì	Expression: exactly! true!
拽	zhuài	Verb: to drag, to haul
手动	shǒu dòng	Adjective: manual
崇高	chóng gāo	Adjective: lofty, sublime
大意	dà yì	Adjective: careless
显而易见	xiǎn ér yì jiàn	Adjective: obvious, clear
酿造	niàng zào	Verb: to ferment, to brew
桶	tǒng	Measure Word: bucket, barrel, can
兹	zī	Time: now
密不可分	mì bù kě fēn	Adjective: inseparable
盛气凌人	shèng qì líng rén	Adjective: overbearing
条例	tiáo lì	Noun: regulations, rules, ordinances
改版	gǎi bǎn	Noun: revised edition Verb: to revise the current edition
胎儿	tāi ér	Noun: foetus, embryo
阴性	yīn xìng	Adjective: feminine
偏僻	piān pì	Adjective: remote, out-of-the-way
营造	yíng zào	Verb: to build, to construct
深思	shēn sī	Verb: to ponder, to consider
天鹅	tiān é	Noun: swan
收留	shōu liú	Verb: to take sbd. in one's care
止步	zhǐ bù	Verb: to halt, to stop
视力	shì lì	Noun: eyesight
小看	xiǎo kàn	Verb: to underestimate, to look down on
淌	tǎng	Verb: to drip, to shed (tears)
帘子	lián zi	Noun: curtain
洽谈	qià tán	Verb: to talk over with, to negotiate with
辐射	fú shè	Noun: radiation Verb: to radiate

守候	shǒu hòu	Verb: to wait for, to watch over, to nurse
一个劲儿	yī gè jìn er	Adjective: continuous
气势	qì shì	Noun: momentum, vigour, imposing manner
动身	dòng shēn	Verb: to leave, to go on a journey
逃避	táo bì	Verb: to escape, to avoid, to shirk
汇集	huì jí	Verb: to collect, to compile, to converge
祭祀	jì sì	Verb: to offer sacrifices
迁就	qiān jiù	Verb: to accommodate to, to yield, to meet halfway
坚守	jiān shǒu	Verb: to stick to, to hold fast to
绯闻	fēi wén	Noun: love affair
减速	jiǎn sù	Verb: to slow down
尽	jǐn	Adverb: to the greatest extent
惊慌	jīng huāng	Noun: panic Adjective: panic
拎	līn	Verb: to lift
存心	cún xīn	Adverb: deliberately
谎言	huǎng yán	Noun: lie
概论	gài lùn	Noun: outline, introduction, general discussion
应酬	yìng chou	Noun: social niceties, business dinner
表决	biǎo jué	Verb: to decide by vote, to vote
头号	tóu hào	Adverb: top rank, number one
吃亏	chī kuī	Verb: to suffer losses, to lose out
波澜	bō lán	Noun: billow, great wave
倘若	tǎng ruò	Conjunction: if, in case
偏方	piān fāng	Noun: folk remedy
同舟共济	tóng zhōu gòng jì	Verb: to overcome a difficult situation together
优化	yōu huà	Noun: optimization Verb: to optimize
早年	zǎo nián	Noun: adolescence
义工	yì gōng	Noun: volunteer worker, volunteer work
了却	liǎo què	Verb: to resolve

嘲笑	cháo xiào	Verb:	to make fun of, to mock
展出	zhǎn chū	Verb:	to exhibit
搬迁	bān qiān	Verb:	to move, to relocate
脱颖而出	tuō yǐng ér chū	Verb:	to show one's talent
风风雨雨	fēng fēng yǔ yǔ	Verb:	mastering trials and tribulations
幸存	xìng cún	Noun:	survivor
分歧	fēn qí	Verb:	differences, discrepancy
罐头	guàn tou	Noun:	tin, can
弱点	ruò diǎn	Noun:	weakness, weak point
海绵	hǎi mián	Noun:	sponge
食用	shí yòng	Noun:	food product
		Adjective:	edible
猜谜	cāi mí	Verb:	to answer a riddle
沉思	chén sī	Verb:	to ponder, to muse, to mediate, to contemplate
霍乱	huò luàn	Noun:	cholera
之	zhī	Pronoun:	I, he, she, it, ...
朝夕相处	zhāo xī xiāng chǔ	Verb:	to spend all one's time together
裁定	cái dìng	Noun:	ruling
遥远	yáo yuǎn	Adjective:	faraway, remote, distant
稀奇	xī qí	Adjective:	rare, strange
制服	zhì fú	Noun:	uniform
		Verb:	to subdue, to bring under control
尾气	wěi qì	Noun:	emissions, exhaust
枯燥	kū zào	Adjective:	boring, dry, dull
主妇	zhǔ fù	Noun:	housewife, the lady of the house
前沿	qián yán	Noun:	front-line, frontier (science, etc.)
传染病	chuán rǎn bìng	Noun:	infectious disease
好比	hǎo bǐ	Verb:	to be comparable to
别说	bié shuō	Adverb:	not to mention, let alone
死心塌地	sǐ xīn tā dì	Verb:	to be hell-bent on
后遗症	hòu yí zhèng	Noun:	residual effects, aftermath
一天到晚	yī tiān dào wǎn	Adverb:	all day long
神气	shén qì	Noun:	(facial) expression
		Adjective:	spirited, cocky

菊花	jú huā	Noun: chrysanthemum
宽恕	kuān shù	Noun: forgiveness Verb: to forgive
野兽	yě shòu	Noun: wild animal
提炼	tí liàn	Verb: to extract, to refine
核能	hé néng	Noun: nuclear energy
焊	hàn	Verb: to weld, to solder
涵盖	hán gài	Verb: to comprise, to include
杀手	shā shǒu	Noun: murderer, killer
逃亡	táo wáng	Verb: to flee
师资	shī zī	Noun: teachers
发抖	fā dǒu	Verb: to shiver, to shudder, to tremble
索取	suǒ qǔ	Verb: to ask, to demand
孝顺	xiào shun	Verb: to be obedient to one's parents
益处	yì chù	Noun: benefit
休克	xiū kè	Noun: shock
劝阻	quàn zǔ	Verb: to advise against
窟窿	kū long	Noun: hole, loophole, debt
急诊	jí zhěn	Noun: emergency call, emergency treatment
生硬	shēng yìng	Adjective: stiff, forced
勤快	qín kuài	Adjective: diligent, hardworking
上瘾	shàng yǐn	Noun: addiction Verb: to be addicted to, to get into a habit
经	jīng	Noun: longitude, classics Verb: to pass through, to endure Adjective: regularly Adverb: through, via
俯首	fǔ shǒu	Verb: to bend one's head
陡	dǒu	Adjective: steep, precipitous, abrupt
游览	yóu lǎn	Verb: to visit, to go sightseeing
乔装	qiáo zhuāng	Verb: to pretend, to feign
鹿	lù	Noun: deer
嘿	hēi	Expression: hey

地理	dì lǐ	Noun:	geography
编造	biān zào	Verb:	to compile, to draw up, to make up
确诊	què zhěn	Verb:	to make a diagnosis
渗透	shèn tòu	Noun:	osmosis, infiltration
		Verb:	to permeate, to infiltrate
一成不变	yī chéng bù biàn	Verb:	to always stay the same
志气	zhì qì	Noun:	aspiration, ambition, spirit
分外	fèn wài	Verb:	to be outside of one's responsibility
高调	gāo diào	Noun:	high sounding speech
		Adjective:	arrogant
位子	wèi zi	Noun:	place, seat
担当	dān dāng	Verb:	to take upon oneself
动感	dòng gǎn	Noun:	dynamism
飞速	fēi sù	Noun:	flying speed
		Adjective:	rapid
权益	quán yì	Noun:	rights and interest
慢性	màn xìng	Adjective:	chronic
粉丝	fěn sī	Noun:	fan, type of noodle
起草	qǐ cǎo	Noun:	draft
		Verb:	to draft, to draw up
基层	jī céng	Noun:	basic level, basement layer
搁置	gē zhì	Verb:	to shelve, to set aside
兴致	xìng zhì	Noun:	interest, spirits, mood
储备	chǔ bèi	Noun:	reserves
		Verb:	to store up
董事会	dǒng shì huì	Noun:	board of directors
兑换	duì huàn	Verb:	to convert, to exchange
稠密	chóu mì	Adjective:	thick, dense, intimate
预先	yù xiān	Adverb:	beforehand, prior
海峡	hǎi xiá	Noun:	channel, strait (sea)
签	qiān	Noun:	stick, lot
一年到头	yī nián dào tóu	Adverb:	all year round
卑鄙	bēi bǐ	Adjective:	mean, despicable
夜总会	yè zǒng huì	Noun:	nightclub

溶解	róng jiě	Noun: solution, dissolution
		Verb: to dissolve, to melt
活儿	huó er	Noun: work, job
出道	chū dào	Verb: to start one's career
移植	yí zhí	Verb: to transplant, to port
肖像	xiào xiàng	Noun: portrait
谈不上	tán bu shàng	Verb: to be out of the question
倒塌	dǎo tā	Verb: to collapse
书写	shū xiě	Verb: to write
棺材	guān cái	Noun: coffin
发布会	fā bù huì	Noun: news conference, briefing
没说的	méi shuō de	Expression: of course! no problem!
		Verb: to be really good
身躯	shēn qū	Noun: body
奥运会	ào yùn huì	Noun: Olympic Games
一举	yī jǔ	Adverb: in one move
看似	kàn sì	Verb: to look as if, to seem
八卦	bā guà	Noun: gossip
		Verb: to gossip
私房钱	sī fáng qián	Noun: secret purse
担子	dàn zi	Noun: burden, task, responsibility
害虫	hài chóng	Noun: injurious insects, bugs, pest
长期以来	cháng qī yǐ lái	Adverb: since a long time ago
基因	jī yīn	Noun: gene
耽搁	dān ge	Verb: to tarry, to delay
段落	duàn luò	Noun: paragraph, passage, phase
念书	niàn shū	Verb: to read, to learn, to study
触摸	chù mō	Verb: to touch
闻名	wén míng	Adjective: well-known, famous
搞笑	gǎo xiào	Adjective: funny, hilarious
思路	sī lù	Noun: train of thought, reasoning
契机	qì jī	Noun: opportunity, turning point
空地	kòng dì	Noun: vacant land, open space
一家人	yī jiā rén	Noun: the whole family
手头	shǒu tóu	Adjective: ready to hand

拍戏	pāi xì	Verb:	to shoot a movie
瘟疫	wēn yì	Noun:	epidemic, pandemic
交响乐	jiāo xiǎng yuè	Noun:	symphony
折叠	zhé dié	Verb:	to fold
前夕	qián xī	Time:	the evening before
采矿	cǎi kuàng	Noun:	mining
二氧化碳	èr yǎng huà tàn	Noun:	carbon dioxide, CO2
步伐	bù fá	Noun:	pace, step, march
疗法	liáo fǎ	Noun:	therapy, treatment
灯泡	dēng pào	Noun:	light bulb
沽名钓誉	gū míng diào yù	Verb:	to angle for fame
协作	xié zuò	Noun:	cooperation, coordination
挤压	jǐ yā	Verb:	to squeeze, to press
杂乱无章	zá luàn wú zhāng	Adjective:	mixed up and chaotic
科幻	kē huàn	Noun:	Science Fiction
轰动	hōng dòng	Verb:	to cause a great sensation, to make a stir
摆放	bǎi fàng	Verb:	to arrange, to set up
药方	yào fāng	Noun:	prescription
光滑	guāng huá	Adjective:	smooth, sleek, glossy
局势	jú shì	Noun:	situation
日前	rì qián	Adverb:	a few days ago
寻	xún	Verb:	to search, to look for
出手	chū shǒu	Verb:	to dispose of, to spend (money)
不以为然	bù yǐ wéi rán	Verb:	to object, to disapprove
火速	huǒ sù	Noun:	top speed
难关	nán guān	Noun:	difficulty, crisis
公仆	gōng pú	Noun:	public servant
打捞	dǎ lāo	Verb:	to get out of the water, to fish out
后裔	hòu yì	Noun:	descendant
拉锁	lā suǒ	Noun:	zipper
天经地义	tiān jīng dì yì	Adjective:	right and unalterable
喜事	xǐ shì	Noun:	happy event, wedding
失业率	shī yè lǜ	Noun:	unemployment rate

恐龙	kǒng lóng	Noun:	dinosaur, ugly person
露天	lù tiān	Location:	outdoors
书面	shū miàn	Adjective:	written, in written form
蕴藏	yùn cáng	Verb:	to hold in store, to contain
探求	tàn qiú	Noun: search Verb: to seek, to investigate	
证人	zhèng rén	Noun:	witness
嫌弃	xián qì	Verb:	to shun
尼龙	ní lóng	Noun:	nylon
废寝忘食	fèi qǐn wàng shí	Verb:	to be completely wrapped up in one's work
拍卖	pāi mài	Noun: auction sale Verb: to auction	
美满	měi mǎn	Adjective:	happy, blissful
奢侈	shē chǐ	Adjective:	luxurious, extravagant
退让	tuì ràng	Verb:	to give in, to concede
无恶不作	wú è bù zuò	Verb:	to not shy away from any crime
停业	tíng yè	Noun: shutdown (of establishment, business, etc.) Verb: to cease trading, to liquidate	
不堪	bù kān	Verb: can't bear, can't stand Adverb: utterly, extremely	
闹事	nào shì	Verb:	to cause trouble
墓地	mù dì	Noun:	cemetery, graveyard
拓展	tuò zhǎn	Verb:	to expand
痕迹	hén jì	Noun:	mark, trace, vestige
炸	zhá	Verb:	to deep fry, to explode
来源于	lái yuán yú	Verb:	to originate in
航天	háng tiān	Noun:	space flight
堪称	kān chēng	Verb:	it can be said to be
盈利	yíng lì	Noun:	profit, gain
试用	shì yòng	Verb:	to try out
零钱	líng qián	Noun:	change (money)
删除	shān chú	Verb:	to delete
厂家	chǎng jiā	Noun:	producer, factory

德	dé	Noun:	virtue, goodness, morality
举世无双	jǔ shì wú shuāng	Noun:	world number one
		Adjective:	unrivalled, unique
移交	yí jiāo	Noun:	handover
		Verb:	to transfer, to hand over
悬挂	xuán guà	Verb:	to hang, to suspend
声望	shēng wàng	Noun:	popularity, prestige
胆怯	dǎn qiè	Adjective:	timid, cowardly
汁	zhī	Noun:	juice
硬盘	yìng pán	Noun:	hard disk
应付	yìng fu	Verb:	to deal with, to cope with
通通	tōng tōng	Adverb:	all, entire
腐朽	fǔ xiǔ	Adjective:	rotten, decayed
捏	niē	Verb:	to pinch, to knead
双边	shuāng biān	Adjective:	bilateral
反面	fǎn miàn	Noun:	the other side, reverse side
电讯	diàn xùn	Noun:	telecommunications
花纹	huā wén	Noun:	decorative design, ornamentation
参见	cān jiàn	Adverb:	see also, confer
弟子	dì zǐ	Noun:	disciple, follower
反省	fǎn shěng	Verb:	to reflect upon oneself
粗略	cū lüè	Adjective:	rough, cursory
透过	tòu guò	Adverb:	via, through
炎热	yán rè	Adjective:	burning hot, blistering hot
水手	shuǐ shǒu	Noun:	sailor, seaman
漂	piāo	Verb:	to float, to drift
掏钱	tāo qián	Verb:	to pay, to spend money
贺信	hè xìn	Noun:	congratulatory message
承载	chéng zài	Verb:	to bear the weight
退休金	tuì xiū jīn	Noun:	retirement pay, pension
黄昏	huáng hūn	Noun:	dusk, nightfall
剧组	jù zǔ	Noun:	cast and crew
宽泛	kuān fàn	Adjective:	broad, wide
怪异	guài yì	Adjective:	strange, weird, monstrous

荒	huāng	Noun: barren land, shortage Adjective: uncultivated, scarce, barren
凹	āo	Adjective: concave, deepened
折合	zhé hé	Verb: to convert into
坚韧	jiān rèn	Adjective: tough, durable, tenacious
保障	bǎo zhàng	Verb: to ensure, to guarantee
叫板	jiào bǎn	Noun: part of Chinese opera Verb: to challenge
特制	tè zhì	Adjective: special, unique
不宜	bù yí	Adjective: inappropriate
举一反三	jǔ yī fǎn sān	Expression: to deduce many things from one case
图形	tú xíng	Noun: picture, figure, depiction
美观	měi guān	Adjective: pleasing to the eye, beautiful, artistic
镶嵌	xiāng qiàn	Noun: mosaic Verb: to inlay, to embed, to set
贯通	guàn tōng	Verb: to link up, to thread together
监管	jiān guǎn	Noun: supervision Verb: to oversee, to supervise
力求	lì qiú	Verb: to make every effort
粉碎	fěn suì	Verb: to break, to smash, to shatter
不服气	bù fú qì	Adjective: unwilling to concede, defiant
粘	zhān	Verb: to glue, to paste
求证	qiú zhèng	Verb: to seek proof, to seek confirmation
苦力	kǔ lì	Noun: unskilled Chinese labourer
推算	tuī suàn	Verb: to calculate, to extrapolate
望	wàng	Noun: expectation Verb: to expect, to look towards, to gaze
内阁	nèi gé	Noun: cabinet (government)
茂盛	mào shèng	Adjective: luxuriant, exuberant, lush
一味	yī wèi	Adverb: invariably, blindly
劳累	láo lèi	Noun: toil, exertion Adjective: tired, exhausted
上期	shàng qī	Time: previous period
伯伯	bó bo	Noun: uncle (father's older brother)

斩	zhǎn	Verb:	to chop, to behead
防火墙	fáng huǒ qiáng	Noun:	firewall
收缩	shōu suō	Verb:	to shrink, to contract
邪	xié	Noun:	demonic, weird, unusual
气魄	qì pò	Noun:	daring, boldness, verve
诧异	chà yì	Adjective:	astonished, surprised
亲生	qīn shēng	Adjective:	one's own, biological
刚毅	gāng yì	Adjective:	resolute, steadfast
事迹	shì jì	Noun:	deed, achievement
抑扬顿挫	yì yáng dùn cuò	Noun:	rising and falling pitch and rhythm
腹泻	fù xiè	Noun:	diarrhoea
		Verb:	to have the runs
干事	gàn shì	Noun:	executive secretary, administrator
剂	jì	Measure Word:	for dose of medicine
骤然	zhòu rán	Adverb:	suddenly
直奔	zhí bèn	Verb:	to go straight and quick to
全程	quán chéng	Adverb:	from beginning to end
提早	tí zǎo	Adjective:	ahead of schedule
配件	pèi jiàn	Noun:	accessories, replacement (part)
评定	píng dìng	Verb:	to evaluate
互信	hù xìn	Noun:	mutual trust
盘	pán	Verb:	to examine, to coil
衣食住行	yī shí zhù xíng	Noun:	people's basic needs (clothing, food, housing and transport)
急于	jí yú	Adjective:	anxious, impatient
雪上加霜	xuě shàng jiā shuāng	Verb:	to add frost to snow
人事	rén shì	Noun:	human affairs, personnel
接替	jiē tì	Verb:	to replace, to take over (job, position, etc.)
埋没	mái mò	Noun:	oblivion
		Verb:	to cover up (with earth, etc.), to bury
梦幻	mèng huàn	Noun:	dream, illusion
不定	bú dìng	Adjective:	indefinite, indeterminate
展览会	zhǎn lǎn huì	Noun:	exhibition, show

无能为力	wú néng wéi lì	Adjective: powerless, helpless
成型	chéng xíng	Verb: to become formed, to form
绑架	bǎng jià	Noun: kidnapping Verb: to kidnap
举措	jǔ cuò	Noun: action, conduct, manner
边远	biān yuǎn	Location: far away, remote, outlying
冲刺	chōng cì	Noun: final spurt Verb: to sprint, to spurt
自强不息	zì qiáng bù xī	Expression: to strive for continuous (self)improvement
奋勇	fèn yǒng	Adjective: dauntless Adverb: without fear
钦佩	qīn pèi	Verb: to admire, to look up to
演技	yǎn jì	Noun: acting skills
敬重	jìng zhòng	Verb: to respect deeply
求救	qiú jiù	Verb: to cry for help
半路	bàn lù	Adverb: halfway, midway
息息相关	xī xī xiāng guān	Adjective: intimately related
傲	ào	Adjective: proud, arrogant
妒忌	dù jì	Adjective: jealous
稳妥	wěn tuǒ	Adjective: reliable
弱势	ruò shì	Adjective: vulnerable (situation)
肥胖	féi pàng	Adjective: fat, obese
山顶	shān dǐng	Noun: hilltop, mountain peak
公款	gōng kuǎn	Noun: public money
波折	bō zhé	Noun: twists and turns
业绩	yè jì	Noun: performance, track record (in business)
雇主	gù zhǔ	Noun: employer
往日	wǎng rì	Adverb: in the past
性价比	xìng jià bǐ	Noun: quality-price ratio
作弊	zuò bì	Verb: to cheat, to practice fraud
建筑师	jiàn zhù shī	Noun: architect
周密	zhōu mì	Adjective: careful, thorough

遗留	yí liú	Verb: to leave behind, to hand down (to next generation)
专栏	zhuān lán	Noun: special column
虔诚	qián chéng	Adjective: devout, pious
麻	má	Adjective: rough, numb, unfeeling
毫不犹豫	háo bù yóu yù	Adverb: without the slightest hesitation
归根到底	guī gēn dào dǐ	Adverb: to sum it up, in a final analysis, in the long run
适时	shì shí	Adverb: timely, in due course
解脱	jiě tuō	Verb: to free oneself of, to extricate oneself
津贴	jīn tiē	Noun: allowance
元宵节	yuán xiāo jié	Noun: Lantern Festival
纬度	wěi dù	Noun: latitude
英俊	yīng jùn	Adjective: handsome and smart
纳入	nà rù	Verb: to bring into, to incorporate
自卑	zì bēi	Verb: to feel inferior, to abase oneself
躲避	duǒ bì	Verb: to hide, to evade, to avoid (difficulties)
后者	hòu zhě	Noun: the latter
渗	shèn	Verb: to seep, to ooze
狼狈	láng bèi	Verb: to be in a difficult/embarrassing situation
售价	shòu jià	Noun: selling price
罕见	hǎn jiàn	Adjective: rare, peculiar
安眠药	ān mián yào	Noun: sleeping pill
文物	wén wù	Noun: cultural relic
本性	běn xìng	Noun: natural instincts, inherent quality
人道	rén dào	Noun: humanity, human sympathy
个案	gè àn	Noun: case, single case
饱和	bǎo hé	Noun: saturation Adjective: saturated
值钱	zhí qián	Adjective: valuable
裂痕	liè hén	Noun: crack, gap

撇	piě	Noun: left-slanting downward brush stroke Verb: to throw, to cast Measure Word: for eyebrows, slanting things
袭击	xí jī	Noun: surprise attack Verb: to attack by surprise, to raid
下岗	xià gǎng	Verb: to finish work, to be laid-off
凯歌	kǎi gē	Noun: victory song
磨合	mó hé	Verb: to get familiar with
塑造	sù zào	Verb: to shape, to mould
流失	liú shī	Verb: to run off, to wash away
接轨	jiē guǐ	Noun: rail track connection
蘑菇	mó gu	Noun: mushroom
好心	hǎo xīn	Noun: kindness
合影	hé yǐng	Noun: group photo
泄密	xiè mì	Verb: to leak secrets
理科	lǐ kē	Noun: natural science
加重	jiā zhòng	Verb: to make more serious
文献	wén xiàn	Noun: document, literature
识别	shí bié	Verb: to identify, to distinguish
历经	lì jīng	Verb: to go through, to experience
窘迫	jiǒng pò	Adjective: hard-pressed, embarrassed, poor
彻夜	chè yè	Adverb: the whole night
生理	shēng lǐ	Noun: physiology
卷子	juàn zi	Noun: test paper
绞	jiǎo	Verb: to twist, to entangle, to wring, to turn Measure Word: for skeins of yarn
说谎	shuō huǎng	Verb: to lie, to tell a lie
屈服	qū fú	Verb: to submit, to surrender, to yield
光芒	guāng máng	Noun: rays of light
愈合	yù hé	Verb: to heal (wound)
款项	kuǎn xiàng	Noun: sum of money
就医	jiù yī	Verb: to receive medical treatment

利索	lì suǒ	Adjective:	nimble
评委	píng wěi	Noun:	judging panel, judging panel member
低估	dī gū	Verb:	to underestimate
无济于事	wú jì yú shì	Verb:	to be of no use
货车	huò chē	Noun:	truck
精疲力竭	jīng pí lì jié	Adjective:	exhausted, spent
汇合	huì hé	Verb:	to converge, to join, to fuse
人选	rén xuǎn	Noun:	candidate, chosen person
揣	chuāi	Verb:	to put into (e.g. pockets)
警钟	jǐng zhōng	Noun:	alarm bell
持	chí	Verb:	to hold, to persevere
欺骗	qī piàn	Verb:	to deceive, to cheat
许可证	xǔ kě zhèng	Noun:	license, permit, authorization
伺候	cì hòu	Verb:	to serve, to wait on
抵御	dǐ yù	Verb:	to resist, to withstand
车速	chē sù	Noun:	vehicle speed
回落	huí luò	Verb:	to fall back, to return to low level
歼灭	jiān miè	Verb:	to wipe out, to annihilate
争先恐后	zhēng xiān kǒng hòu	Verb:	to strive to be the first and fear to be the last
释放	shì fàng	Verb:	to release, to set free
积	jī	Noun:	result of multiplication
填充	tián chōng	Noun:	padding, pad
		Verb:	to pad sth.
废物	fèi wù	Noun:	rubbish, waste material
走过场	zǒu guò chǎng	Verb:	to pretend to be doing sth.
尊贵	zūn guì	Adjective:	respected, esteemed
合乎	hé hū	Verb:	to accord with, conforming to
跑车	pǎo chē	Noun:	racing bicycle, sports car
滑稽	huá jī	Adjective:	funny
狂欢	kuáng huān	Noun:	party, carousal
		Verb:	to carouse
替换	tì huàn	Verb:	to exchange, to replace
胡思乱想	hú sī luàn xiǎng	Verb:	to let one's imagination run wild

倾销	qīng xiāo	Noun: dumping (price) Verb: to dump (goods, products, etc.)
香油	xiāng yóu	Noun: sesame oil
过剩	guò shèng	Noun: surplus, excess
兼	jiān	Adjective: double, simultaneous, along the way
强劲	qiáng jìng	Adjective: powerful, forceful
惯	guàn	Adjective: used to
转眼	zhuǎn yǎn	Verb: to glance Adverb: in a flash
气泡	qì pào	Noun: bubble
碰撞	pèng zhuàng	Noun: collision Verb: to collide
布局	bù jú	Noun: arrangement, composition
骚扰	sāo rǎo	Verb: to disturb, to harass
花样	huā yàng	Noun: pattern, type, trick
乱七八糟	luàn qī bā zāo	Adjective: in a hideous mess
伪装	wěi zhuāng	Noun: camouflage, disguise Verb: to disguise, to be dressed up
组装	zǔ zhuāng	Verb: to assemble and install
这会儿	zhè huì er	Time: now
面红耳赤	miàn hóng ěr chì	Verb: to flush with anger (or excitement)
四合院	sì hé yuàn	Noun: courtyard house
自助	zì zhù	Noun: self-service
哭笑不得	kū xiào bù dé	Verb: to not know whether to laugh or cry
荒凉	huāng liáng	Adjective: desolate
隐约	yǐn yuē	Adjective: indistinct, faint
伸张	shēn zhāng	Verb: to uphold (justice, virtue, etc.)
宣称	xuān chēng	Verb: to assert, to claim
领悟	lǐng wù	Verb: to understand, to comprehend
祖传	zǔ chuán	Verb: to be handed down from generation to generation
慢慢来	màn màn lái	Expression: take your time! take it easy!
进而	jìn ér	Conjunction: then, and then

溜达	liū da	Verb:	to stroll, to go for a walk
平常心	píng cháng xīn	Noun:	calmness
僵局	jiāng jú	Noun:	impasse, deadlock
迫使	pò shǐ	Verb:	to force
凶残	xiōng cán	Adjective:	savage, cruel
轻型	qīng xíng	Adjective:	light (machinery, aircraft, etc.)
寄托	jì tuō	Verb:	to place (hope, etc.) on, to consign
肾	shèn	Noun:	kidney
旨在	zhǐ zài	Adverb:	with the purpose of
丑陋	chǒu lòu	Adjective:	ugly
清明	qīng míng	Noun:	Tomb Sweeping Day
		Adjective:	clear and bright
防汛	fáng xùn	Noun:	flood control
腥	xīng	Adjective:	fishy (smell)
奴隶	nú lì	Noun:	slave
敢情	gǎn qing	Adverb:	actually, as it turns out, of course
概况	gài kuàng	Noun:	general situation
来访	lái fǎng	Verb:	to pay a visit
悲哀	bēi āi	Adjective:	grieved, sorrowful
衰竭	shuāi jié	Noun:	exhaustion, prostration, (organ) failure
效益	xiào yì	Noun:	benefit
安定	ān dìng	Verb:	to calm down, to stabilize
		Adjective:	stable, quiet, settled, balanced
流向	liú xiàng	Noun:	direction of a current
		Verb:	to flow towards
中止	zhōng zhǐ	Verb:	to stop, to discontinue
老实说	lǎo shí shuō	Adverb:	to be frank, ...
入场券	rù chǎng quàn	Noun:	admission ticket
素材	sù cái	Noun:	source material
门路	mén lù	Noun:	way of doing sth., social connections
行家	háng jiā	Noun:	expert
肩膀	jiān bǎng	Noun:	shoulder

戒备	jiè bèi	Verb:	to take precautions, to be on the alert
昔日	xī rì	Time:	formerly, in olden days
潜移默化	qián yí mò huà	Verb:	to influence secretly
旋律	xuán lǜ	Noun:	rhythm, melody
摄氏度	shè shì dù	Noun:	degree centigrade
懂事	dǒng shì	Adjective:	sensible, thoughtful, intelligent
携带	xié dài	Verb:	to carry, to take along
包扎	bāo zā	Verb:	to bind up (a wound), to wrap up
向往	xiàng wǎng	Verb:	to yearn for, to look forward to
片子	piān zi	Noun:	film, movie, business card, thin flake
惊天动地	jīng tiān dòng dì	Adjective:	world-shaking
属性	shǔ xìng	Noun:	attribute, property
独	dú	Adverb:	single, alone
接听	jiē tīng	Verb:	to answer (phone)
家族	jiā zú	Noun:	household
知足	zhī zú	Verb:	to be content with, to be satisfied with
异性	yì xìng	Noun: Adjective:	the opposite sex heterosexual
抢劫	qiǎng jié	Noun: Verb:	robbery, plunderage to rob, to plunder
呼唤	hū huàn	Verb:	to call out, to shout
水龙头	shuǐ lóng tóu	Noun:	faucet, tap
赞叹	zàn tàn	Verb:	to gasp in admiration, to praise highly
灌	guàn	Verb:	to fill, to pour, to record (music)
舒畅	shū chàng	Adjective:	happy, entirely free from worry
贝壳	bèi ké	Noun:	shell
茂密	mào mì	Adjective:	dense
显赫	xiǎn hè	Adjective:	illustrious
吃苦	chī kǔ	Verb:	to bear hardships, to suffer
告辞	gào cí	Verb:	to take leave, to bid farewell

轻蔑	qīng miè	Noun:	affront
		Verb:	to disdain
棍子	gùn zi	Noun:	stick, rod
逝世	shì shì	Verb:	to pass away, to die
工整	gōng zhěng	Noun:	fine work
		Adjective:	neatly done
仇人	chóu rén	Noun:	enemy
喝彩	hè cǎi	Verb:	to cheer
私自	sī zì	Adverb:	without approval, secretly, privately
好说	hǎo shuō	Expression:	not a problem!
必定	bì dìng	Adverb:	be sure to, certainly, undoubtedly
命题	mìng tí	Noun:	proposition
代号	dài hào	Noun:	code name
计	jì	Verb:	to calculate, to compute
更衣室	gēng yī shì	Noun:	dressing room
档次	dàng cì	Noun:	grade, quality, level
肢体	zhī tǐ	Noun:	limbs and trunk
忠于	zhōng yú	Verb:	to be loyal to
血缘	xuè yuán	Noun:	bloodline
素	sù	Adjective:	plain, unadorned, vegetarian (food), one-coloured
流淌	liú tǎng	Verb:	to flow
敦厚	dūn hòu	Adjective:	genuine, honest, sincere
副作用	fù zuò yòng	Noun:	side effect
来年	lái nián	Time:	next year
暴利	bào lì	Noun:	huge profits
看重	kàn zhòng	Verb:	to regard as important
讲解	jiǎng jiě	Verb:	to explain
预售	yù shòu	Noun:	advance sale
		Verb:	to sell in advance
目中无人	mù zhōng wú rén	Adjective:	arrogant, condescending
黑心	hēi xīn	Adjective:	ruthless, mean
便利店	biàn lì diàn	Noun:	convenience store

预告	yù gào	Noun: advance notice
		Verb: to forecast, to predict
东道主	dōng dào zhǔ	Noun: host
做生意	zuò shēng yi	Verb: to do business
爪子	zhuǎ zi	Noun: claw
湖泊	hú pō	Noun: lake
反倒	fǎn dào	Adverb: on the contrary, instead
高血压	gāo xuè yā	Noun: hypertension, high blood pressure
容许	róng xǔ	Verb: to permit, to allow
不服	bù fú	Verb: to not accept, to refuse to obey
改编	gǎi biān	Verb: to adapt, to change, to revise
当下	dāng xià	Adverb: presently, at present
无家可归	wú jiā kě gūi	Adjective: homeless
挣扎	zhēng zhá	Verb: to struggle, to agonize over
角落	jiǎo luò	Noun: corner, nook
要强	yào qiáng	Verb: eager to excel
交集	jiāo jí	Noun: intersection (math.)
民办	mín bàn	Adjective: privately operated
海盗	hǎi dào	Noun: pirate
试探	shì tàn	Verb: to probe, to feel out
苛刻	kē kè	Adjective: harsh, pitiless
帝国主义	dì guó zhǔ yì	Noun: imperialism
灌溉	guàn gài	Noun: irrigation
		Verb: to irrigate, to water
追问	zhuī wèn	Verb: to investigate in detail, to dig deeper
就近	jiù jìn	Location: nearby
接纳	jiē nà	Verb: to admit (member)
输液	shū yè	Noun: IV infusion
		Verb: to get put on an IV
他人	tā rén	Pronoun: other people, others
俄语	é yǔ	Noun: Russian (language)
回归	huí gūi	Noun: regression (math.), return
		Verb: to return to, to retreat

感	gǎn	Noun: emotion, feeling Verb: to feel (inside)
数额	shù é	Noun: amount
前者	qián zhě	Noun: the former
举例	jǔ lì	Verb: to give an example
宣告	xuān gào	Verb: to declare, to proclaim
种族	zhǒng zú	Noun: race, ethnicity
惯例	guàn lì	Noun: convention, tradition
盗窃	dào qiè	Noun: steal Verb: to steal
行使	xíng shǐ	Verb: to exercise (right)
峡谷	xiá gǔ	Noun: canyon, ravine
风波	fēng bō	Noun: disturbance, crisis, restlessness
官僚主义	guān liáo zhǔ yì	Noun: bureaucracy
虚构	xū gòu	Noun: fabrication Verb: to make up Adjective: imaginary
话语	huà yǔ	Noun: words, discourse
瘫	tān	Adjective: paralyzed
新生	xīn shēng	Noun: rebirth, new student Adjective: new-born
巅峰	diān fēng	Noun: summit, peak
无力	wú lì	Adjective: weak, powerless
工商界	gōng shāng jiè	Noun: industry, world of business
驰名	chí míng	Adjective: famous
照料	zhào liào	Verb: to take care of
虚	xū	Adjective: empty, void, meaningless
干燥	gān zào	Adjective: dry
过日子	guò rì zi	Verb: to live one's life
恩情	ēn qíng	Noun: affection, kindness
引发	yǐn fā	Verb: to trigger, to evoke, to initiate
赤字	chì zì	Noun: deficit (financial)
金子	jīn zi	Noun: gold

抹	mǒ	Verb: to smear, to wipe, to erase Measure Word: for wisps of cloud, light beams, etc.
好歹	hǎo dǎi	Adjective: good and bad Adverb: in any case
响亮	xiǎng liàng	Adjective: loud and clear, resounding
曝光	bào guāng	Noun: exposure (photo) Verb: to expose (photo, scandal, etc.)
受理	shòu lǐ	Verb: to accept a (legal) case
反击	fǎn jī	Verb: to strike back
操控	cāo kòng	Verb: to control, to manipulate
擅自	shàn zì	Adverb: without permission, on one's own initiative
木板	mù bǎn	Noun: board, plank
基本功	jī běn gōng	Noun: basic skills
坚持不懈	jiān chí bù xiè	Verb: to persevere
大气	dà qì	Noun: atmosphere
火辣辣	huǒ là là	Adjective: hot, sexy, spicy
淹	yān	Verb: to flood, to drown
蔓延	màn yán	Verb: to extend, to spread, to creep
兑现	duì xiàn	Verb: to cash (cheque, etc.)
同伴	tóng bàn	Noun: companion, comrade
嬉笑	xī xiào	Verb: to be laughing and playing
透气	tòu qì	Verb: to ventilate
筹备	chóu bèi	Noun: preparation Verb: to get ready for, to prepare
欣喜	xīn xǐ	Adjective: happy
观摩	guān mó	Verb: to emulate
渡过	dù guò	Verb: to pass through, to cross over
感慨	gǎn kǎi	Verb: to sigh with emotion
胜任	shèng rèn	Verb: to be up to a task Adjective: competent
如实	rú shí	Adjective: realistic
辩护	biàn hù	Verb: to speak in defence of, to defend
特长	tè cháng	Noun: personal strength, speciality

除此之外	chú cǐ zhī wài	Adverb: in addition
面面俱到	miàn miàn jù dào	Verb: to handle everything
饮用水	yǐn yòng shuǐ	Noun: drinking water
师范	shī fàn	Noun: teacher training Adjective: pedagogical
秩序	zhì xù	Noun: order, orderly state
投奔	tóu bèn	Verb: to seek shelter, to seek asylum
剧团	jù tuán	Noun: ensemble, theatrical troupe
首府	shǒu fǔ	Noun: capital city (of a region)
审定	shěn dìng	Verb: to examine and approve
废墟	fèi xū	Noun: ruins
低价	dī jià	Noun: low price
诺言	nuò yán	Noun: promise
致力于	zhì lì yú	Verb: to devote to, to dedicate to
富豪	fù háo	Noun: rich and powerful person
生平	shēng píng	Adverb: an entire life
领队	lǐng duì	Noun: captain, leader of a group
爱面子	ài miàn zi	Verb: to like to look good in the eyes of others
尺度	chǐ dù	Noun: scale, yardstick
忘不了	wàng bù liǎo	Verb: can't forget
天长地久	tiān cháng dì jiǔ	Adverb: forever, eternal
偷看	tōu kàn	Verb: to peep, to peek
发育	fā yù	Noun: development, growth Verb: to develop
够呛	gòu qiàng	Adjective: unbearable, terrible
相伴	xiāng bàn	Verb: to accompany
促成	cù chéng	Verb: to facilitate
形形色色	xíng xíng sè sè	Adverb: all kinds of, all sorts of
歌咏	gé yǒng	Verb: singing
瓶颈	píng jǐng	Noun: bottleneck
师长	shī zhǎng	Noun: teacher, course leader
高山	gāo shān	Noun: high mountain Adjective: alpine
门铃	mén líng	Noun: doorbell

小丑	xiǎo chǒu	Noun: clown
比试	bǐ shì	Verb: to have a competition, to make a gesture of measuring
循序渐进	xún xù jiàn jìn	Adverb: step by step
保重	bǎo zhòng	Verb: to take care of oneself
祖先	zǔ xiān	Noun: ancestor
元首	yuán shǒu	Noun: head of state
头条	tóu tiáo	Noun: lead story
羞愧	xiū kuì	Adjective: ashamed
提速	tí sù	Verb: to pick up speed, to speed up
忧愁	yōu chóu	Verb: to be worried
力争	lì zhēng	Verb: to work hard for, to do all one can, to strive for, to argue strongly
孪生	luán shēng	Noun: twin birth
掀起	xiān qǐ	Verb: to lift, to begin, to set off
诱饵	yòu ěr	Noun: bait
追随	zhuī suí	Verb: to follow
倒下	dǎo xià	Verb: to collapse
扯	chě	Verb: to pull, to tear, to chat, to gossip
行政	xíng zhèng	Noun: administration
愈来愈	yù lái yù	Adverb: more and more
靠拢	kào lǒng	Verb: to draw close, to close up
热带	rè dài	Noun: the tropics
削弱	xuē ruò	Verb: to weaken
堕落	duò luò	Verb: to degenerate, to corrupt
匆匆	cōng cōng	Adjective: hurried
稍稍	shāo shāo	Adverb: somewhat, a little
抛	pāo	Verb: to shape, to cast, to abandon, to throw
保暖	bǎo nuǎn	Verb: to stay/keep warm
呼救	hū jiù	Verb: to call for help
简化	jiǎn huà	Verb: to simplify
旺季	wàng jì	Noun: busy season, peak season
伴	bàn	Noun: partner, companion Verb: to accompany

降临	jiàng lín	Verb: to befall, to arrive
品位	pǐn wèi	Noun: quality
崭新	zhǎn xīn	Adjective: brand new
笨蛋	bèn dàn	Noun: fool, idiot
功率	gōng lǜ	Noun: power (output)
诱人	yòu rén	Verb: to attract, to captivate Adjective: attractive, alluring, captivating
夸	kuā	Verb: to praise, to boast
可信	kě xìn	Adjective: trustworthy
出洋相	chū yáng xiàng	Verb: to make a fool of oneself
领事馆	lǐng shì guǎn	Noun: consulate
粗鲁	cū lǔ	Adjective: rude, rough, impolite
言辞	yán cí	Noun: words, expressions
接二连三	jiē èr lián sān	Adverb: one after another, in quick succession
起源	qǐ yuán	Noun: origin, source Verb: to originate, to come from
不如说	bù rú shuō	Adverb: rather, how about, let's just say
底子	dǐ zi	Noun: base, foundation, bottom
一大早	yī dà zǎo	Time: at dawn
性情	xìng qíng	Noun: nature, temperament
迟早	chí zǎo	Adverb: sooner or later
蛮	mán	Adjective: rough, reckless Adverb: very, quite
依依不舍	yī yī bù shě	Verb: to be reluctant to par
转折点	zhuǎn zhé diǎn	Noun: turning point
控告	kòng gào	Verb: to accuse, to sue
超车	chāo chē	Verb: to overtake (car)
气派	qì pài	Noun: style, manner
苏醒	sū xǐng	Verb: to wake up, to regain consciousness
赶赴	gǎn fù	Verb: to hurry, to rush
领会	lǐng huì	Verb: to understand, to grasp

招待	zhāo dài	Noun: reception Verb: to entertain (guests), to serve, to receive
工会	gōng huì	Noun: trade union
畏缩	wèi suō	Verb: to flinch, to cower
层出不穷	céng chū bù qióng	Verb: to emerge in an endless stream
启示	qǐ shì	Noun: enlightenment, announcement, apocalypse
木匠	mù jiàng	Noun: carpenter
缘分	yuán fèn	Noun: fate (for relationships)
致敬	zhì jìng	Verb: to greet, to pay respects to
逼迫	bī pò	Verb: to force, to compel
一心一意	yī xīn yī yì	Adverb: with all one's heart, single-minded
房地产	fáng dì chǎn	Noun: real estate
席	xí	Noun: mat, seat Measure Word: for banquets, conversations, etc.
坦率	tǎn shuài	Adjective: frank, open, candid
诊所	zhěn suǒ	Noun: clinic (med.)
欢呼	huān hū	Verb: to cheer for
客运	kè yùn	Noun: passenger traffic
美人	měi rén	Noun: beauty
卤味	lǔ wèi	Noun: marinade
并购	bìng gòu	Noun: merger and acquisition (M and A)
栏	lán	Noun: fence, railing, hurdle, column (of text)
精明	jīng míng	Adjective: astute, shrewd
耐	nài	Verb: capable of enduring, able to tolerate
序	xù	Noun: introduction, preface
魔鬼	mó guǐ	Noun: devil
时隔	shí gé	Adjective: separated in time
半真半假	bàn zhēn bàn jiǎ	Adjective: half true and half false
双重	shuāng chóng	Adjective: double
情报	qíng bào	Noun: information, intelligence

每逢	měi féng	Adverb: every time
桩	zhuāng	Noun: stump, pile
		Measure Word: for items, issues, affairs
绿灯	lǜ dēng	Noun: green light
跟上	gēn shàng	Verb: to catch up with, to keep pace with
通畅	tōng chàng	Adjective: unobstructed, clear
亩	mǔ	Measure Word: for fields, 1/5 of a hectare, etc.
老远	lǎo yuǎn	Location: very far away
主编	zhǔ biān	Noun: editor in chief
海内外	hǎi nèi wài	Adjective: domestic and international
土匪	tǔ fěi	Noun: bandit
失眠	shī mián	Noun: insomnia
		Verb: to be unable to sleep
包袱	bāo fu	Noun: burden, load
增收	zēng shōu	Verb: to increase income
耽误	dān wu	Verb: to delay
腾	téng	Verb: to soar, to gallop, to jump, to vacate
摇滚	yáo gǔn	Noun: Rock 'n' Roll
激发	jī fā	Verb: to arouse, to excite, to inspire
横七竖八	héng qī shù bā	Adverb: in disorder
方方面面	fāng fāng miàn miàn	Adverb: all sides, all aspects
用餐	yòng cān	Verb: to eat something
说道	shuō dào	Verb: to say, to state
揽	lǎn	Verb: to seize, to monopolize
后代	hòu dài	Noun: later generations, descendants, offsprings
引用	yǐn yòng	Verb: to quote, to cite
赎	shú	Verb: to redeem, to ransom
捶	chuí	Verb: to beat (with the fist), to hammer
刮风	guā fēng	Verb: to be windy
炎症	yán zhèng	Noun: inflammation

空想	kōng xiǎng	Noun: daydream, fantasy, phantasm Verb: to daydream, to build castles in the air
极为	jí wéi	Adverb: extremely, exceedingly
憋	biē	Verb: to hold back, to restrain, to suppress feelings
鳄鱼	è yú	Verb: crocodile, alligator
候选人	hòu xuǎn rén	Noun: candidate
株	zhū	Noun: tree trunk, tree root, plant Measure Word: for trees or plants
谁知道	shéi zhī dào	Expression: god knows ...
克制	kè zhì	Noun: restraint Verb: to restrain, to control
债务	zhài wù	Noun: debt, liability
冷冻	lěng dòng	Verb: to freeze
敬	jìng	Verb: to respect, to salute
包容	bāo róng	Verb: to pardon, to forgive
红火	hóng huǒ	Adjective: prosperous
挠	náo	Verb: to scratch, to thwart
嫦娥	cháng é	Noun: the lady in the moon
价位	jià wèi	Noun: price level
前辈	qián bèi	Noun: older generation
凭证	píng zhèng	Noun: proof, receipt
硬币	yìng bì	Noun: coin
激化	jī huà	Verb: to intensify (conflict, etc.)
夺魁	duó kuí	Verb: to seize, to win
挽救	wǎn jiù	Verb: to save, to rescue
时髦	shí máo	Adjective: fashionable
诉讼	sù sòng	Noun: lawsuit, litigation
贺电	hè diàn	Noun: congratulatory message
胎	tāi	Noun: foetus, tire
患	huàn	Noun: trouble, worry Verb: to contract (disease)
惊讶	jīng yà	Noun: astonishment, awe Adjective: surprised, amazed, astonished

所谓	suǒ wèi	Adverb: so-called
一瞬间	yī shùn jiān	Noun: split second
认错	rèn cuò	Verb: to admit an error
波及	bō jí	Verb: to spread (geogr.)
专人	zhuān rén	Noun: specialist
虚假	xū jiǎ	Adjective: false, sham, dishonest
披露	pī lù	Verb: to reveal, to publish, to make public
多心	duō xīn	Adjective: suspicious, mistrustful
独唱	dú chàng	Noun: solo (singing) Verb: to solo
肝脏	gān zàng	Noun: liver
雪山	xuě shān	Noun: snow-capped mountain
僻静	pì jìng	Adjective: secluded, lonely
回忆录	huí yì lù	Noun: memoir
胜出	shèng chū	Verb: to win, to defeat
善	shàn	Adjective: good, benevolent, well-disposed
进修	jìn xiū	Verb: to undertake advanced studies
凑巧	còu qiǎo	Adjective: fortuitous
资深	zī shēn	Adjective: senior, deeply qualified
原装	yuán zhuāng	Adjective: genuine, original
武装	wǔ zhuāng	Noun: military, arms, equipment Verb: to arm, to equip
密封	mì fēng	Verb: to seal up, to seal airtight
替身	tì shēn	Noun: substitute, scapegoat, stuntman
茶道	chá dào	Noun: Japanese tea ceremony
凸	tū	Adjective: sticking out, convex, protruding
说起来	shuō qǐ lái	Adverb: speaking of which, with regard to
除外	chú wài	Verb: to exclude Adverb: except for
压抑	yā yì	Verb: to constrain, to oppress Adjective: oppressive, stifling, depressing
赐教	cì jiào	Verb: to impart one's wisdom

各式各样	gè shì gè yàng	Adverb:	all kinds and sorts
出丑	chū chǒu	Verb:	to be humiliated
		Adjective:	shameful, scandalous
底层	dǐ céng	Noun:	ground/first floor, bottom (pile)
交头接耳	jiāo tóu jiē ěr	Verb:	to whisper to one another's ear
器械	qì xiè	Noun:	apparatus, instrument
订婚	dìng hūn	Noun:	engagement
窜	cuàn	Verb:	to flee, to escape
诚挚	chéng zhì	Adjective:	sincere, cordial, earnest
瑞雪	ruì xuě	Noun:	timely snow
蕴涵	yùn hán	Noun:	implication
		Verb:	to contain, to embrace
民众	mín zhòng	Noun:	populace, masses
高昂	gāo áng	Adjective:	high (spirits, etc.), expensive
药材	yào cái	Noun:	medicine, drugs, drug ingredients
灰心	huī xīn	Verb:	to lose heart, to be discouraged
清晰	qīng xī	Adjective:	clear, distinct
滞留	zhì liú	Verb:	stand still, to detain
统治	tǒng zhì	Noun:	regime, government
		Verb:	to rule, to govern
沿岸	yán àn	Location:	ashore
步入	bù rù	Verb:	to enter, to step into
扩建	kuò jiàn	Verb:	to extend (building)
墓碑	mù bēi	Noun:	gravestone
大同小异	dà tóng xiǎo yì	Adjective:	almost identical
工序	gōng xù	Noun:	working procedure
举重	jǔ zhòng	Noun:	weightlifting
		Verb:	to lift weights
带头人	dài tóu rén	Noun:	leader
背诵	bèi sòng	Verb:	to recite, to repeat from memory
顺手	shùn shǒu	Adverb:	easily, in passing
酗酒	xù jiǔ	Noun:	excessive drinking, alcohol abuse
贯穿	guàn chuān	Verb:	to run through, to link
瀑布	pù bù	Noun:	waterfall
说白了	shuō bái le	Verb:	to speak frankly

收据	shōu jù	Noun: receipt
艰巨	jiān jù	Adjective: arduous, formidable
拘束	jū shù	Adjective: reticent, constrained, awkward
摊	tān	Noun: vendor's stand Verb: to spread out
上游	shàng yóu	Location: upper reaches, advanced position
卫视	wèi shì	Noun: satellite TV
着手	zhuó shǒu	Verb: to set out, to start, to put one's hand to it
美妙	měi miào	Adjective: great, wonderful, beautiful, splendid
落下	luò xià	Verb: to fall, to drop, to land
地下水	dì xià shuǐ	Noun: groundwater
告示	gào shì	Noun: announcement
无所事事	wú suǒ shì shì	Verb: to idle one's time away, to have nothing to do
粪	fèn	Noun: manure, dung
教条	jiào tiáo	Noun: doctrine, dogma
贩卖	fàn mài	Verb: to sell, to peddle
筛	shāi	Verb: to filter, to sift, to sieve
清凉	qīng liáng	Adjective: refreshing, cool
开辟	kāi pì	Verb: to open up, to start
标致	biāo zhì	Noun: Peugeot Adjective: beautiful, pretty
本能	běn néng	Noun: instinct
挪	nuó	Verb: to move, to shift
上旬	shàng xún	Time: first third of a month
莫过于	mò guò yú	Adverb: nothing can surpass
无可奉告	wú kě fèng gào	Expression: no comment
横	hèng	Adjective: perverse, unexpected, harsh
力所能及	lì suǒ néng jí	Verb: to be within one's power
困境	kùn jìng	Noun: predicament
眉开眼笑	méi kāi yǎn xiào	Verb: be beaming with joy
甜蜜	tián mì	Adjective: sweet, happy

面部	miàn bù	Noun:	face
绽放	zhàn fàng	Verb:	to blossom
佳节	jiā jié	Noun:	festive day
挥	huī	Verb:	to wave, to brandish, to wipe away
销量	xiāo liàng	Noun:	sales volume
似曾相识	sì céng xiāng shí	Noun:	déjà vu
坟墓	fén mù	Noun:	tomb
势必	shì bì	Adverb:	certainly will, is bound to
补救	bǔ jiù	Verb:	to remedy, to redeem
排放	pái fàng	Noun:	emission
		Verb:	to discharge, to void
本分	běn fèn	Noun:	one's duty
拧	níng	Verb:	to pinch, to wring
禁不住	jīn bù zhù	Verb:	can't help it
出毛病	chū máo bìng	Verb:	to break down, to fail
推辞	tuī cí	Verb:	to decline, to turn down
倚	yǐ	Verb:	to rely upon
附加	fù jiā	Noun:	annex
		Verb:	add, append
旱	hàn	Noun:	drought
溜	liū	Verb:	to skate, to escape in stealth, to sneak off
注入	zhù rù	Verb:	to pour into
疲倦	pí juàn	Noun:	fatigue
		Adjective:	tired, sleepy
有助于	yǒu zhù yú	Verb:	to contribute to, to promote
逞能	chěng néng	Verb:	to boast with one's ability
玄机	xuán jī	Noun:	profound theory
求助	qiú zhù	Verb:	to request help
不辞而别	bù cí ér bié	Verb:	to leave without saying good-bye
颓废	tuí fèi	Adjective:	dejected
心酸	xīn suān	Verb:	to feel sad
文凭	wén píng	Noun:	diploma
回扣	huí kòu	Noun:	brokerage, commission
抚摸	fǔ mō	Verb:	to pet, to fondle

话费	huà fèi	Noun:	phone bill, call charge
愚蠢	yú chǔn	Adjective:	stupid, foolish, silly
职员	zhí yuán	Noun:	staff member
余	yú	Noun:	remaining
		Verb:	to remain, to leave
权衡	quán héng	Verb:	to weigh, to balance, to consider
路途	lù tú	Noun:	road, distance
统统	tǒng tǒng	Adverb:	completely, entirely
翻天覆地	fān tiān fù dì	Adjective:	world-shaking
受害人	shòu hài rén	Noun:	victim
征	zhēng	Noun:	journey, expedition, phenomenon, evidence
		Verb:	to attack, to invite, to recruit, to levy (taxes)
其间	qí jiān	Adverb:	in between, in the meantime
任意	rèn yì	Adverb:	arbitrary, at will, at random
无私	wú sī	Adjective:	unselfish, altruistic
指南针	zhǐ nán zhēn	Noun:	compass
从今以后	cóng jīn yǐ hòu	Adverb:	from now on
朝三暮四	zhāo sān mù sì	Verb:	to blow hot and cold
海面	hǎi miàn	Noun:	sea level
出卖	chū mài	Verb:	to sell, to sell out, to betray
使者	shǐ zhě	Noun:	emissary, envoy
损坏	sǔn huài	Verb:	to damage, to break, to spoil
瞄准	miáo zhǔn	Verb:	to aim (weapon, etc.)
发脾气	fā pí qì	Verb:	to lose patience, to get angry
涉嫌	shè xián	Verb:	to be a suspect
莫名其妙	mò míng qí miào	Verb:	unable to make head or tail of it
灵通	líng tōng	Adjective:	well informed
荧光	yíng guāng	Noun:	fluorescence
无穷	wú qióng	Adjective:	endless, boundless
措手不及	cuò shǒu bù jí	Verb:	to be caught unprepared
纳闷儿	nà mèn er	Verb:	to feel puzzled, to wonder
开办	kāi bàn	Verb:	to start (business, etc.), to set up
筒	tǒng	Noun:	tube, cylinder

担	dān	Verb: to shoulder, to take responsibility
老化	lǎo huà	Verb: to age, to get old
国土	guó tǔ	Noun: country's territory
公事	gōng shì	Noun: public affairs, official matters
奖品	jiǎng pǐn	Noun: award, prize
外星人	wài xīng rén	Noun: (space) alien
榨	zhà	Verb: to extract
歪	wāi	Adjective: crooked, devious
堤	dī	Noun: dam, dike
就读	jiù dú	Verb: to go to school
休想	xiū xiǎng	Verb: to not imagine that
不算	bú suàn	Verb: to not count, to not be considered
受惊	shòu jīng	Verb: to be startled
颁奖	bān jiǎng	Verb: to award (medal, prize, etc.)
萎缩	wěi suō	Verb: to wither, to dry up, to atrophy (med.)
渣子	zhā zi	Noun: bits
浮力	fú lì	Noun: buoyancy
上头	shàng tou	Location: above, on top of
升温	shēng wēn	Noun: temperature rise Verb: to become hot, to intensify
鹤立鸡群	hè lì jī qún	Verb: to stand out (appearance, talent, etc.)
榜样	bǎng yàng	Noun: example, model
缆车	lǎn chē	Noun: cable car
牌照	pái zhào	Noun: license plate
亲朋好友	qīn péng hǎo yǒu	Noun: friends and family
表彰	biǎo zhāng	Verb: to commend, to honour
留意	liú yì	Verb: to take care
无意	wú yì	Adjective: inadvertent, accidental
怀抱	huái bào	Noun: bosom Verb: to hug, to embrace, to cherish
都会	dū huì	Noun: city, metropolis
团员	tuán yuán	Noun: member
确凿	què záo	Adjective: definite, undeniable

忍心	rěn xīn	Verb: to have the heart to do sth.
公用	gōng yòng	Adjective: public
趁着	chèn zhe	Verb: to take advantage of, to use a chance
加深	jiā shēn	Verb: to deepen
滋味	zī wèi	Noun: taste, flavour
口令	kǒu lìng	Noun: password, oral command
共识	gòng shí	Noun: common understanding, consensus
恰如其分	qià rú qí fèn	Adjective: appropriate, suitable, befitting
依托	yī tuō	Verb: to rely on, to depend on
冷酷无情	lěng kù wú qíng	Adjective: cold-hearted
当众	dāng zhòng	Adverb: in public
次日	cì rì	Time: next day
指望	zhǐ wàng	Noun: hope Verb: to hope for, to expect, to count on
检察	jiǎn chá	Noun: check up Verb: to inspect
新手	xīn shǒu	Noun: novice
磁盘	cí pán	Noun: disk (computer)
精妙	jīng miào	Adjective: delicate, exquisite
侧重	cè zhòng	Verb: to emphasize
认知	rèn zhī	Noun: cognition Verb: to realize
下旬	xià xún	Time: last third of the month
礼仪	lǐ yí	Noun: ceremony, etiquette
批发	pī fā	Noun: wholesale Verb: to wholesale
靶子	bǎ zi	Noun: target
不正之风	bù zhèng zhī fēng	Noun: unhealthy tendency
赛车	sài chē	Noun: car race, cycle race, racing car, racing bike
宠	chǒng	Verb: to spoil (sbd.)
绕行	rào xíng	Noun: long way around, detour
出自	chū zì	Verb: to come from

海运	hǎi yùn	Noun: shipping by sea	
以致	yǐ zhì	Conjunction: as a result, so that, consequently	
复活	fù huó	Noun: resurrection Verb: to bring back to life, to revive	
徐徐	xú xú	Adjective: slow, gentle	
当务之急	dāng wù zhī jí	Noun: matter of vital importance	
划时代	huà shí dài	Adjective: epoch-marking, ground-breaking	
以免	yǐ miǎn	Conjunction: in order to avoid, for fear that	
赔钱	péi qián	Verb: to lose money, to pay for damages	
起跑线	qǐ pǎo xiàn	Noun: starting line	
芽	yá	Noun: bud, sprout	
抗生素	kàng shēng sù	Noun: antibiotic	
匹配	pǐ pèi	Noun: matching	
无非	wú fēi	Adverb: nothing but, only, simply	
囚犯	qiú fàn	Noun: prisoner	
车道	chē dào	Noun: traffic lane, driveway	
刻苦	kè kǔ	Adjective: hardworking, assiduous	
原型	yuán xíng	Noun: archetype, original shape	
交替	jiāo tì	Noun: alternation Verb: to replace, to take turns Adverb: in turn	
同盟	tóng méng	Noun: alliance	
废品	fèi pǐn	Noun: production rejects, scrap	
越发	yuè fā	Adverb: more and more, ever more	
几率	jī lǜ	Noun: probability	
鸦雀无声	yā què wú shēng	Noun: absolute silence	
野炊	yě chuī	Verb: to cook a meal over a campfire, to cook outside	
欠条	qiàn tiáo	Noun: IOU, certificate of indebtedness	
赞美	zàn měi	Noun: applause, praise Verb: to praise, to admire	
葬礼	zàng lǐ	Noun: burial, funeral	
哺育	bǔ yù	Verb: to feed, to nurture	

安逸	ān yì	Adjective: easy and comfortable
忌	jì	Noun: taboo Verb: to be jealous of, to avoid
里程碑	lǐ chéng bēi	Noun: milestone
哗然	huá rán	Adjective: tumultuous
筑	zhù	Verb: to build, to erect
缴纳	jiǎo nà	Verb: to pay (taxes)
吻合	wěn hé	Verb: to be a good fit, to fit in
瑰宝	guī bǎo	Noun: gem, treasure
临近	lín jìn	Verb: approaching Adjective: close to
千家万户	qiān jiā wàn hù	Noun: every family
污秽	wū huì	Adjective: nasty, filthy
当日	dàng rì	Time: the same day
顶尖	dǐng jiān	Noun: peak Adjective: world best
妨害	fáng hài	Verb: to impair, to damage, to harm
重伤	zhòng shāng	Adjective: seriously hurt
制裁	zhì cái	Noun: sanctions, punishment Verb: to impose sanction against, to punish
有效期	yǒu xiào qī	Noun: sell-by date, period of validity
开场	kāi chǎng	Noun: beginning of an event Verb: to begin
且	qiě	Adverb: moreover, yet
没准儿	méi zhǔn er	Adverb: not sure, maybe
尽早	jǐn zǎo	Adverb: as early as possible
农场	nóng chǎng	Noun: farm
深切	shēn qiè	Adjective: heartfelt, sincere
尊严	zūn yán	Noun: dignity, honour
砖	zhuān	Noun: brick
胸膛	xiōng táng	Noun: chest, thorax
随时随地	suí shí suí dì	Adverb: anytime and anywhere
举世闻名	jǔ shì wén míng	Adjective: world famous
专长	zhuān cháng	Noun: specialty, special skill

雇佣	gù yōng	Verb: to employ, to hire
废	fèi	Noun: waste
		Verb: to abandon
		Adjective: crippled
回想	huí xiǎng	Verb: to recall, to recollect
境地	jìng dì	Noun: circumstances
生效	shēng xiào	Verb: to take effect, to come into effect
沐浴露	mù yù lù	Noun: shower gel
深受	shēn shòu	Verb: to receive in no small measure
侃大山	kǎn dà shān	Verb: to gossip, to chatter idly
口腔	kǒu qiāng	Noun: oral cavity
惊险	jīng xiǎn	Adjective: thrilling
剥削	bō xuē	Noun: exploitation
		Verb: to exploit
磁卡	cí kǎ	Noun: magnetic card
糖尿病	táng niào bìng	Noun: diabetes
测验	cè yàn	Noun: test, examination
		Verb: to test
顾及	gù jí	Verb: to take into consideration
蜂蜜	fēng mì	Noun: honey
见钱眼开	jiàn qián yǎn kāi	Verb: thinking of nothing but money
演习	yǎn xí	Noun: exercise, practice, manoeuvre
冲撞	chōng zhuàng	Verb: to collide, to offend, to provoke
过意不去	guò yì bú qù	Verb: to feel very apologetic, to feel embarrassed
巨头	jù tóu	Noun: tycoon, big player
阵营	zhèn yíng	Noun: group, camp, faction, sides in a dispute
豁	huō	Verb: to crack
劲头	jìn tóu	Noun: enthusiasm, vigour
吹牛	chuī niú	Verb: to brag, to boast
主食	zhǔ shí	Noun: staple, main food
介于	jiè yú	Location: between
任人宰割	rèn rén zǎi gē	Verb: to be taken advantage of
也就是说	yě jiù shì shuō	Adverb: in other words

被捕	bèi bǔ	Verb: to be arrested
姥爷	lǎo yé	Noun: maternal grandfather
破裂	pò liè	Verb: to rupture
过道	guò dào	Noun: corridor, aisle, passageway
不适	bú shì	Adjective: unwell, uncomfortable
姿态	zī tài	Noun: posture, gesture, attitude, bearing
哪知道	nǎ zhī dào	Expression: who would have thought that ...
桑拿	sāng ná	Noun: sauna
订购	dìng gòu	Verb: to place an order
备用	bèi yòng	Verb: to keep for later, to keep as reserve
养生	yǎng shēng	Noun: maintenance of good health
临	lín	Verb: to face, to be near, to arrive Adverb: just before
内存	nèi cún	Noun: random access memory (RAM)
头顶	tóu dǐng	Noun: top of the head
难点	nàn diǎn	Noun: difficulty
砍	kǎn	Verb: to chop, to cut down
艳丽	yàn lì	Adjective: gorgeous, beautiful
耻笑	chǐ xiào	Verb: to ridicule
奖杯	jiǎng bēi	Noun: cup, trophy
沏	qī	Verb: to steep (tea)
滨海	bīn hǎi	Adjective: coastal
进出口	jìn chū kǒu	Noun: import and export
贮藏	zhù cáng	Verb: to store up, to hoard
未免	wèi miǎn	Adverb: rather, a bit too
引人注目	yǐn rén zhù mù	Verb: to attract attention
强行	qiáng xíng	Verb: to do sth. with force
序幕	xù mù	Noun: prologue
抗争	kàng zhēng	Verb: to resist
审批	shěn pī	Verb: to examine and approve
扳	bān	Verb: to pull, to turn
分红	fēn hóng	Noun: bonus, dividend Verb: to draw dividend
乐意	lè yì	Verb: to be willing to, to be ready to

陷	xiàn	Noun: pitfall, trap Verb: to get stuck, to fall, to sink
亲热	qīn rè	Adjective: intimate, loving, affectionate
限度	xiàn dù	Noun: limitation
取经	qǔ jīng	Verb: to learn by studying someone else's experience
沉闷	chén mèn	Adjective: oppressive, depressing, dull
大街小巷	dà jiē xiǎo xiàng	Adverb: everywhere in the city
防御	fáng yù	Noun: defence Verb: to defend, to guard
爆竹	bào zhú	Noun: firecracker
丢掉	diū diào	Verb: to throw away
自私自利	zì sī zì lì	Adjective: selfish
内行	nèi háng	Noun: expert Adjective: experienced, professional
一刹那	yī chà nà	Noun: a moment, instant
账单	zhàng dān	Noun: bill
产值	chǎn zhí	Noun: output value
落地	luò dì	Verb: to fall to the ground, to be born
逢	féng	Verb: to meet by chance, to come across
感性	gǎn xìng	Noun: sensibility, perception
竭尽全力	jié jìn quán lì	Verb: to spare no effort, to do all one can
屋顶	wū dǐng	Noun: roof
残留	cán liú	Verb: to remain, to be left over
皱	zhòu	Verb: to wrinkle, to crease Adjective: wrinkled
钩子	gōu zi	Noun: hook
分明	fēn míng	Adjective: clearly demarcated, distinct
紧缺	jǐn quē	Adjective: in short supply, scarce
怨言	yuàn yán	Noun: complaint
保管	bǎo guǎn	Verb: to keep, to take care of
俊	jùn	Adjective: smart, handsome
奋力	fèn lì	Verb: to spare no effort
一体	yī tǐ	Noun: an integral whole Verb: to integrate

蓝图	lán tú	Noun: blueprint
守护	shǒu hù	Verb: to guard, to protect
客房	kè fáng	Noun: guest room
有机	yǒu jī	Adjective: organic
起初	qǐ chū	Adverb: originally, at first
万能	wàn néng	Adjective: omnipotent
富含	fù hán	Verb: to contain in great quantities, to be rich in
聋人	lóng rén	Noun: deaf person, hearing-impaired person
品尝	pǐn cháng	Noun: sample Verb: to sample, to taste
棱角	léng jiǎo	Noun: edges and corners
不经意	bù jīng yì	Adjective: not paying attention, careless
从早到晚	cóng zǎo dào wǎn	Adverb: all day long
掩盖	yǎn gài	Verb: to conceal, to cover up, to hide
车轴	chē zhóu	Noun: axle
简洁	jiǎn jié	Adjective: concise, succinct
介意	jiè yì	Verb: to care about, to take offense
从头	cóng tóu	Adverb: anew, from the start
开拓	kāi tuò	Verb: to open up, to break new ground, to exploit
豆子	dòu zi	Noun: bean, pea
不了了之	bù liǎo liǎo zhī	Verb: to remain unsolved
半数	bàn shù	Noun: half (the number)
沧桑	cāng sāng	Noun: great changes
腹部	fù bù	Noun: abdomen, belly
进场	jìn chǎng	Verb: to enter a venue
不予	bù yú	Verb: to refuse
解雇	jiě gù	Verb: to fire, to sack, to dismiss
板块	bǎn kuài	Noun: tectonic plate
上方	shàng fāng	Noun: the above, upper part
罩	zhào	Noun: cover Verb: to cover
碳	tàn	Noun: carbon (chemistry)

多元	duō yuán	Adverb: poly-, multi-
回馈	huí kuì	Noun: feedback
		Verb: to give back
开启	kāi qǐ	Verb: to open
疲惫不堪	pí bèi bù kān	Adjective: exhausted
木偶	mù ǒu	Noun: puppet
塌	tā	Verb: to collapse, to fall down, to cave in
偿还	cháng huán	Verb: to reimburse, to repay
耳熟能详	ěr shú néng xiáng	Expression: what's frequently heard can be repeated in detail
间隙	jiàn xì	Noun: interval, gap
谋求	móu qiú	Verb: to seek, to strive for
鼓舞	gǔ wǔ	Noun: encouragement
		Verb: to inspire, to animate
预感	yù gǎn	Noun: premonition
		Verb: to have a premonition
侮辱	wǔ rǔ	Verb: to insult, to humiliate, to dishonour
怡然自得	yí rán zì dé	Adjective: happy and content
小贩	xiǎo fàn	Noun: hawker
换位	huàn wèi	Noun: conversion (logic)
		Verb: to rotate (tires), to swap places
红扑扑	hóng pū pū	Adjective: red, rosy
不由得	bù yóu de	Adverb: can't help, cannot but
富翁	fù wēng	Noun: rich person
一揽子	yī lǎn zi	Adjective: undiscriminating
财政	cái zhèng	Noun: finance, public finances
逼近	bī jìn	Verb: to approach, to draw near
随心所欲	suí xīn suǒ yù	Verb: to do as one pleases
身不由己	shēn bù yóu jǐ	Adjective: involuntary
视察	shì chá	Noun: investigation
		Verb: to inspect
艰险	jiān xiǎn	Adjective: difficult and dangerous
鄙视	bǐ shì	Verb: to despise, to look down upon
无条件	wú tiáo jiàn	Adjective: unconditional
探望	tàn wàng	Verb: to visit

诀窍	jué qiào	Noun:	secret (for success), trick
能源	néng yuán	Noun:	energy, energy source
风味	fēng wèi	Noun:	flavour or style typical for a region
鸟巢	niǎo cháo	Noun:	nest (bird)
巨型	jù xíng	Adjective:	giant
茫然	máng rán	Adjective:	absent (mind), blank, puzzled
多亏	duō kuī	Adverb:	luckily, thanks to
葱	cōng	Noun:	spring onion, scallion
倔	juè	Adjective:	crabby, tough
草案	cǎo àn	Noun:	draft
崩溃	bēng kuì	Noun:	breakdown
		Verb:	to break down, to collapse
煽动	shān dòng	Verb:	to incite, to instigate
杠铃	gàng líng	Noun:	barbell
锁定	suǒ dìng	Verb:	to lock, to close with a latch
纵深	zòng shēn	Noun:	depth
人身	rén shēn	Noun:	person, human body
		Adjective:	personal
联欢	lián huān	Verb:	to have a get-together
面粉	miàn fěn	Noun:	flour
梯子	tī zi	Noun:	ladder, stepladder
曰	yuē	Verb:	to speak, to say
遇上	yù shàng	Noun:	to meet
荆棘	jīng jí	Noun:	thorns, thistles
打盹儿	dǎ dǔn er	Verb:	to doze off
不利于	bù lì yú	Verb:	to be disadvantageous to
便饭	biàn fàn	Noun:	simple home cooking
耗费	hào fèi	Verb:	to use, to waste
口气	kǒu qì	Noun:	tone, manner (of saying something)
网点	wǎng diǎn	Noun:	branch, service centre, network node
胆子	dǎn zi	Noun:	courage
半边天	bàn biān tiān	Noun:	half the sky, women

休眠	xiū mián	Verb:	to be dormant
		Adjective:	inactive (volcano)
稠	chóu	Adjective:	dense, thick
养殖	yǎng zhí	Verb:	to cultivate, to farm
体质	tǐ zhì	Noun:	physique (body)
发愁	fā chóu	Verb:	to worry, to be anxious
秉承	bǐng chéng	Verb:	to take orders, to receive commands
概率	gài lǜ	Noun:	probability (math.)
冷门	lěng mén	Noun:	a neglected branch (of a field), dark horse (sports)
翻番	fān fān	Verb:	to double
耍	shuǎ	Verb:	to play with
悠闲	yōu xián	Adjective:	unhurried, leisurely
红润	hóng rùn	Adjective:	rosy
过期	guò qī	Verb:	to expire, to exceed the time limit
严谨	yán jǐn	Adjective:	rigorous, strict, careful
当事人	dāng shì rén	Noun:	people concerned, party, client
定金	dìng jīn	Noun:	down payment
柳树	liǔ shù	Noun:	willow
口才	kǒu cái	Noun:	eloquence
助威	zhù wēi	Verb:	to cheer for
捧场	pěng chǎng	Verb:	to sing somebody's praises, to flatter
求婚	qiú hūn	Verb:	to propose marriage
世代	shì dài	Noun:	generation, era
核对	hé duì	Verb:	to check, to verify, to audit
尚	shàng	Verb:	to value, to esteem
		Adverb:	still, yet
转型	zhuǎn xíng	Verb:	to transform
谋害	móu hài	Verb:	to conspire to murder
误导	wù dǎo	Verb:	to mislead, to misguide
职业病	zhí yè bìng	Noun:	occupational disease
平价	píng jià	Noun:	par value
楷模	kǎi mó	Noun:	model, example

诽谤	fěi bàng	Verb:	to slander, to libel, to defame
年薪	nián xīn	Noun:	annual salary
飞跃	fēi yuè	Verb:	to leap, to jump
好评	hǎo píng	Noun:	positive evaluation
匆忙	cōng máng	Adjective:	hasty, hurried
中性	zhōng xìng	Adjective:	neutral
月初	yuè chū	Time:	start of month
奖牌	jiǎng pái	Noun:	medal
留念	liú niàn	Verb:	to keep as a souvenir
素养	sù yǎng	Noun:	attainment in self-cultivation
卡	qiǎ	Noun:	clip, customs station
		Verb:	to be wedged, to be stuck
浩劫	hào jié	Noun:	calamity, catastrophe
壮实	zhuàng shí	Adjective:	sturdy
温室	wēn shì	Noun:	greenhouse
智商	zhì shāng	Noun:	IQ
沿线	yán xiàn	Location:	along the line (railway, etc.)
漆	qī	Verb:	to paint (walls, etc.)
意向	yì xiàng	Noun:	intention, purpose, disposition
脱身	tuō shēn	Verb:	to get away, to escape
畅谈	chàng tán	Verb:	to talk freely
伤脑筋	shāng nǎo jīn	Adjective:	troublesome, knotty
百科全书	bǎi kē quán shū	Noun:	encyclopaedia
公车	gōng chē	Noun:	bus
牧民	mù mín	Noun:	herdsman
平民	píng mín	Noun:	civilian, ordinary people
社论	shè lùn	Noun:	editorial (newspaper)
解散	jiě sàn	Verb:	to dissolve, to disband, to dismiss
死心	sǐ xīn	Noun:	give-up
		Verb:	to give up, to admit failure
赶往	gǎn wǎng	Verb:	to hurry (to get somewhere)
油画	yóu huà	Noun:	oil painting
实地	shí dì	Location:	on-site
佐料	zuǒ liào	Noun:	condiments, seasoning

迷恋	mí liàn	Verb:	to indulge in
碰钉子	pèng dīng zi	Verb:	to meet with a rebuff
交叉	jiāo chā	Verb:	to cross, to intersect
根源	gēn yuán	Noun:	origin, root, source
挫折	cuò zhé	Noun:	setback, reverse, defeat
牵头	qiān tóu	Verb:	to lead
亲戚	qīn qi	Noun:	relatives
裂缝	liè fèng	Noun:	crack, crevice
近年来	jìn nián lái	Time:	for the past few years
船桨	chuán jiǎng	Noun:	oar
豁出去	huō chu qu	Verb:	to throw caution to the wind
行列	háng liè	Noun:	line, row, procession
授权	shòu quán	Verb:	to authorize
口碑	kǒu bēi	Noun:	public praise
失明	shī míng	Noun:	blindness
		Verb:	to become blind
管子	guǎn zi	Noun:	tube, pipe
过硬	guò yìng	Verb:	to have perfect mastery of
目不转睛	mù bù zhuǎn jīng	Verb:	to be unable to take one's eyes off
是非	shì fēi	Noun:	quarrel, dispute
		Adjective:	right or wrong
协同	xié tóng	Verb:	to cooperate, to collaborate
就餐	jiù cān	Verb:	to dine, to eat
冒充	mào chōng	Verb:	to feign, to pretend to be
一言不发	yī yán bù fā	Verb:	to not say a word
烈士	liè shì	Noun:	martyr
心眼儿	xīn yǎn er	Noun:	mind, intention, cleverness
笼子	lóng zi	Noun:	cage, cabin
正宗	zhèng zōng	Adjective:	authentic, genuine
揭露	jiē lù	Noun:	disclosure
		Verb:	to expose, to unmask, to disclose
代言人	dài yán rén	Noun:	spokesperson
书籍	shū jí	Noun:	books, works, literature
蜜月	mì yuè	Noun:	honeymoon

梳	shū	Noun: comb Verb: to comb
一筹莫展	yī chóu mò zhǎn	Verb: to be at wits' end
消	xiāo	Verb: to spend (time), to disappear, to vanish
纵然	zòng rán	Conjunction: even if, even though
冲洗	chōng xǐ	Verb: to rinse, to wash
兜	dōu	Noun: pocket, bag Verb: to wrap up (in clothes)
印证	yìn zhèng	Verb: to seal, to confirm, to corroborate
焕发	huàn fā	Verb: to shine, to be full of energy
冤枉	yuān wang	Verb: to treat sbd. unjustly, to do sbd. wrong Adjective: not worth the effort, not worthwhile
恐怖	kǒng bù	Adjective: terrible, fearful, frightening
公顷	gōng qǐng	Noun: hectare
定心丸	dìng xīn wán	Noun: tranquilizer
钢	gāng	Noun: steel
潦草	liáo cǎo	Adjective: careless
宣读	xuān dú	Verb: to announce, to read a prepared speech
淀粉	diàn fěn	Noun: starch
刷新	shuā xīn	Verb: to renovate, to refresh (IT), to break (record)
一把手	yī bǎ shǒu	Noun: working hand, member of a work team, participant
舞厅	wǔ tīng	Noun: dance hall, ballroom
通缉	tōng jī	Verb: to list as wanted (criminal)
害羞	hài xiū	Adjective: shy
昼夜	zhòu yè	Time: day and night, 24 hours
泡沫	pào mò	Noun: foam, bubble
驾	jià	Verb: to drive, to navigate
教科书	jiào kē shū	Noun: textbook
搜救	sōu jiù	Noun: search and rescue

理睬	lǐ cǎi	Verb: to pay attention to, to show interest in
人为	rén wéi	Adjective: artificial
燕子	yàn zi	Noun: swallow
相继	xiāng jì	Adverb: in succession
矣	yǐ	Noun: particle (ling.)
浪	làng	Noun: wave Adjective: unrestrained, dissipated
受益	shòu yì	Verb: to benefit from
退学	tuì xué	Verb: to quit school
重任	zhòng rèn	Noun: heavy responsibility
留神	liú shén	Verb: to take care, to watch out
歌舞	gē wǔ	Noun: singing and dancing
敬请	jìng qǐng	Expression: please (do sth.)
赞叹不已	zàn tàn bù yǐ	Verb: to be full of praise
一一	yī yī	Adverb: one by one, one after another
团伙	tuán huǒ	Noun: gang, gang member
捐献	juān xiàn	Noun: donation, contribution Verb: to donate, to contribute
自信心	zì xìn xīn	Noun: self-confidence
立体	lì tǐ	Noun: solid Adjective: 3D, stereoscopic
寂静	jì jìng	Adjective: silent, quiet
学堂	xué táng	Noun: college
投机	tóu jī	Verb: to speculate Adjective: opportunistic, congenial
扩张	kuò zhāng	Noun: expansion Verb: to expand, to broaden
恐吓	kǒng hè	Verb: to threaten, to frighten
改邪归正	gǎi xié guī zhèng	Verb: to become a different/better person
痴迷	chī mí	Adjective: obsessed
着实	zhuó shí	Adverb: truly, indeed
家喻户晓	jiā yù hù xiǎo	Adjective: widely known
格局	gé jú	Noun: layout, structure, pattern

率	lǜ	Noun: rate, frequency
报仇	bào chóu	Noun: revenge Verb: to revenge, to avenge
瘫痪	tān huàn	Noun: paralysis
深信	shēn xìn	Verb: to believe firmly
年终	nián zhōng	Time: end of the year
夸张	kuā zhāng	Verb: to exaggerate Adjective: exaggerated, excessive
化险为夷	huà xiǎn wéi yí	Verb: to avert danger, to get out of a dangerous situation
玩意儿	wán yì er	Noun: toy
症结	zhēng jié	Noun: crux of an issue, hard lump in the abdomen
幻影	huàn yǐng	Noun: phantom, mirage
拼搏	pīn bó	Verb: to work as hard as possible
底线	dǐ xiàn	Noun: baseline, bottom line, minimum
浸泡	jìn pào	Verb: to soak, to immerse
天使	tiān shǐ	Noun: angel
全力以赴	quán lì yǐ fù	Verb: make an all-out effort, to go all out
生育	shēng yù	Verb: to bear, to give birth to, to procreate
四面八方	sì miàn bā fāng	Adverb: in all directions, all around
阿拉伯语	ā lā bó yǔ	Noun: Arabic language
作对	zuò duì	Verb: to oppose
开口	kāi kǒu	Verb: to talk, to open the mouth, to scarf
顾不得	gù bu de	Verb: unable to deal with
虚拟	xū nǐ	Adjective: fictitious, virtual
嫌疑	xián yí	Noun: suspicion
浓缩	nóng suō	Noun: concentration, enrichment, espresso coffee Verb: to concentrate (liquid), to enrich
活期	huó qī	Time: current

通顺	tōng shùn	Adjective: easy to read, smooth, clear, coherent
精简	jīng jiǎn	Verb: to simplify
字迹	zì jì	Noun: handwriting
料到	liào dào	Verb: to anticipate, to foresee
抵押	dǐ yā	Noun: mortgage
警官	jǐng guān	Noun: police officer
谱	pǔ	Noun: list, spectrum
年限	nián xiàn	Noun: age limit, fixed number of years
可歌可泣	kě gē kě qì	Adjective: inspiring and tragic
嘱咐	zhǔ fù	Verb: to exhort, to enjoin, to tell
复合	fù hé	Noun: compound, composite Verb: to be reunited Adjective: complex, compound
私家车	sī jiā chē	Noun: private car
潜能	qián néng	Noun: potential
假设	jiǎ shè	Noun: hypothesis, assumption Verb: to suppose, to assume Conjunction: in case of
河流	hé liú	Noun: river
墨	mò	Noun: ink
紧缩	jǐn suō	Verb: to reduce, to tighten, to cut back
耿直	gěng zhí	Adjective: upright, honest
谜语	mí yǔ	Noun: riddle
凑	còu	Verb: to collect, to gather together
保鲜	bǎo xiān	Verb: to keep fresh
毫不	háo bù	Adverb: not at all, hardly
注	zhù	Verb: to register, to annotate, to note, to pour
适宜	shì yí	Adjective: suitable, appropriate
盲目	máng mù	Adjective: blind, aimless
邮政	yóu zhèng	Noun: postal service
一如既往	yì rú jì wǎng	Adverb: as before, just as in the past
开支	kāi zhī	Noun: expenses, expenditures
贵宾	guì bīn	Noun: distinguished guest, VIP

框架	kuàng jià	Noun:	frame, framework
科目	kē mù	Noun:	subject, course
看样子	kàn yàng zi	Adverb:	it seems
配偶	pèi ǒu	Noun:	spouse, partner
核电站	hé diàn zhàn	Noun:	nuclear power plant
钳子	qián zi	Noun:	pincers, earring
颈部	jǐng bù	Noun:	neck
剧目	jù mù	Noun:	repertoire, list of plays
步骤	bù zhòu	Noun:	step, move, measure
拍板	pāi bǎn	Noun:	clapper-board, auctioneer's hammer
		Verb:	to have the final say, to be the winning bidder
橙汁	chéng zhī	Noun:	orange juice
健壮	jiàn zhuàng	Adjective:	robust, healthy, sturdy
无故	wú gù	Adjective:	without reason
渔民	yú mín	Noun:	fisherman
脉搏	mài bó	Noun:	pulse
心肠	xīn cháng	Noun:	heart, mood, state of mind
欢声笑语	huān shēng xiào yǔ	Noun:	cheers, laughter
提名	tí míng	Noun:	nomination
		Verb:	to nominate
主题歌	zhǔ tí gē	Noun:	theme song
插嘴	chā zuǐ	Verb:	to interrupt (speaking)
反常	fǎn cháng	Adjective:	unusual, abnormal
联邦	lián bāng	Adjective:	federal
寻常	xún cháng	Adjective:	usual, common
觉醒	jué xǐng	Verb:	to awake, to come to realize
特邀	tè yāo	Noun:	special invitation
扫兴	sǎo xìng	Verb:	to dampen the spirit
自发	zì fā	Adjective:	spontaneous
无话可说	wú huà kě shuō	Verb:	to have nothing to say
久仰	jiǔ yǎng	Expression:	it's an honour to meet you
耳闻目睹	ěr wén mù dǔ	Verb:	to witness personally

免除	miǎn chú	Verb: to prevent, to avoid, to relieve, to remit (debt, etc.)
碰巧	pèng qiǎo	Adverb: by chance, by coincidence
大意	dà yi	Noun: general idea, main idea
爱不释手	ài bù shì shǒu	Verb: not wanting to give sth. out of one's hand, to fondle admiringly
钻研	zuān yán	Verb: to study in depth, to dig into
非得	fēi děi	Auxiliary Verb: must
框	kuàng	Noun: frame Verb: to frame
妥	tuǒ	Adjective: suitable, adequate
韵味	yùn wèi	Noun: charm, appeal
况且	kuàng qiě	Conjunction: moreover, in addition
陈旧	chén jiù	Adjective: old, old-fashioned, antiquated
涌入	yǒng rù	Verb: to come pouring in
结尾	jié wěi	Noun: end, ending
试用期	shì yòng qī	Noun: probation, trial period
煤矿	méi kuàng	Noun: coal mine
发扬	fā yáng	Verb: to develop, to enhance
逐年	zhú nián	Adverb: year after year
完好	wán hǎo	Adjective: in good condition
粉	fěn	Noun: powder
勇于	yǒng yú	Verb: to dare to, to have the courage to
穿过	chuān guò	Verb: to pass through
剧院	jù yuàn	Noun: theatre
破除	pò chú	Verb: to eliminate, to get rid of
笼统	lǒng tǒng	Adjective: vague, broad
功力	gōng lì	Noun: competence, merit
浏览	liú lǎn	Verb: to skim over, to browse, to surf (IT)
绰号	chuò hào	Noun: nickname
凉爽	liáng shuǎng	Adjective: cool and refreshing
对白	duì bái	Noun: dialogue (movie, play, etc.)
殿堂	diàn táng	Noun: hall, palace
上述	shàng shù	Adverb: as mentioned above

谴责	qiǎn zé	Noun: condemnation Verb: to denounce, to condemn, to criticize
线条	xiàn tiáo	Noun: streak, line (painting, etc.)
经久不息	jīng jiǔ bù xī	Adjective: prolonged, not ending
敲边鼓	qiāo biān gǔ	Verb: to back sbd. up
粒	lì	Noun: grain Measure Word: for small round things
荒诞	huāng dàn	Adjective: beyond belief, preposterous
呵护	hē hù	Verb: to take good care of, to cherish, to conserve
鞭炮	biān pào	Noun: firecrackers
凝聚	níng jù	Verb: to condense, to coagulate
坦诚	tǎn chéng	Adjective: candid, frank
初衷	chū zhōng	Noun: original intention
顶级	dǐng jí	Adjective: first-rate, top-notch
人格	rén gé	Noun: personality, integrity
取缔	qǔ dì	Verb: to ban, to prohibit
衷心	zhōng xīn	Adjective: wholehearted, heartfelt
执法	zhí fǎ	Noun: law enforcement Verb: to enforce the law
修路	xiū lù	Verb: to repair a road
壮	zhuàng	Adjective: strong, robust
屯	tún	Noun: village
竣工	jùn gōng	Verb: to complete (a project)
堤坝	dī bà	Noun: dam
剥夺	bō duó	Verb: to deprive, to strip (sbd. of sth.)
立足	lì zú	Verb: to have a footing, to base oneself on
相传	xiāng chuán	Adverb: tradition has it that ...
聘用	pìn yòng	Verb: to employ, to hire
灵感	líng gǎn	Noun: inspiration, insight
精打细算	jīng dǎ xì suàn	Noun: careful calculation and strict budgeting
体制	tǐ zhì	Noun: organization, system, genre

当之无愧	dāng zhī wú kuì	Verb:	to be worthy of (sbd./sth.)
阻拦	zǔ lán	Verb:	to stop, to obstruct
庆贺	qìng hè	Verb:	to congratulate
白白	bái bái	Adjective:	white
		Adverb:	in vain, for nothing
贪污	tān wū	Noun:	corruption
		Adjective:	corrupt
不懈	bú xiè	Adjective:	untiring, indefatigable
探测	tàn cè	Noun:	sounding, exploration
		Verb:	to explore, to sound, to probe
出示	chū shì	Verb:	to show, to display
难为情	nán wéi qíng	Adjective:	embarrassed
水管	shuǐ guǎn	Noun:	water pipe
调试	tiáo shì	Noun:	debugging
		Verb:	to debug
哀求	āi qiú	Verb:	to implore, to plead
哄	hōng	Particle:	roar of laughter
下海	xià hǎi	Verb:	to go to sea, to leave a secure job
爱惜	ài xī	Verb:	to cherish, to treasure
见仁见智	jiàn rén jiàn zhì	Expression:	opinions differ
殷勤	yīn qín	Adjective:	polite, attentive
朝着	cháo zhe	Verb:	advancing towards
侵害	qīn hài	Noun:	to infringe on (right, privacy, etc.)
醒悟	xǐng wù	Verb:	to wake up to reality
理会	lǐ huì	Verb:	to pay attention to, to take notice of
曲	qǔ	Noun:	song, tune
届时	jiè shí	Adverb:	when the time comes
加剧	jiā jù	Verb:	to intensify, to sharpen, to aggravate
仅次于	jǐn cì yú	Adverb:	second only to ...
埋怨	mán yuàn	Verb:	to complain, to grumble
迹象	jì xiàng	Noun:	sign, indication
通车	tōng chē	Adjective:	open to traffic
动弹	dòng tan	Verb:	to budge, to move

娇惯	jiāo guàn	Verb: to pamper, to spoil
执着	zhí zhuó	Verb: to be dedicated, to cling to Adjective: stubborn, dedicated, persistent
航行	háng xíng	Verb: to sail, to fly, to navigate
告知	gào zhī	Noun: message, notice Verb: to inform, to notify
平日	píng rì	Noun: ordinary day Adjective: usual
酥	sū	Adjective: crunchy, silky
议程	yì chéng	Noun: agenda
分寸	fēn cun	Noun: judgement for propriety, propriety
议会	yì huì	Noun: parliament
悬殊	xuán shū	Adjective: very different
泼冷水	pō lěng shuǐ	Verb: to pour cold water on
开发商	kāi fā shāng	Noun: developer (real estate, commercial product, etc.)
技艺	jì yì	Noun: skill, art
好奇心	hào qí xīn	Noun: curiosity Adjective: curious
住处	zhù chù	Noun: residence, dwelling
精致	jīng zhì	Adjective: delicate, fine, exquisite
常温	cháng wēn	Noun: ordinary temperature
驳回	bó huí	Verb: to reject
演艺圈	yǎn yì quān	Noun: show business
忍饥挨饿	rěn jī ái è	Adjective: starving
巨星	jù xīng	Noun: superstar, giant star
印刷术	yìn shuā shù	Noun: printing, printing technology
伴随	bàn suí	Verb: to accompany, to follow
占卜	zhān bǔ	Verb: to divine
除去	chú qù	Verb: to eliminate, to remove
围墙	wéi qiáng	Noun: perimeter wall, fence
这样一来	zhè yàng yī lái	Adverb: if this happens then ...
供	gōng	Verb: to provide, to supply
揭示	jiē shì	Verb: to make known, to show

触目惊心	chù mù jīng xīn	Adjective:	shocking
沙滩	shā tān	Noun:	beach
心目	xīn mù	Noun:	mind, view
越过	yuè guò	Verb:	to cross over, to transcend
苦练	kǔ liàn	Verb:	to train hard, to practice diligently
饲养	sì yǎng	Verb:	to raise, to rear
盏	zhǎn	Noun:	small cup
		Measure Word:	for lamps
大局	dà jú	Noun:	general situation
混凝土	hùn níng tǔ	Noun:	concrete
一干二净	yī gàn èr jìng	Adverb:	thoroughly, completely
物证	wù zhèng	Noun:	material evidence
宠爱	chǒng ài	Noun:	favouritism, spoiling
		Verb:	to love, to pamper
斗志	dòu zhì	Noun:	will to fight
讨好	tǎo hǎo	Verb:	to flatter sbd., to get the desired outcome
一目了然	yí mù liǎo rán	Adjective:	obvious
审视	shěn shì	Verb:	to examine
有朝一日	yǒu zhāo yī rì	Time:	one day (future)
吼	hǒu	Verb:	to roar, to howl, to shout
纳税	nà shuì	Verb:	to pay taxes
首创	shǒu chuàng	Verb:	to create, to initiate, to bring into being
救治	jiù zhì	Verb:	to provide critical care
人行道	rén xíng dào	Noun:	sidewalk
疯子	fēng zi	Noun:	madman, lunatic
纽扣	niǔ kòu	Noun:	button
傲慢	ào màn	Adjective:	arrogant
价值观	jià zhí guān	Noun:	system of values
隐蔽	yǐn bì	Verb:	to conceal, to hide
哎呀	āi yā	Expression:	oh no! oh!
火锅	huǒ guō	Noun:	hotpot
演示	yǎn shì	Noun:	presentation
		Verb:	to demonstrate, to show

怜惜	lián xī	Verb: to take pity on
芬芳	fēn fāng	Noun: fragrant
奥秘	ào mì	Noun: mystery, secret
热腾腾	rè téng téng	Adjective: steaming hot, excited
无可厚非	wú kě hòu fēi	Verb: to not be perfect but acceptable
公职	gōng zhí	Noun: an official position
抵消	dǐ xiāo	Verb: to counteract, to offset
众人	zhòng rén	Pronoun: everyone
怨气	yuàn qì	Noun: resentment
开朗	kāi lǎng	Adjective: optimistic, easy-going
趋于	qū yú	Verb: to tend towards
封建	fēng jiàn	Noun: feudalism Adjective: feudal
无能	wú néng	Noun: incompetence, inability Adjective: incapable
宣言	xuān yán	Noun: declaration, manifesto
言论	yán lùn	Noun: speech, expression of opinion
迈进	mài jìn	Verb: to step in, to forge ahead
指引	zhǐ yǐn	Verb: to guide, to show, to point (the way)
汗水	hàn shuǐ	Noun: sweat
违章	wéi zhāng	Verb: to break the rules
虚弱	xū ruò	Adjective: weak, feeble
鲜活	xiān huó	Adjective: lively, fresh (food)
耳光	ěr guāng	Noun: a slap on the face
扫墓	sǎo mù	Verb: to sweep a grave
譬如说	pì rú shuō	Conjunction: for example
蹦	bèng	Verb: to jump
外形	wài xíng	Noun: shape, external form
扶持	fú chí	Verb: to help, to assist
见解	jiàn jiě	Noun: opinion, view, understanding
罪犯	zuì fàn	Noun: criminal
破案	pò àn	Verb: to solve a case
惋惜	wǎn xī	Verb: to feel sorry for sbd., to sympathize with

孤陋寡闻	gū lòu guǎ wén	Adjective: ignorant, inexperienced, ill-informed
破解	pò jiě	Verb: to break, to crack, to explain, to unravel
喇叭	lǎ ba	Noun: horn (car, etc.), loudspeaker, trumpet
骨折	gǔ zhé	Noun: fracture (bone)
观望	guān wàng	Verb: to wait and see, to watch from the sidelines
引诱	yǐn yòu	Verb: to seduce, to coerce
紊乱	wěn luàn	Noun: disorder, chaos
就职	jiù zhí	Verb: to assume office, to take office
反驳	fǎn bó	Verb: to retort, to refute
辞	cí	Verb: to resign, to leave
辉煌	huī huáng	Adjective: splendid, brilliant, glorious
丙	bǐng	Number: third(ly)
并列	bìng liè	Verb: to stand side by side, to be juxtaposed
水源	shuǐ yuán	Noun: water source
招标	zhāo biāo	Verb: to invite bids
产物	chǎn wù	Noun: result, product
大选	dà xuǎn	Noun: general election
开除	kāi chú	Verb: to dismiss, to expel
僧人	sēng rén	Noun: monk
张扬	zhāng yáng	Verb: to publicize
享有	xiǎng yǒu	Verb: to enjoy (rights, privileges, etc.)
壮丽	zhuàng lì	Noun: magnificence Adjective: magnificent, majestic, glorious
温习	wēn xí	Verb: to review, to revise
收复	shōu fù	Verb: to recapture, to recover
地步	dì bù	Noun: tight condition, plight, extent
会意	huì yì	Noun: combined meaning (Chinese characters) Adjective: knowing
养老金	yǎng lǎo jīn	Noun: pension

拥护	yōng hù	Noun: advocacy Verb: to support, to stand up for, to advocate
扑克	pū kè	Noun: poker
遮	zhē	Verb: to conceal, to cover up
其后	qí hòu	Adverb: next, after that
受过	shòu guò	Verb: to take the blame (for sbd. else)
尾声	wěi shēng	Noun: epilogue, end, coda
张灯结彩	zhāng dēng jié cǎi	Verb: to be decorated with lanterns and coloured banners
征集	zhēng jí	Verb: to recruit, to collect
勿	wù	Adverb: (do) not
脱口而出	tuō kǒu ér chū	Verb: to blurt out
一连	yī lián	Adverb: in a row, in succession
谅解	liàng jiě	Verb: understanding (sbd.)
订单	dìng dān	Noun: order (purchase)
不惜	bù xī	Verb: to not hesitate to
导火索	dǎo huǒ suǒ	Noun: fuse (for bomb, etc.)
推敲	tuī qiāo	Verb: to think over
进程	jìn chéng	Noun: process, course
苦难	kǔ nàn	Noun: suffering
持久	chí jiǔ	Adjective: lasting, persistent, enduring
社会主义	shè huì zhǔ yì	Noun: socialism
呜咽	wū yè	Verb: to sob, to whimper
流泪	liú lèi	Verb: to shed tears
慌张	huāng zhāng	Adjective: confused, flustered
事项	shì xiàng	Noun: matter, item
倾家荡产	qīng jiā dàng chǎn	Verb: to lose a family fortune
构思	gòu sī	Noun: conception Verb: to design, to conceive
海量	hǎi liàng	Noun: huge volume Adjective: generous
航运	háng yùn	Noun: shipping
拜见	bài jiàn	Verb: to pay a formal visit
倔强	jué jiàng	Adjective: stubborn, unbending

情怀	qíng huái	Noun: feeling, mood
构想	gòu xiǎng	Noun: concept, idea Verb: to conceive
洪亮	hóng liàng	Adjective: resonant
一面	yī miàn	Noun: one side, one aspect Conjunction: simultaneously ...
兼职	jiān zhí	Noun: part-time job Adjective: part-time
掉队	diào duì	Verb: to fall behind
轮胎	lún tāi	Noun: tire
首要	shǒu yào	Adjective: most important, chief, principal
流血	liú xuè	Verb: to bleed
敲诈	qiāo zhà	Noun: blackmail, extortion Verb: to blackmail sbd.
命名	mìng míng	Verb: to give a name to
秧歌	yāng ge	Noun: a popular rural folk dance, Yangge dance
距	jù	Noun: distance Verb: to be apart
劫持	jié chí	Verb: to kidnap
灵敏	líng mǐn	Adjective: smart, sensitive, keen
沉甸甸	chén diàn diàn	Adjective: heavy
长效	cháng xiào	Verb: to be effective over an extended period
会晤	huì wù	Noun: meeting, contact Verb: to meet
断裂	duàn liè	Noun: rupture, fracture Verb: to break apart
迁	qiān	Verb: to change, to shift
单身	dān shēn	Adjective: unmarried, single
出身	chū shēn	Noun: family background, origin
固执	gù zhi	Adjective: stubborn, obstinate, pig-headed
蒸	zhēng	Verb: to evaporate, to steam (cooking)
工科	gōng kē	Noun: engineering

误差	wù chā	Noun: difference, error, inaccuracy (in measuring)
愁眉苦脸	chóu méi kǔ liǎn	Verb: showing concern
踹	chuài	Verb: to kick, to tread on
事务所	shì wù suǒ	Noun: business office
默读	mò dú	Verb: to read in silence
翠绿	cuì lǜ	Noun: emerald green
自立	zì lì	Adjective: independent, self-sustaining
勋章	xūn zhāng	Noun: medal
后续	hòu xù	Noun: follow-up Verb: to remarry
顺其自然	shùn qí zì rán	Verb: to let nature take its course
蠢	chǔn	Adjective: stupid
陶醉	táo zuì	Noun: euphoria, high spirits Verb: to be enchanted with
眨眼	zhǎ yǎn	Verb: to blink, to wink
太平	tài píng	Noun: peace
精细	jīng xì	Adjective: fine, careful
规矩	guī ju	Noun: rule, custom, manner, practices
主义	zhǔ yì	Noun: -ism, ideology
汹涌	xiōng yǒng	Adjective: turbulent, stormy
人工智能	rén gōng zhì néng	Noun: artificial intelligence
随大溜	suí dà liù	Verb: to follow the crowd
抖	dǒu	Verb: to tremble, to shake out
尿	niào	Noun: urine Verb: to urinate
抵挡	dǐ dǎng	Verb: to resist, to ward off
顺着	shùn zhe	Verb: to follow
美滋滋	měi zī zī	Adjective: very happy, elated
蜡	là	Noun: candle, wax
关照	guān zhào	Verb: to take care, to look after, to inform
指向	zhǐ xiàng	Verb: to point towards, to be aimed at
感染力	gǎn rǎn lì	Noun: charisma, inspiration
集结	jí jié	Verb: to accumulate, to amass

归属	gūi shǔ	Verb: to belong to, to fall under the jurisdiction of
丝毫	sī háo	Adjective: the slightest amount or degree, very little
贪玩儿	tān wán er	Verb: to just want to have fun
仿	fǎng	Verb: to imitate, to copy
选项	xuǎn xiàng	Noun: options (IT)
极度	jí dù	Adverb: extremely
委员	wěi yuán	Noun: committee member, commissioner
崇尚	chóng shàng	Verb: to advocate for, to hold in esteem
紧接着	jǐn jiē zhe	Adverb: immediately afterwards, shortly after that
记忆犹新	jì yì yóu xīn	Verb: to be fresh in one's memory
酒楼	jiǔ lóu	Noun: restaurant
即便	jí biàn	Conjunction: even if, even though
积蓄	jī xù	Noun: savings Verb: to save
公安局	gōng ān jú	Noun: Public Security Bureau
下级	xià jí	Noun: lower ranks, lower level Adjective: low ranking, inferior
废话	fèi huà	Expression: nonsense, useless statement
沙龙	shā lóng	Noun: salon
头晕	tóu yūn	Adjective: dizzy
情侣	qíng lǚ	Noun: lovers
开采	kāi cǎi	Verb: to exploit, to mine
座右铭	zuò yòu míng	Noun: motto, maxim
正视	zhèng shì	Verb: to meet head on
异想天开	yì xiǎng tiān kāi	Verb: to indulge in fantasy Adjective: moody
支柱	zhī zhù	Noun: pillar, backbone, mainstay
祖籍	zǔ jí	Noun: original hometown
侵占	qīn zhàn	Verb: to invade and occupy
文人	wén rén	Noun: scholar
扭转	niǔ zhuǎn	Verb: to reverse, to turn round
队形	duì xíng	Noun: formation

徘徊	pái huái	Verb: to move around, to fluctuate, to hesitate
款式	kuǎn shì	Noun: design, style, pattern
住址	zhù zhǐ	Noun: address
质朴	zhì pǔ	Adjective: simple, plain, natural
喘	chuǎn	Verb: to gasp, to pant
暖烘烘	nuǎn hōng hōng	Adjective: nice and warm, cosy
随即	suí jí	Adverb: immediately, right afterwards
脱节	tuō jié	Verb: to come apart
先例	xiān lì	Noun: precedent
分泌	fēn mì	Verb: to secrete
微型	wēi xíng	Adjective: miniature, tiny
一眼	yī yǎn	Noun: a quick glance
洁净	jié jìng	Noun: cleaning Verb: to clean, to cleanse
由衷	yóu zhōng	Expression: from the bottom of one's heart
喂养	wèi yǎng	Verb: to feed
本意	běn yì	Noun: original idea, real intention
纪念碑	jì niàn bēi	Noun: monument
损伤	sǔn shāng	Verb: to harm, to damage, to injure
孝敬	xiào jìng	Verb: to respect one's parents, to support parents financially
患病	huàn bìng	Verb: to fall ill
时间表	shí jiān biǎo	Noun: schedule, timetable
富强	fù qiáng	Adjective: rich and powerful
丑闻	chǒu wén	Noun: scandal
小提琴	xiǎo tí qín	Noun: violin
连任	lián rèn	Verb: to serve for another term
重叠	chóng dié	Noun: overlap, redundancy Verb: to overlap
异口同声	yì kǒu tóng shēng	Verb: to speak in unison
寡妇	guǎ fù	Noun: widow
放纵	fàng zòng	Verb: to indulge, to pamper Adjective: indulgent, unrestrained

质问	zhì wèn	Verb: to question, to inquire, to interrogate
敦促	dūn cù	Verb: to urge, to hasten
扎根	zhā gēn	Verb: to take root
派遣	pài qiǎn	Verb: to send, to dispatch
时好时坏	shí hǎo shí huài	Adverb: sometimes good, sometimes bad
成天	chéng tiān	Adverb: all day long
民用	mín yòng	Adjective: for civilian use
公约	gōng yuē	Noun: convention, agreement
揣测	chuǎi cè	Verb: to guess, to conjecture
管教	guǎn jiào	Verb: to discipline, to educate, to teach
一不小心	yī bù xiǎo xīn	Verb: to have a moment of inattentiveness
落户	luò hù	Verb: to settle, to set up home
实况	shí kuàng	Noun: scene, real situation
祸害	huò hài	Noun: disaster, harm, scourge
及其	jí qí	Conjunction: and, as well as
难怪	nán guài	Expression: no wonder (that)
不亚于	bù yà yú	Adverb: no less than
激素	jī sù	Noun: hormone
外号	wài hào	Noun: nickname
厚度	hòu dù	Noun: thickness
准许	zhǔn xǔ	Verb: to grant, to permit
封锁	fēng suǒ	Verb: to blockade, to seal off
冲浪	chōng làng	Noun: surfing Verb: to surf
为人	wéi rén	Verb: to behave
过早	guò zǎo	Adjective: premature
大肆	dà sì	Adjective: wantonly, without restraint
拿手	ná shǒu	Verb: to be good at
纪录片	jì lù piàn	Noun: documentary (film)
礼服	lǐ fú	Noun: full dress
现行	xiàn xíng	Adjective: in effect, in force
决议	jué yì	Noun: resolution, decision

恩怨	ēn yuàn	Noun: feeling of gratitude or resentment (at the same time)
混淆	hùn xiáo	Verb: to confuse, to mix up
搞鬼	gǎo guǐ	Verb: to play tricks, to make mischief
投降	tóu xiáng	Noun: surrender Verb: to surrender
干旱	gān hàn	Noun: drought Adjective: arid, dry
转达	zhuǎn dá	Verb: to pass on, to convey, to communicate
黑白	hēi bái	Adjective: black and white
全心全意	quán xīn quán yì	Adverb: wholeheartedly
居民楼	jū mín lóu	Noun: apartment building
黏	nián	Adjective: sticky, glutinous
不可避免	bù kě bì miǎn	Adjective: unavoidable
提拔	tí bá	Verb: to select for promotion
芭蕾	bā lěi	Noun: ballet
澄清	chéng qīng	Verb: to clarify Adjective: clear, limpid
掌管	zhǎng guǎn	Verb: to control, to be in charge of
禾苗	hé miáo	Noun: seedling
过不去	guò bu qù	Verb: to embarrass, to make life difficult for
匿名	nì míng	Noun: anonymity Adjective: anonymous
预赛	yù sài	Noun: preliminary competition, heats
广义	guǎng yì	Noun: generalization
摆平	bǎi píng	Verb: to be fair, to be impartial
记号	jì hào	Noun: notation, seal
顺畅	shùn chàng	Adjective: fluent, smooth, unhindered
驮	tuó	Verb: to carry on the back, to carry by a pack animal
打招呼	dǎ zhāo hu	Verb: to greet sbd., to give prior notice
且	qiě	Conjunction: and
私有	sī yǒu	Adjective: privately-owned, private
聚集	jù jí	Verb: to assemble, to gather

沼泽	zhǎo zé	Noun:	swamp, marsh, wetlands
柔软	róu ruǎn	Adjective:	soft
焦	jiāo	Adjective:	burnt, charred, worried, anxious
饶	ráo	Verb: Adjective:	to forgive rich, abundant
好感	hǎo gǎn	Noun:	favourable impression
神仙	shén xiān	Noun: Adjective:	supernatural being, fairy, elf immortal
壮胆	zhuàng dǎn	Verb:	to embolden
淘	táo	Verb:	to wash, to clean out, to eliminate
衰弱	shuāi ruò	Adjective:	weak, feeble
带头	dài tóu	Verb:	to take the lead, to set an example
圈套	quān tào	Noun:	trap, snare
床位	chuáng wèi	Noun:	bunk, bed
水温	shuǐ wēn	Noun:	water temperature
流浪	liú làng	Noun: Verb:	vagrant life to roam about, to wander, to be homeless
和平共处	hé píng gòng chǔ	Noun:	peaceful coexistence
哄	hǒng	Verb:	to deceive
赋予	fù yǔ	Verb:	to assign, to give, to endow
盼	pàn	Verb:	to hope for, to long for, to expect
内向	nèi xiàng	Adjective:	introverted
着眼于	zhuó yǎn yú	Verb:	to have one's eyes on
壮大	zhuàng dà	Verb:	to expand, to strengthen
往返	wǎng fǎn	Adverb:	back and forth, to and from
双赢	shuāng yíng	Noun:	win-win situation
外援	wài yuán	Noun:	foreign aid
动向	dòng xiàng	Noun:	trend, tendency
离谱儿	lí pǔ er	Verb: Adjective:	to deviate from the usual excessive
无情无义	wú qíng wú yì	Adjective:	cold and ruthless
周边	zhōu biān	Noun:	periphery, rim
费劲	fèi jìn	Verb:	to exert energy, to require effort

住宿	zhù sù	Noun: accommodation
晃	huàng	Verb: to sway, to shake
灭绝	miè jué	Verb: to extinguish, to die out
剔除	tī chú	Verb: to reject, to get rid of
根治	gēn zhì	Verb: to bring under permanent control
格格不入	gé gé bù rù	Adjective: incompatible
眼色	yǎn sè	Noun: wink, meaningful glance
路况	lù kuàng	Noun: road conditions
财力	cái lì	Noun: financial resources
丰硕	fēng shuò	Adjective: plentiful, rich
身影	shēn yǐng	Noun: silhouette, figure
撒谎	sā huǎng	Verb: to tell lies
烦恼	fán nǎo	Noun: worries Adjective: worried, troubled
预见	yù jiàn	Noun: foresight Verb: to foresee, to predict
倾听	qīng tīng	Verb: to listen attentively, to give an ear to
禁区	jìn qū	Noun: restricted area, penalty area (sport)
作风	zuò fēng	Noun: style, attitude, way of work
敞开	chǎng kāi	Verb: to open wide
隧道	suì dào	Noun: tunnel
查明	chá míng	Verb: to ascertain
乒乓球	pīng pāng qiú	Noun: table tennis
胶片	jiāo piàn	Noun: film (photographic)
失踪	shī zōng	Verb: to disappear, to be missing
迷惑	mí huò	Verb: to puzzle, to confuse
腊月	là yuè	Time: twelfth lunar month
生涯	shēng yá	Noun: career
听话	tīng huà	Verb: to be obedient
无情	wú qíng	Adjective: ruthless, merciless, heartless
应有尽有	yīng yǒu jìn yǒu	Verb: to have all one wishes for
捂	wǔ	Verb: to cover (with hand), to enclose

演说	yǎn shuō	Noun: speech Verb: to deliver a speech
资历	zī lì	Noun: qualification
寻觅	xún mì	Verb: to look for
家伙	jiā huo	Noun: fellow, guy, tool, weapon
黑手	hēi shǒu	Noun: hidden hand, manual labourer
怪物	guài wù	Noun: eccentric person, freak, monster
呛	qiāng	Verb: to choke (swallowing the wrong way)
可恶	kě wù	Adjective: hateful, repulsive
大笔	dà bǐ	Noun: big pen/brush Measure Word: for a big amount of money
画册	huà cè	Noun: picture album, illustrated book
灵	líng	Noun: spirit, soul Adjective: effective, skilled, quick
续	xù	Verb: to continue, to last
罢休	bà xiū	Verb: to give up, to abandon (sth.)
状元	zhuàng yuán	Noun: top scorer (at a test)
货运	huò yùn	Noun: freight transport, cargo
对得起	duì de qǐ	Verb: not to let sbd. down, to treat sbd. fairly
心思	xīn si	Noun: thoughts, inclination, mood
拉动	lā dòng	Verb: to pull, to stimulate
阐述	chǎn shù	Verb: to expound
临床	lín chuáng	Adjective: clinical
完备	wán bèi	Adjective: complete, perfect, faultless
自始至终	zī shǐ zhì zhōng	Expression: from start to finish
隐性	yǐn xìng	Adjective: recessive
拖欠	tuō qiàn	Verb: to be behind in payments
逆	nì	Verb: to go against, to oppose Adverb: contrary, opposite
发作	fā zuò	Noun: break out, flare-up
刊物	kān wù	Noun: publication
清除	qīng chú	Verb: to clear away, to eliminate, to get rid of

驯	xùn	Verb: to tame
		Adjective: tame
撞击	zhuàng jī	Verb: to hit, to ram
袖手旁观	xiù shǒu páng guān	Verb: to watch with folded arms
当今	dāng jīn	Time: present, nowadays
冤	yuān	Noun: injustice
公共场所	gōng gòng chǎng suǒ	Noun: public place
无可奈何	wú kě nài hé	Verb: to have no alternative
糖果	táng guǒ	Noun: candy
焚烧	fén shāo	Verb: to burn
综上所述	zōng shàng suǒ shù	Adverb: in summary ..., in short ...
委员会	wěi yuán huì	Noun: committee
舱	cāng	Noun: cabin, hold
造就	zào jiù	Verb: to train, to develop, to achieve
点心	diǎn xin	Noun: light refreshments, Dimsum (Cantonese)
拖累	tuō lěi	Verb: to be a burden on
用意	yòng yì	Noun: purpose
挑起	tiǎo qǐ	Verb: to provoke, to incite
交接	jiāo jiē	Verb: to hand over, to take over from
新颖	xīn yǐng	Adjective: new, original
秤	chèng	Noun: steelyard
样品	yàng pǐn	Noun: sample, specimen
拧	nǐng	Verb: to twist, to turn
		Adjective: wrong, inverted
少不了	shǎo bu liǎo	Verb: cannot do without
素食	sù shí	Noun: vegetables, vegetarian food
孕妇	yùn fù	Noun: pregnant woman
独家	dú jiā	Adjective: exclusive
泛滥	fàn làn	Verb: to flood, to overflow, to spread unchecked
信件	xìn jiàn	Noun: letter (mail)
顺路	shùn lù	Adverb: by the way, on the way
显现	xiǎn xiàn	Noun: appearance
		Verb: to appear

欢快	huān kuài	Adjective:	cheerful, light-hearted
钓鱼	diào yú	Verb:	to fish
廉正	lián zhèng	Noun:	integrity
		Adjective:	upright and honest
一长一短	yī cháng yī duǎn	Adjective:	long-winded
直达	zhí dá	Adjective:	direct, nonstop
低下	dī xià	Verb:	to lower (head)
		Adjective:	low
无形中	wú xíng zhōng	Adverb:	without realizing, imperceptibly
粪便	fèn biàn	Noun:	excrement, faeces
不假思索	bù jiǎ sī suǒ	Verb:	to react instantly
阔绰	kuò chuò	Verb:	to be liberal with money
		Adjective:	extravagant
沾光	zhān guāng	Verb:	to benefit from association with sbd.
谈论	tán lùn	Verb:	to talk about, to discuss
颇	pō	Adverb:	very, pretty
空荡荡	kōng dàng dàng	Adjective:	absolutely empty
置	zhì	Verb:	to install, to place, to put
念念不忘	niàn niàn bú wàng	Verb:	to constantly keep in mind
肥皂	féi zào	Noun:	soap
遗嘱	yí zhǔ	Noun:	testament, will
菩萨	pú sà	Noun:	Bodhisattva
时段	shí duàn	Noun:	time slot, work shift
粗暴	cū bào	Adjective:	rough, cruel
诉苦	sù kǔ	Noun:	grievance
		Verb:	to grumble, to complain
萍水相逢	píng shuǐ xiāng féng	Verb:	to get to know by accident
膝盖	xī gài	Noun:	knee
口子	kǒu zi	Noun:	hole, opening
风雨	fēng yǔ	Noun:	wind and rain, trials and hardships
兴建	xīng jiàn	Verb:	to build, to construct
书橱	shū chú	Noun:	bookcase
施加	shī jiā	Verb:	to exert (pressure)
恶劣	è liè	Adjective:	very bad, vile, disgusting

名副其实	míng fù qí shí	Verb:	to be worthy of the name
告	gào	Verb:	to tell, to inform
帮手	bāng shǒu	Noun:	helper, assistant
有所	yǒu suǒ	Adverb:	somewhat, to some extent
反馈	fǎn kuì	Noun:	feedback
亏损	kuī sǔn	Noun:	deficit, loss
		Verb:	to lose, to make a loss
不肯	bù kěn	Verb:	to be against
对准	duì zhǔn	Verb:	to target, to aim at
实话	shí huà	Noun:	truth
出发点	chū fā diǎn	Noun:	starting point
忍耐	rěn nài	Verb:	to exercise patience, to restrain oneself
担	dàn	Measure Word:	for loads carried on a shoulder pole
鉴别	jiàn bié	Verb:	to differentiate, to distinguish
三角	sān jiǎo	Noun:	triangle
青蛙	qīng wā	Noun:	frog
得失	dé shī	Noun:	gains and losses
茶馆儿	chá guǎn er	Noun:	tea shop
泄	xiè	Verb:	to leak, to drip, to divulge
嫩	nèn	Adjective:	tender, soft, inexperienced
讽刺	fěng cì	Noun:	irony, sarcasm
		Verb:	to mock
奔波	bēn bō	Verb:	to rush about
大片	dà piàn	Noun:	blockbuster movie, large area
水槽	shuǐ cáo	Noun:	sink
冻结	dòng jié	Verb:	to freeze (loan, price, etc.), to block
别墅	bié shù	Noun:	villa
连锁	lián suǒ	Noun:	chain
弊端	bì duān	Noun:	malpractice, abuse
猜想	cāi xiǎng	Verb:	to guess, to suspect
皇后	huáng hòu	Noun:	empress
不得而知	bù dé ér zhī	Adjective:	unknown
涮	shuàn	Verb:	to rinse, to boil in hot soup

激光	jī guāng	Noun:	laser
文	wén	Noun:	language, writing, culture
发愣	fā lèng	Verb:	to daydream
热气球	rè qì qiú	Noun:	hot air balloon
狂欢节	kuáng huān jié	Noun:	carnival
主演	zhǔ yǎn	Verb:	to act the leading role
整数	zhěng shù	Noun:	round figure, integer
简陋	jiǎn lòu	Adjective:	simple and crude
资本主义	zī běn zhǔ yì	Noun:	capitalism
伴奏	bàn zòu	Verb:	to accompany (music)
就诊	jiù zhěn	Verb:	to see a doctor
昆虫	kūn chóng	Noun:	insect
可笑	kě xiào	Adjective:	ridiculous, laughable
饶恕	ráo shù	Verb:	to forgive, to spare
评审	píng shěn	Verb:	to evaluate, to judge
机智	jī zhì	Noun:	tact, alertness
		Adjective:	quick-witted, tactful, resourceful
要点	yào diǎn	Noun:	main point, essential
看热闹	kàn rè nao	Verb:	to go where the crowds are
阻挡	zǔ dǎng	Verb:	to obstruct, to stop
笛子	dí zi	Noun:	bamboo flute
间断	jiàn duàn	Verb:	interrupt, disconnect
不为人知	bù wéi rén zhī	Noun:	secret
		Adjective:	unknown, not known to anyone
海岸	hǎi àn	Noun:	seacoast
剃	tì	Verb:	to shave
君子	jūn zǐ	Noun:	nobleman, gentleman
辽阔	liáo kuò	Adjective:	vast, extensive
牢固	láo gù	Adjective:	solid, firm, secure, strong
戒指	jiè zhi	Noun:	ring (for finger)
交情	jiāo qíng	Noun:	friendship, friendly relations
超速	chāo sù	Verb:	to exceed the speed limit
罗	luó	Verb:	to collect, to gather, to catch

古迹	gǔ jì	Noun: historical site
访谈	fǎng tán	Noun: interview Verb: to interview
致命	zhì mìng	Adjective: deadly, mortal
着迷	zháo mí	Verb: to be fascinated, to be captivated
麻醉	má zuì	Noun: anaesthesia, narcosis Verb: to anesthetize
大臣	dà chén	Noun: minister (in monarchy)
每当	měi dāng	Adverb: whenever, every time
美中不足	měi zhōng bù zú	Expression: everything is fine except for one small thing
彩电	cǎi diàn	Noun: colour TV
酣睡	hān shuì	Verb: to sleep soundly
延	yán	Verb: to prolong, to extend
不屑	bú xiè	Verb: to think sth. is not worth doing, to disdain to do sth.
归来	gūi lái	Noun: return Verb: to come back
潇洒	xiāo sǎ	Adjective: confident, at ease, free and easy
外表	wài biǎo	Noun: appearance
垫子	diàn zi	Noun: cushion, mat
亲手	qīn shǒu	Adjective: personally
授予	shòu yǔ	Verb: to award, to confer, to grant
棋	qí	Noun: Go, Chinese chess
典范	diǎn fàn	Noun: example, paragon, model
赞许	zàn xǔ	Noun: praise Verb: to praise, to laud
收敛	shōu liǎn	Noun: convergence Verb: to converge, to tighten
奔	bèn	Verb: to go to, to head for
麻木	má mù	Adjective: numb, insensitive
冷落	lěng luò	Verb: to snub sbd. Adjective: unfrequented, desolate
精练	jīng liàn	Adjective: concise, succinct

前台	qián tái	Noun: front platform, foreground, front desk, reception desk
通往	tōng wǎng	Verb: to lead to
苦恼	kǔ nǎo	Adjective: vexed, distressed
诀别	jué bié	Verb: to bid farewell
告诫	gào jiè	Noun: warning, admonition Verb: to warn, to admonish
庆幸	qìng xìng	Verb: to be glad
受苦	shòu kǔ	Verb: to suffer
温柔	wēn róu	Adjective: gentle, soft, tender
建筑物	jiàn zhù wù	Noun: building, structure
信贷	xìn dài	Noun: credit, borrowed money
泥潭	ní tán	Noun: quagmire
抡	lūn	Noun: to wave, to swing
哭泣	kū qì	Verb: to weep
隐身	yǐn shēn	Verb: to hide oneself Adjective: invisible
索赔	suǒ péi	Verb: to claim damages
克隆	kè lóng	Noun: clone
众所周知	zhòng suǒ zhōu zhī	Expression: as everyone knows
潜艇	qián tǐng	Noun: submarine
液体	yè tǐ	Noun: liquid
海拔	hǎi bá	Noun: height above sea level
高低	gāo dī	Noun: height, altitude, pitch Adjective: high and low, ups and downs
甘心	gān xīn	Verb: to resign oneself to Adverb: willingly, readily
查处	chá chǔ	Verb: to investigate and handle (criminal case)
乖巧	guāi qiǎo	Adjective: clever, smart
常人	cháng rén	Noun: ordinary person
超前	chāo qián	Verb: to be ahead of one's time
不像话	bú xiàng huà	Adjective: unreasonable, shocking, outrageous
按理说	àn lǐ shuō	Expression: it makes sense to say that ...

杂技	zá jì	Noun:	acrobatics
定居	dìng jū	Verb:	to settle down
迄今为止	qì jīn wéi zhǐ	Adverb:	so far, up to now
审美	shěn měi	Noun:	taste, appreciation of the beauty
		Adjective:	aesthetic
报酬	bào chou	Noun:	reward, pay, remuneration
联网	lián wǎng	Noun:	network
		Adjective:	connected to a network/to the internet
入境	rù jìng	Noun:	immigration
		Verb:	to enter a country
求学	qiú xué	Verb:	to attend school/college
完毕	wán bì	Verb:	to complete, to finish
相连	xiāng lián	Noun:	link, connection
		Verb:	to link, to join
磋商	cuō shāng	Noun:	consultation
		Verb:	to consult, to discuss, to negotiate
卖弄	mài nòng	Verb:	to show off
中庸	zhōng yōng	Noun:	golden mean
		Adjective:	mediocre
非法	fēi fǎ	Adjective:	illegal
路人	lù rén	Noun:	passer-by
查找	chá zhǎo	Verb:	to search for
猎犬	liè quǎn	Noun:	hunting dog
谣言	yáo yán	Noun:	rumour
地段	dì duàn	Noun:	section, district
一事无成	yī shì wú chéng	Verb:	to be a total failure
沉着	chén zhuó	Adjective:	composed, cool headed, calm
手册	shǒu cè	Noun:	manual, handbook
制止	zhì zhǐ	Verb:	to curb, to stop, to prevent
晃	huǎng	Verb:	to dazzle
扣除	kòu chú	Verb:	to deduct
交付	jiāo fù	Verb:	to hand over, to pay out
怀着	huái zhe	Verb:	to nourish
心里话	xīn li huà	Noun:	what is on one's mind

期盼	qī pàn	Verb: to anticipate
须	xū	Noun: beard, feeler (insect, etc.) Verb: to wait (for) Auxiliary Verb: must, should
类别	lèi bié	Noun: category, classification, type
无知	wú zhī	Noun: ignorance Adjective: ignorant, innocent
累积	lěi jī	Verb: to increase, to accumulate
疏通	shū tōng	Verb: to facilitate, to mediate, to unblock, to dredge
出头	chū tóu	Verb: to get out of a predicament, to stick out, to take the initiative Adverb: at the beginning of
事务	shì wù	Noun: work, routine, affair
宇宙	yǔ zhòu	Noun: universe, cosmos
含糊	hán hu	Adjective: ambiguous, vague
停泊	tíng bó	Verb: to anchor, to berth at
一帆风顺	yì fān fēng shùn	Adjective: smooth
容量	róng liàng	Noun: capacity, volume
思念	sī niàn	Verb: to miss, to think of, to long for
正直	zhèng zhí	Adjective: upright, upstanding, honest
驾驭	jià yù	Verb: to handle, to steer
与众不同	yǔ zhòng bù tóng	Verb: to stand out from the crowd
还款	huán kuǎn	Noun: repayment Verb: to pay back money
争端	zhēng duān	Noun: controversial issue, point in dispute
怨恨	yuàn hèn	Noun: hate Verb: to hate
取胜	qǔ shèng	Verb: to get a win
搁	gē	Verb: to place, to put, to put aside
董事	dǒng shì	Noun: board member
说老实话	shuō lǎo shi huà	Verb: to tell the truth
打倒	dǎ dǎo	Verb: to overthrow, to knock down
大包大揽	dà bāo dà lǎn	Verb: to completely take charge

出游	chū yóu	Noun:	trip
		Verb:	to go on a tour
接班人	jiē bān rén	Noun:	successor
错综复杂	cuò zōng fù zá	Adjective:	tangled and complicated
公寓	gōng yù	Noun:	block of flats
小心翼翼	xiǎo xīn yì yì	Adjective:	very careful, prudent, deliberate
网民	wǎng mín	Noun:	web user, netizen
停顿	tíng dùn	Noun:	pause, halt
		Verb:	to pause, to come to a standstill
危急	wēi jí	Adjective:	critical, threatening, desperate
时尚	shí shàng	Noun:	fashion
天平	tiān píng	Noun:	scale
专注	zhuān zhù	Verb:	to be concentrated on, to be single-mindedly devoted
首批	shǒu pī	Noun:	first batch
豁达	huò dá	Adjective:	optimistic, generous, open-minded
万分	wàn fēn	Adverb:	very much, extremely
断断续续	duàn duàn xù xù	Adverb:	off and on, intermittently
豪华	háo huá	Adjective:	luxurious
点火	diǎn huǒ	Noun:	ignition
		Verb:	to light, to inflame
码	mǎ	Measure Word:	for length, distance (yard), happenings, etc.
字体	zì tǐ	Noun:	calligraphic style, typeface, font
拙劣	zhuō liè	Adjective:	clumsy, botched
歧视	qí shì	Noun:	discrimination
		Verb:	to discriminate against
波涛	bō tāo	Noun:	billows, great waves
胳膊	gē bo	Noun:	arm
假装	jiǎ zhuāng	Verb:	to pretend
邪恶	xié è	Adjective:	sinister, vicious, evil
描绘	miáo huì	Verb:	to describe, to portray
条约	tiáo yuē	Noun:	treaty, pact

唯	wéi	Adjective: alone Adverb: -ism, only
凭借	píng jiè	Verb: to rely on Adverb: by means of
陌生	mò shēng	Adjective: strange, unfamiliar
攒	zǎn	Verb: to accumulate, to hoard, to save (money)
人情	rén qíng	Noun: human emotions, social relationship, friendship
螺丝	luó sī	Noun: screw
去处	qù chù	Noun: place, destination
体系	tǐ xì	Noun: system, setup
病床	bìng chuáng	Noun: hospital bed, sickbed
延误	yán wù	Noun: delay Adjective: delayed
愈演愈烈	yù yǎn yù liè	Verb: problems getting more and more intense
添加	tiān jiā	Verb: to add, to increase
精华	jīng huá	Noun: elite, essence
殴打	ōu dǎ	Verb: to beat up, to hit
凡	fán	Adverb: all, every
絮叨	xù dao	Adjective: long-winded, garrulous
解读	jiě dú	Verb: to decode
遗愿	yí yuàn	Noun: last will, last wish
抵触	dǐ chù	Noun: contradiction, conflict
似是而非	sì shì ér fēi	Expression: apparently right but actually wrong
踊跃	yǒng yuè	Verb: to leap, to jump Adjective: enthusiastic, eager
事态	shì tài	Noun: situation, state of affairs
财物	cái wù	Noun: belongings
双向	shuāng xiàng	Adjective: bidirectional, two-way (dictionary)
朝气蓬勃	zhāo qì péng bó	Verb: to be full of youthful energy
忧郁	yōu yù	Adjective: sullen, heavyhearted, melancholy

迟迟	chí chí	Adjective: late, slow
高明	gāo míng	Adjective: wise, brilliant, bright
支票	zhī piào	Noun: cheque, check (bank)
略	lüè	Noun: plan, strategy Verb: to rob, to omit Adverb: slightly, rather
创	chuàng	Verb: to begin, to initiate, to start
割	gē	Verb: to cut, to cut apart
简易	jiǎn yì	Adjective: simple, easy
关节	guān jié	Noun: joint, key point
检讨	jiǎn tǎo	Noun: self-criticism
难得一见	nán dé yī jiàn	Adjective: rarely seen
订立	dìng lì	Verb: to conclude (treaty, contract, etc.)
聘任	pìn rèn	Verb: to appoint (to a position)
讹诈	é zhà	Verb: to blackmail, to defraud
马力	mǎ lì	Noun: horsepower
纯朴	chún pǔ	Adjective: simple, unsophisticated
丘陵	qiū líng	Noun: hill
震撼	zhèn hàn	Verb: to shake (sbd.), to stun (sbd.)
兼容	jiān róng	Adjective: compatible
致	zhì	Verb: to send, to devote, to deliver, to cause Adjective: fine, delicate
惩罚	chéng fá	Noun: punishment Verb: to punish
争光	zhēng guāng	Verb: to win an honour, to make sbd. proud
扫除	sǎo chú	Verb: to sweep, to clean
精通	jīng tōng	Verb: to be proficient
出难题	chū nán tí	Verb: to raise a tough question/problem
朱红	zhū hóng	Adjective: vermilion
直觉	zhí jué	Noun: intuition
搭建	dā jiàn	Verb: to build
照办	zhào bàn	Verb: to play by the book
痛心	tòng xīn	Adjective: grieved, pained

有两下子	yǒu liǎng xià zi	Verb: to know one's stuff, to have real skill
分量	fèn liàng	Noun: weight, quantity
更改	gēng gǎi	Verb: to alter
修补	xiū bǔ	Verb: to repair, to mend
递交	dì jiāo	Verb: to hand over, to hand in
议员	yì yuán	Noun: representative
旁观	páng guān	Noun: spectator
触动	chù dòng	Verb: to touch
黑客	hēi kè	Noun: hacker
疑惑	yí huò	Noun: doubt Verb: to doubt
求医	qiú yī	Verb: to see a doctor
共鸣	gòng míng	Noun: resonance, sympathy
懒得	lǎn dé	Verb: to not feel like doing sth.
高贵	gāo guì	Adjective: aristocratic, noble
骨干	gǔ gàn	Noun: backbone, diaphysis
及	jí	Verb: to reach Conjunction: and
拘留	jū liú	Noun: detention Verb: to detain, to arrest
恩惠	ēn huì	Noun: grace
中型	zhōng xíng	Adjective: medium sized
素描	sù miáo	Noun: sketch
坦克	tǎn kè	Noun: tank (military)
化妆	huà zhuāng	Noun: make-up Verb: to put make-up on
一锅粥	yī guō zhōu	Noun: pot of porridge, a complete mess
标签	biāo qiān	Noun: label, tag, tab (IT)
虚伪	xū wěi	Adjective: hypocritical
农历	nóng lì	Noun: traditional Chinese calendar, lunar calendar
散布	sàn bù	Verb: to scatter, to sow, to spread
铸造	zhù zào	Noun: casting, founding Verb: to cast, to found

互助	hù zhù	Verb: to help each other
竞相	jìng xiāng	Adjective: competitive
税务	shuì wù	Noun: taxation services
忽悠	hū yōu	Verb: to rock, to sway
纳税人	nà shuì rén	Noun: taxpayer
皇上	huáng shang	Noun: the emperor
溅	jiàn	Verb: to splash, to spatter
游船	yóu chuán	Noun: cruise ship
旷课	kuàng kè	Verb: to skip class
精心	jīng xīn	Adjective: meticulous, fine, detailed
容纳	róng nà	Verb: to contain, to have the capacity of, to hold
演绎	yǎn yì	Verb: to deduce, to infer
发火	fā huǒ	Verb: to catch fire, to ignite, to get angry
生命线	shēng mìng xiàn	Noun: lifeline
要不是	yào bu shì	Adverb: if it were not for, but for
磨损	mó sǔn	Noun: wear and tear
过错	guò cuò	Noun: fault, mistake
谦逊	qiān xùn	Noun: modesty, humility Adjective: modest, humble
夸大	kuā dà	Verb: to exaggerate
鞭策	biān cè	Verb: to urge on
古朴	gǔ pǔ	Adjective: unadorned
底蕴	dǐ yùn	Noun: concrete details
清真寺	qīng zhēn sì	Noun: mosque
托付	tuō fù	Verb: to entrust
缕	lǚ	Noun: thin string, strand, thread Measure Word: for wisps, strands, locks, etc.
庸俗	yōng sú	Adjective: vulgar, philistine
和尚	hé shang	Noun: Buddhist monk
枚	méi	Measure Word: for medals, coins, rockets, etc.
边界	biān jiè	Noun: border, boundary

消沉	xiāo chén	Adjective: depressed, in low spirit, in a bad mood
摇晃	yáo huàng	Verb: to rock, to shake, to sway
说到底	shuō dào dǐ	Adverb: in the end, after all
湿度	shī dù	Noun: humidity
谋生	móu shēng	Verb: to earn a living
灰	huī	Noun: ash, dust Adjective: grey
不耻下问	bù chǐ xià wèn	Verb: to not feel ashamed to ask and learn from others
芝士	zhī shì	Noun: cheese
狂热	kuáng rè	Adjective: fanatical, feverish
劣质	liè zhì	Adjective: shoddy, of poor quality
伯父	bó fù	Noun: uncle (father's older brother)
周到	zhōu dao	Adjective: thoughtful, considerate
毯子	tǎn zi	Noun: blanket
斧子	fǔ zi	Noun: axe
惯性	guàn xìng	Noun: inertia
能人	néng rén	Noun: capable person
风尚	fēng shàng	Noun: current custom
坐落	zuò luò	Verb: to be located, to be situated
光明磊落	guāng míng lěi luò	Adjective: straightforward and upright, not hiding anything
抚养费	fǔ yǎng fèi	Noun: child support payment
犹如	yóu rú	Adverb: similar to, as if, just like
追溯	zhuī sù	Verb: to trace back to
焦急	jiāo jí	Noun: anxiety Adjective: anxious, worried
票房	piào fáng	Noun: box office
发酵	fā jiào	Noun: fermentation Verb: to ferment
限于	xiàn yú	Verb: to be limited to
苗头	miáo tou	Noun: first signs, symptoms
无须	wú xū	Adverb: not necessarily

折磨	zhé mó	Noun:	torment
		Verb:	to torment
捣乱	dǎo luàn	Verb:	to make trouble, to disturb
氧	yǎng	Noun:	oxygen
毁灭	huǐ miè	Noun:	destruction, devastation
		Verb:	to destroy, to ruin
成群结队	chéng qún jié duì	Verb:	forming a large group
		Number:	in large numbers
掰	bāi	Verb:	to break with both hands
宗旨	zōng zhǐ	Noun:	objective, aim, purpose
推理	tuī lǐ	Noun:	reasoning, inference
拄	zhǔ	Verb:	to lean on (a stick)
抨击	pēng jī	Verb:	to attack (verbally)
在线	zài xiàn	Adjective:	online
凶恶	xiōng è	Adjective:	fierce, evil, wicked
笼罩	lǒng zhào	Verb:	to envelop, to shroud
愚公移山	yú gōng yí shān	Expression:	where there's a will, there's a way
百合	bǎi hé	Noun:	lily
渊源	yuān yuán	Noun:	origin, source
编排	biān pái	Verb:	to arrange, to sort, to lay out
前线	qián xiàn	Noun:	front line
韧性	rèn xìng	Noun:	toughness
窑	yáo	Noun:	oven
火热	huǒ rè	Adjective:	fiery, fervent, very hot
让步	ràng bù	Noun:	concession
		Verb:	to concede, to give in
赢家	yíng jiā	Noun:	winner
精确	jīng què	Adjective:	accurate, precise
说不上	shuō bu shàng	Verb:	to not be worth mentioning
保质期	bǎo zhì qī	Noun:	best before date
通告	tōng gào	Verb:	to announce, to give notice
堆砌	duī qì	Verb:	to pile up (bricks), to pad out (writing)
跳跃	tiào yuè	Verb:	to jump, to hop, to skip

千变万化	qiān biàn wàn huà	Noun: countless changes
迫不及待	pò bù jí dài	Verb: to be too impatient to wait, to brook no delay
昂贵	áng guì	Adjective: expensive, costly
编剧	biān jù	Noun: screenwriter Verb: to write a play
靴子	xuē zi	Noun: boots
懒惰	lǎn duò	Adjective: lazy, idle
寓意	yù yì	Noun: moral (of a story), implication
进出	jìn chū	Noun: import and export Verb: to enter and exit
放置	fàng zhì	Verb: to put
变幻莫测	biàn huàn mò cè	Verb: to be always changing, to be unpredictable
朴素	pǔ sù	Adjective: plain, simple
交界	jiāo jiè	Noun: common border (geogr.)
当即	dāng jí	Adverb: at once, on the spot
下手	xià shǒu	Verb: to start, to set about
认证	rèn zhèng	Verb: to authenticate
管理费	guǎn lǐ fèi	Noun: management fee
同志	tóng zhì	Noun: comrade Adjective: homosexual
隔阂	gé hé	Noun: estrangement, barrier
相依为命	xiāng yī wéi mìng	Verb: to be interdependent
治学	zhì xué	Verb: to do scholarly research, to pursue a high level of study
星座	xīng zuò	Noun: constellation (astr.)
钩	gōu	Noun: hook, tick
前无古人	qián wú gǔ rén	Adjective: unprecedented
管辖	guǎn xiá	Verb: to administer, to govern, to have jurisdiction over
裁	cái	Noun: decision, judgment Verb: to cut out, to trim, to reduce, to diminish
富足	fù zú	Adjective: rich
情不自禁	qíng bù zì jīn	Verb: cannot help but

杜绝	dù jué	Verb: to put an end to, to eliminate
莲子	lián zǐ	Noun: lotus seed
松绑	sōng bǎng	Verb: to untie, to ease (restrictions)
避难	bì nàn	Verb: to seek asylum, to take refuge
美化	měi huà	Noun: embellishment Verb: to make more beautiful
和气	hé qi	Adjective: friendly, amiable
正能量	zhèng néng liàng	Noun: positive energy, positivity
旗帜	qí zhì	Noun: flag, banner
流水	liú shuǐ	Noun: running water
充沛	chōng pèi	Adjective: abundant, plentiful
一手	yī shǒu	Noun: skill, capability Adverb: by oneself, without help
承包	chéng bāo	Verb: to contract, to undertake
抛开	pāo kāi	Verb: to get rid of, to throw out
处境	chǔ jìng	Noun: plight, (unfavourable) situation
真是的	zhēn shì de	Expression: really?! (frustrated)
廉价	lián jià	Adjective: cheap, cheaply-priced
归还	guī huán	Verb: to return sth., to give back
泥土	ní tǔ	Noun: soil, mud, clay
外行	wài háng	Noun: amateur, laity Adjective: unprofessional
连滚带爬	lián gǔn dài pá	Verb: to frantically try to escape
变质	biàn zhì	Noun: metamorphosis Verb: to go bad, to deteriorate
重型	zhòng xíng	Adjective: heavy, heavy duty
砸	zá	Verb: to smash, to pound, to fail
纺织	fǎng zhī	Verb: spinning and weaving
市场经济	shì chǎng jīng jì	Noun: market economy
体谅	tǐ liàng	Verb: to empathize, to show understanding
王国	wáng guó	Noun: kingdom, realm
逃生	táo shēng	Verb: to flee for one's life
遏制	è zhì	Verb: to keep within limits, not letting the impact be too big

栋	dòng	Measure Word: for houses, buildings
应邀	yìng yāo	Adverb: on invitation, at sbd.'s invitation
珍藏	zhēn cáng	Noun: collection Verb: to collect
蹭	cèng	Verb: to rub, to scour, to idle away
好在	hǎo zài	Adverb: luckily, fortunately
批判	pī pàn	Verb: to criticize
撤	chè	Verb: to remove, to take away
果真	guǒ zhēn	Adverb: in fact, in reality
淡季	dàn jì	Noun: off season
过奖	guò jiǎng	Verb: to overpraise, to flatter
解围	jiě wéi	Verb: to help sbd. out of trouble
体温	tǐ wēn	Noun: body temperature
资讯	zī xùn	Noun: information
王牌	wáng pái	Noun: trump card
出人意料	chū rén yì liào	Adverb: completely unexpected
晋升	jìn shēng	Verb: to promote (job)
前所未有	qián suǒ wèi yǒu	Adjective: unprecedented
奸诈	jiān zhà	Noun: rogue Adjective: devious
取而代之	qǔ ér dài zhī	Verb: to substitute for
野心	yě xīn	Noun: ambition
获悉	huò xī	Verb: to find out
监控	jiān kòng	Verb: to monitor and control
佩服	pèi fu	Verb: to admire
谜团	mí tuán	Noun: riddle
或多或少	huò duō huò shǎo	Adverb: more or less
芯片	xīn piàn	Noun: microchip
梳理	shū lǐ	Verb: to comb, to sort out
灿烂	càn làn	Adjective: bright, splendid, brilliant
惊慌失措	jīng huāng shī cuò	Verb: to lose one's head, to panic
野蛮	yě mán	Noun: barbarous, uncivilized, wild
跑道	pǎo dào	Noun: athletic track, track, runway
怀孕	huái yùn	Noun: pregnancy Verb: to be pregnant

耸立	sǒng lì	Verb: to tower (over)
炭	tàn	Noun: coal
宣誓	xuān shì	Verb: to swear an oath, to make a vow
架势	jià shì	Noun: attitude
发起人	fā qǐ rén	Noun: initiator, founding member
突如其来	tū rú qí lái	Verb: to arise abruptly
导航	dǎo háng	Noun: navigation Verb: to navigate
地质	dì zhì	Noun: geology
姥姥	lǎo lao	Noun: grandmother (mother's mum)
团圆	tuán yuán	Verb: to reunite
违背	wéi bèi	Verb: to disobey, to violate, to go against
陶瓷	táo cí	Noun: ceramics, porcelain
张贴	zhāng tiē	Noun: announcement Verb: to post, to advertise
不容	bù róng	Verb: to not allow, to not tolerate
曙光	shǔ guāng	Noun: dawn, the dawn of a new era
励志	lì zhì	Noun: encouragement Verb: to encourage
像样	xiàng yàng	Adjective: decent, presentable
拨	bō	Verb: to dial (phone number), to poke, to pluck (music), to stir Measure Word: for groups or batches
挂钩	guà gōu	Noun: hook, clutch Verb: to couple, to link together
新奇	xīn qí	Adjective: new, novel
电线	diàn xiàn	Noun: wire, power cord
演变	yǎn biàn	Verb: to evolve, to develop
心事	xīn shì	Noun: worry, concerns of the heart
过失	guò shī	Noun: error, fault, mistake
监狱	jiān yù	Noun: prison, jail
当真	dàng zhēn	Verb: to take seriously
兜儿	dōu er	Noun: bag
横向	héng xiàng	Adjective: horizontal, lateral
讨人喜欢	tǎo rén xǐ huan	Adjective: charming, delightful

撕	sī	Verb: to tear up
树荫	shù yìn	Noun: shade of a tree
单方面	dān fāng miàn	Adjective: unilateral
防卫	fáng wèi	Noun: defence Verb: to defend
疲惫	pí bèi	Adjective: exhausted, tired
复兴	fù xīng	Noun: rebirth Verb: to revive, to renew
贵重	guì zhòng	Adjective: precious
争吵	zhēng chǎo	Noun: dispute, brawl
宽厚	kuān hòu	Adjective: generous, tolerant
好坏	hǎo huài	Adjective: good and bad
气愤	qì fèn	Adjective: furious
灵巧	líng qiǎo	Adjective: handy
直至	zhí zhì	Pronoun: up until
黑马	hēi mǎ	Noun: dark horse
不相上下	bù xiāng shàng xià	Adjective: about the same
同等	tóng děng	Adjective: equal, equally ranking, equal in status
领事	lǐng shì	Noun: consul
虾	xiā	Noun: shrimp, prawn
歪曲	wāi qū	Verb: to distort, to misrepresent
引人入胜	yǐn rén rù shèng	Adjective: fascinating
手势	shǒu shì	Noun: gesture, sign, signal
辫子	biàn zi	Noun: queue, plait, pigtail
侠义	xiá yì	Noun: chivalry
钉	dìng	Verb: to nail, to pin, to staple
稳固	wěn gù	Adjective: stable, steady, firm
口哨	kǒu shào	Noun: whistle
把手	bǎ shou	Noun: handle, knob
瓷	cí	Noun: porcelain, chinaware
胡说	hú shuō	Verb: to talk nonsense
丝	sī	Noun: silk
变迁	biàn qiān	Noun: changes, vicissitudes

虐待	nüè dài	Noun:	mistreatment
		Verb:	to mistreat, to abuse
要害	yào hài	Noun:	key point
路面	lù miàn	Noun:	pavement
雕	diāo	Noun:	golden eagle
		Verb:	to engrave
走近	zǒu jìn	Verb:	to approach, to draw near to
偷懒	tōu lǎn	Verb:	to be lazy
得不偿失	dé bù cháng shī	Verb:	the game is not worth the candle
惭愧	cán kuì	Adjective:	ashamed
付款	fù kuǎn	Noun:	payment
		Verb:	to pay
传	zhuàn	Noun:	biography
着力	zhuó lì	Verb:	to try really hard
服用	fú yòng	Verb:	to take (medicine)
缝	féng	Verb:	to stitch
何处	hé chù	Conjunction:	whence
遇难	yù nàn	Verb:	to perish, to be killed
扭头	niǔ tóu	Verb:	to turn one's head, to turn around
监视	jiān shì	Verb:	to monitor, to oversee, to watch
小区	xiǎo qū	Noun:	neighbourhood, district
倡议	chàng yì	Noun:	proposal, initiative
		Verb:	to suggest, to initiate
两栖	liǎng qī	Adjective:	amphibious, dual-talented
赫然	hè rán	Adjective:	awe-inspiring
百分比	bǎi fēn bǐ	Noun:	percentage
彬彬有礼	bīn bīn yǒu lǐ	Adjective:	courteous, urbane
连绵	lián mián	Adjective:	continuous
艾滋病	ài zī bìng	Noun:	Aids
前仰后合	qián yǎng hòu hé	Verb:	to sway to and from, to rock back and forth
开动	kāi dòng	Verb:	to start, to set in motion
洋溢	yáng yì	Verb:	to get steeped in
启蒙	qǐ méng	Verb:	to instruct, to initiate
		Adjective:	enlightened

自然而然	zì rán ér rán	Adverb: involuntary, automatically
煤炭	méi tàn	Noun: coal
卓越	zhuó yuè	Adjective: excellent, outstanding, distinguished
变异	biàn yì	Noun: variation, mutation
适度	shì dù	Adjective: appropriate
即可	jí kě	Adverb: ... then it's ok
肇事	zhào shì	Verb: to cause trouble
气味	qì wèi	Noun: odour, scent
一鼓作气	yī gǔ zuò qì	Verb: to approach sth. with a lot of energy
兜售	dōu shòu	Verb: to hawk, to peddle
监护	jiān hù	Noun: guardianship, custodianship
公道	gōng dao	Noun: justice Adjective: fair, just
董事长	dǒng shì zhǎng	Noun: chairman of the board, president
试行	shì xíng	Verb: to try out
指南	zhǐ nán	Noun: guidebook Verb: to guide
伤残	shāng cán	Noun: disability Adjective: disabled
屡次	lǚ cì	Adverb: repeatedly
理念	lǐ niàn	Noun: idea, concept, philosophy
崛起	jué qǐ	Verb: to rise abruptly, to emerge suddenly, to tower over
门当户对	mén dāng hù duì	Noun: marriage of two people with similar social status
胶囊	jiāo náng	Noun: capsule (med.)
棒球	bàng qiú	Noun: baseball
宗	zōng	Noun: purpose, faction, clan, ancestor, master Measure Word: for batches, items, cases (medical/legal), reservoirs, etc.
盛开	shèng kāi	Verb: to bloom
土生土长	tǔ shēng tǔ zhǎng	Adjective: home-grown, indigenous
垮	kuǎ	Verb: to collapse, to break down

闹着玩儿	nào zhe wán er	Verb: to play games, to joke around
簇拥	cù yōng	Noun: siege Verb: to surround, to escort, to crowd around
隐形	yǐn xíng	Adjective: invisible
折腾	zhē teng	Verb: to do sth. over and over again, to toss about (sleeplessly)
风和日丽	fēng hé rì lì	Noun: moderate wind, beautiful sun
金属	jīn shǔ	Noun: metal
陨石	yǔn shí	Noun: meteorite
攀升	pān shēng	Verb: to rise, to clamber up
组建	zǔ jiàn	Verb: to set up, to establish
全文	quán wén	Noun: full text
爆冷门	bào lěng mén	Noun: upset (sports, etc.), breakthrough
字眼	zì yǎn	Noun: wording
前赴后继	qián fù hòu jì	Expression: to move forward step by step, to advance in wave upon wave
心病	xīn bìng	Noun: sore point, worry
鹅	é	Noun: goose
撬	qiào	Verb: to pry open
风云	fēng yún	Noun: weather, unforeseen situation
帐篷	zhàng peng	Noun: tent
拨通	bō tōng	Verb: to get through to sbd. on the phone
考量	kǎo liáng	Verb: to consider
和解	hé jiě	Noun: reconciliation, compromise Verb: to settle (a dispute out of court), to reconcile
岩石	yán shí	Noun: rock
拼命	pīn mìng	Adjective: with all one has, at all costs
不慎	bú shèn	Adjective: incautious, inattentive
直视	zhí shì	Verb: to look straight at
顶多	dǐng duō	Adverb: at most, at best
海滨	hǎi bīn	Noun: shore, seaside
夜以继日	yè yǐ jì rì	Expression: night and day

凌晨	líng chén	Time: early in the morning
绣	xiù	Verb: to embroider
惊诧	jīng chà	Adjective: surprised, amazed
火焰	huǒ yàn	Noun: flame, blaze
视野	shì yě	Noun: field of vision
搅	jiǎo	Verb: to stir, to mix, to mess up
逞强	chěng qiáng	Verb: to show off, to try to be brave
俘获	fú huò	Verb: to capture
淘汰	táo tài	Verb: to eliminate through selection, to wash
旗袍	qí páo	Noun: Chinese dress
精神病	jīng shén bìng	Noun: mental disorder
乃至	nǎi zhì	Adverb: even, and even
手腕	shǒu wàn	Noun: wrist, skill
衬托	chèn tuō	Verb: to stand out against, to set off
干戈	gān gē	Noun: war, arms
遭殃	zāo yāng	Verb: to go through disaster, to suffer a calamity
缅怀	miǎn huái	Verb: to recall fondly, to commemorate
庞大	páng dà	Adjective: huge, enormous
通行证	tōng xíng zhèng	Noun: pass, permit (to access or pass through)
怠工	dài gōng	Noun: slow working, lazy strike
少林寺	shào lín sì	Noun: Shaolin monastery
撰写	zhuàn xiě	Verb: to write, to compose
合计	hé jì	Noun: full amount Verb: to add up the total
有所不同	yǒu suǒ bù tóng	Verb: to differ somewhat
夏令营	xià lìng yíng	Noun: summer camp
宏观	hóng guān	Adjective: macroscopic
高额	gāo é	Noun: large amount
钻空子	zuān kòng zi	Verb: to take advantage of a loophole
东张西望	dōng zhāng xī wàng	Verb: to peer in all directions, to look around
见识	jiàn shi	Noun: knowledge, experience

国情	guó qíng	Noun: current state of a country
开阔	kāi kuò	Verb: to widen, to open up Adjective: wide, open
作物	zuò wù	Noun: crop
下跌	xià diē	Verb: to fall
历程	lì chéng	Noun: course, process
否决	fǒu jué	Noun: veto Verb: to veto, to reject, to overrule
抢眼	qiǎng yǎn	Adjective: eye-catching
拐弯	guǎi wān	Verb: to turn a corner, to change direction
总的来说	zǒng de lái shuō	Adverb: generally speaking, to sum up, in short
团聚	tuán jù	Verb: to have a reunion
倒计时	dào jì shí	Noun: countdown
夸耀	kuā yào	Verb: to brag about
竟	jìng	Adverb: actually, unexpectedly, indeed
低迷	dī mí	Noun: depression Adjective: dull
赴	fù	Verb: to attend, to visit
话筒	huà tǒng	Noun: microphone
示意	shì yì	Noun: hint, sign, signal Verb: to hint, to signify
呈现	chéng xiàn	Verb: to appear, to show, to present
坏事	huài shì	Noun: evil deed, bad action Verb: to ruin, to spoil
有的放矢	yǒu dì fàng shǐ	Verb: to have a clear goal
浇	jiāo	Verb: to water, to pour, to sprinkle
行情	háng qíng	Noun: market price, current market situation
总额	zǒng é	Noun: total (amount/value)
从容	cóng róng	Adjective: unhurried, calm
宙	zhòu	Noun: eternity, eon
新房	xīn fáng	Noun: new house, new apartment
路灯	lù dēng	Noun: street light
啃	kěn	Verb: to gnaw, to nibble, to bite

零花钱	líng huā qián	Noun: pocket money
饱满	bǎo mǎn	Adjective: full, plump
勉强	miǎn qiǎng	Verb: to do with difficulty, to force sbd. to do sth.
通俗	tōng sú	Adjective: popular, understandable
芝麻	zhī ma	Noun: sesame
人体	rén tǐ	Noun: human body
热气	rè qì	Noun: heat
水利	shuǐ lì	Noun: water conservancy, irrigation works
单薄	dān bó	Adjective: weak, frail
戈壁	gē bì	Noun: Gobi
穿着	chuān zhuó	Noun: attire, clothes
浮躁	fú zào	Adjective: giddy, scatter-brained
温度计	wēn dù jì	Noun: thermometer
悲观	bēi guān	Adjective: pessimistic
当着	dāng zhe	Location: in front of (e.g. somebody's face), in the presence of
堂	táng	Noun: hall, main room Measure Word: for classes, lectures, sets of furniture, etc.
富裕	fù yù	Noun: richness, affluence Adjective: prosperous, rich, affluent
习俗	xí sú	Noun: custom, tradition
过境	guò jìng	Noun: transit Verb: to cross a border
宝藏	bǎo zàng	Noun: treasure
转载	zhuǎn zǎi	Verb: to reprint, to forward (a shipment)
二手车	èr shǒu chē	Noun: second-hand car
较劲	jiào jìn	Verb: to compete, to set oneself against sbd.
身子	shēn zi	Noun: body, pregnancy
机舱	jī cāng	Noun: cabin (of a plane)
名利	míng lì	Noun: fame and profit
小康	xiǎo kāng	Noun: a period of peace and prosperity
净化	jìng huà	Verb: to purify

实体	shí tǐ	Noun: entity Adjective: material
私营	sī yíng	Adjective: privately-owned
独一无二	dú yī wú èr	Adjective: unique
激励	jī lì	Verb: to encourage, to motivate
抠	kōu	Verb: to dig out Adjective: stingy
劝说	quàn shuō	Noun: persuasion Verb: to persuade, to advise
风流	fēng liú	Adjective: distinguished and accomplished, romantic, dissolute
可观	kě guān	Adjective: considerable, impressive, respectable
威慑	wēi shè	Noun: deterrence Verb: to deter
寥寥无几	liáo liáo wú jǐ	Adverb: not many at all
皇宫	huáng gōng	Noun: imperial palace
圣贤	shèng xián	Noun: holy person
说真的	shuō zhēn de	Adverb: honestly
毫无	háo wú	Adverb: not in the least, none whatsoever
栽	zāi	Verb: to plant, to grow
退缩	tuì suō	Verb: to shrink back
再现	zài xiàn	Verb: to recreate, to reconstruct
天地	tiān dì	Noun: heaven and earth, world
把关	bǎ guān	Verb: to check on, to guard a pass
筹划	chóu huà	Verb: to plan and prepare
慰劳	wèi láo	Verb: to show appreciation (words, small gifts, etc.)
供奉	gòng fèng	Verb: to consecrate
人造	rén zào	Adjective: man-made, artificial
末日	mò rì	Noun: last day, doomsday
首饰	shǒu shì	Noun: jewellery
牵制	qiān zhì	Verb: to curb, to pin down, to control
来临	lái lín	Verb: to approach, to come closer
中途	zhōng tú	Location: midway

领军	lǐng jūn	Verb:	to lead troops
敬礼	jìng lǐ	Noun:	salute
河畔	hé pàn	Noun:	riverside
吸取	xī qǔ	Verb:	to absorb, to assimilate
醒来	xǐng lái	Verb:	to wake up
着眼	zhuó yǎn	Verb:	to have one's eyes on
购	gòu	Verb:	to buy, to purchase
头衔	tóu xián	Noun:	title, rank
竹竿	zhú gān	Noun:	bamboo pole
扫描	sǎo miáo	Verb:	to scan
敬佩	jìng pèi	Verb:	to respect, to admire
戒烟	jiè yān	Verb:	to give up smoking
损人利己	sǔn rén lì jǐ	Noun:	personal gain to the detriment of others
退役	tuì yì	Verb:	to retire (military, sport, etc.)
水晶	shuǐ jīng	Noun:	crystal
迷失	mí shī	Verb:	to lose the way, to get lost
变革	biàn gé	Verb:	to transform, to change
四季	sì jì	Noun:	four seasons
大吃一惊	dà chī yī jīng	Verb:	to be very surprised
愣	lèng	Verb: Adjective: Adverb:	to look distracted distracted rashly
陈列	chén liè	Verb:	to display, to exhibit
得当	dé dàng	Adjective:	suitable
盘算	pán suàn	Verb:	to plot, to think through
验收	yàn shōu	Verb:	to verify and accept, to check on receipt
贴切	tiē qiè	Adjective:	close-fitting
厄运	è yùn	Noun:	misfortune, adversity
不得已	bù dé yǐ	Verb:	to have no alternative but to
挑剔	tiāo ti	Adjective:	picky, fussy
闷	mēn	Verb: Adjective:	to smother stuffy

意料之外	yì liào zhī wài	Adjective: unexpected, contrary to expectation
伯母	bó mǔ	Noun: aunt (wife of father's elder brother)
大队	dà duì	Noun: group, production brigade, military group
缴费	jiǎo fèi	Verb: to pay a fee
免	miǎn	Verb: to avert, to excuse, to prohibit
极少数	jí shǎo shù	Adverb: very few
良	liáng	Adjective: good
心急如焚	xīn jí rú fén	Verb: to burn with impatience
架子	jià zi	Noun: shelf, stand
和蔼	hé ǎi	Adjective: kind, amiable
论述	lùn shù	Noun: explanation, discourse Verb: to explain
乐园	lè yuán	Noun: paradise
青春期	qīng chūn qī	Noun: puberty, adolescence
燃气	rán qì	Noun: natural gas
弓	gōng	Noun: bow
录制	lù zhì	Verb: to record (video, audio, etc.)
庄严	zhuāng yán	Adjective: solemn, dignified, stately
吓唬	xià hu	Verb: to scare, to frighten
祖宗	zǔ zōng	Noun: ancestors
迈	mài	Noun: mile Verb: to take a step, to stride
提防	dī fáng	Verb: to be vigilant
缓	huǎn	Verb: to postpone, to defer Adjective: sluggish, slow
继母	jì mǔ	Noun: stepmother
要命	yào mìng	Adjective: extremely, serious
服饰	fú shì	Noun: clothing and accessories
玩耍	wán shuǎ	Verb: to enjoy oneself, to play
无比	wú bǐ	Adjective: incomparable, matchless
池塘	chí táng	Noun: pool, pond
唯独	wéi dú	Adverb: only, just, alone

正面	zhèng miàn	Location: front
		Adjective: positive
罐	guàn	Noun: can, jar, pot
沾	zhān	Verb: to moisten
敬酒	jìng jiǔ	Verb: to propose a toast
后备箱	hòu bèi xiāng	Noun: trunk (car)
恍然大悟	huǎng rán dà wù	Verb: to suddenly realize
文盲	wén máng	Noun: illiterate
大惊小怪	dà jīng xiǎo guài	Expression: much fuss about nothing
祭	jì	Verb: to offer sacrifice
比不上	bǐ bù shàng	Verb: to not be able to compare with
委婉	wěi wǎn	Adjective: tactful, euphemistic
大体	dà tǐ	Adverb: in general, roughly, more or less
茅台	máo tái	Noun: Maotai liquor (baijiu)
永久	yǒng jiǔ	Adjective: permanent, everlasting, forever
眼界	yǎn jiè	Noun: scope, experience
呐喊	nà hǎn	Verb: to shout
安稳	ān wěn	Adjective: smooth, steady
处置	chǔ zhì	Verb: to handle, to deal with, to punish
公然	gōng rán	Adjective: flagrantly, undisguised
滥用	làn yòng	Noun: abuse
		Verb: to abuse, to misuse
漫	màn	Verb: to inundate
		Adjective: free, unrestrained
扰乱	rǎo luàn	Verb: to disturb
高超	gāo chāo	Adjective: excellent, outstanding, superb
栏杆	lán gān	Noun: railing
痒	yǎng	Verb: to itch, to tickle
现任	xiàn rèn	Verb: to hold an office
		Time: at present
没完没了	méi wán méi liǎo	Adverb: without end
友善	yǒu shàn	Adjective: friendly
搭乘	dā chéng	Verb: to ride as a passenger
收买	shōu mǎi	Verb: to purchase, to bribe

哑	yǎ	Adjective: dumb, mute, unable to speak
低碳	dī tàn	Adjective: low-carbon
人缘儿	rén yuán er	Noun: relation with other people
悦耳	yuè ěr	Adjective: sweet-sounding
特质	tè zhì	Noun: special quality
衰退	shuāi tuì	Noun: recession, decline Verb: to decline, to fall
姓氏	xìng shì	Noun: family name
股份	gǔ fèn	Noun: share, stock
心灵手巧	xīn líng shǒu qiǎo	Adjective: capable, clever
柿子	shì zi	Noun: persimmon
空难	kōng nàn	Noun: aviation accident
公开信	gōng kāi xìn	Noun: open letter
料理	liào lǐ	Noun: art of cooking Verb: to handle, to arrange, to cook
乐器	yuè qì	Noun: music instrument
陈述	chén shù	Verb: to state, to declare, to make a statement
国宝	guó bǎo	Noun: National Treasure
盛	chéng	Verb: to hold, to fill
分支	fēn zhī	Noun: branch (company, river, etc.) Verb: to branch
周旋	zhōu xuán	Verb: to socialize
妖怪	yāo guài	Noun: monster, ghost
痴心	chī xīn	Noun: infatuation
本色	běn sè	Noun: distinctive character, inherent qualities Adjective: natural coloured
顾虑	gù lǜ	Noun: misgivings, apprehensions Verb: to have misgiving about
理所当然	lǐ suǒ dāng rán	Verb: to go without saying Adjective: inevitable and right
任职	rèn zhí	Verb: to hold an office/post
对联	duì lián	Noun: rhyming couplet
上诉	shàng sù	Noun: appeal Verb: to appeal

酣畅	hān chàng	Adjective:	unrestrained
身价	shēn jià	Noun:	social status
跨越	kuà yuè	Verb:	to step across
过滤	guò lǜ	Noun:	filtration
		Verb:	to filter
一心	yī xīn	Adverb:	wholeheartedly
指教	zhǐ jiào	Verb:	to give advice
可疑	kě yí	Adjective:	suspicious, dubious
紧迫	jǐn pò	Adjective:	urgent, pressing
上岗	shàng gǎng	Verb:	to take up one's post
采集	cǎi jí	Verb:	to gather, to collect
欺诈	qī zhà	Verb:	to cheat
泄漏	xiè lòu	Noun:	leak
		Verb:	to leak, to divulge
切断	qiē duàn	Verb:	to cut off, to sever, to turn off
高峰期	gāo fēng qī	Noun:	peak period, rush hour
出息	chū xi	Noun:	promise, prospects
相约	xiāng yuē	Verb:	to make an appointment (with sbd.)
附和	fù hè	Verb:	to repeat what others say, to echo
俗	sú	Noun:	custom, convention
趁	chèn	Verb:	to take advantage of
水货	shuǐ huò	Noun:	smuggled goods, unauthorized goods
垫	diàn	Noun:	pad, cushion, mat
		Verb:	to pad
点子	diǎn zi	Noun:	point, dot, drop, idea, indication
倾诉	qīng sù	Verb:	to talk through everything (on a difficult issue)
环球	huán qiú	Location:	worldwide
呼声	hū shēng	Noun:	shout
远见	yuǎn jiàn	Noun:	vision
得罪	dé zuì	Verb:	to offend, to displease, to commit an offense
弊病	bì bìng	Noun:	disadvantage, malpractice, ulcer

来龙去脉	lái lóng qù mài	Noun: cause and effects, sequence of events
忙碌	máng lù	Adjective: busy
伦理	lún lǐ	Noun: ethics
弥漫	mí màn	Verb: to pervade, to fill the air with
敷	fū	Verb: to spread, to lay out
无微不至	wú wēi bú zhì	Adjective: meticulously
辩解	biàn jiě	Verb: to provide an explanation, to justify, to defend
遇险	yù xiǎn	Verb: to get into difficulties
阶梯	jiē tī	Noun: ladder, stepping stone, flight of steps
如醉如痴	rú zuì rú chī	Adverb: obsessed with
不平	bù píng	Noun: injustice, unfairness Adjective: unfair, unjust, uneven, dissatisfied
相通	xiāng tōng	Verb: to be interlinked
埋藏	mái cáng	Verb: to bury, to hide by burying
纯洁	chún jié	Verb: to purify Adjective: pure, chaste, honest
连锁店	lián suǒ diàn	Noun: chain store
生态	shēng tài	Noun: ecology
接送	jiē sòng	Verb: picking up and dropping off
牡丹	mǔ dān	Noun: tree peony
一旁	yī páng	Location: aside
叮嘱	dīng zhǔ	Verb: to exhort repeatedly, to urge
扒	bā	Verb: to hold on to, to climb, to strip off
公墓	gōng mù	Noun: public cemetery
补给	bǔ jǐ	Noun: supply
山寨	shān zhài	Noun: fortified hill village, knockoff
鉴于	jiàn yú	Pronoun: in view of, considering
嫁	jià	Verb: to marry (woman -> men)
素不相识	sù bù xiāng shí	Verb: to be total strangers
仪表	yí biǎo	Noun: measuring instrument
婴儿	yīng ér	Noun: baby, infant

火花	huǒ huā	Noun: spark, sparkle
栋梁	dòng liáng	Noun: pillar, ridgepole, beams
津津有味	jīn jīn yǒu wèi	Verb: to do with great pleasure, to relish
扑面而来	pū miàn ér lái	Adverb: directly in one's face
多年来	duō nián lái	Adverb: for many years already
荷花	hé huā	Noun: lotus
众志成城	zhòng zhì chéng chéng	Expression: unity makes strong!
导弹	dǎo dàn	Noun: guided missile
毁坏	huǐ huài	Verb: to damage, to destruct, to devastate
矛头	máo tóu	Noun: spearhead, barb, criticism
修订	xiū dìng	Verb: to revise
延缓	yán huǎn	Verb: to defer, to postpone
冒险	mào xiǎn	Verb: to take a risk
人手	rén shǒu	Noun: manpower, staff
影像	yǐng xiàng	Noun: image
空隙	kòng xì	Noun: gap, crack
大家庭	dà jiā tíng	Noun: extended family, big family
水准	shuǐ zhǔn	Noun: level, standard
好家伙	hǎo jiā huǒ	Noun: good guy Expression: my god! man!
自理	zì lǐ	Verb: to take care of oneself
丛林	cóng lín	Noun: jungle, forest
还原	huán yuán	Noun: reduction (chem.) Verb: to restore to the original state
窍门	qiào mén	Noun: trick, ingenious method
精英	jīng yīng	Noun: elite, essence
走投无路	zǒu tóu wú lù	Verb: to be at a dead end, to have no way out
切身	qiè shēn	Adjective: very close, intimate
下调	xià tiáo	Verb: to adjust downwards
脆弱	cuì ruò	Adjective: flimsy, weak, frail
健美	jiàn měi	Noun: bodybuilding Adjective: strong and handsome
遍布	biàn bù	Verb: to be found throughout

碍事	ài shì	Verb: to be of importance (negative), to be a hindrance
和睦	hé mù	Noun: peaceful relations, harmony Adjective: harmonious
零售	líng shòu	Verb: to sell individually
但愿	dàn yuàn	Adverb: if only, I wish
重创	zhòng chuāng	Verb: to inflict serious damage
何时	hé shí	Adverb: when
回味	huí wèi	Noun: aftertaste Verb: to reflect on
狮子	shī zi	Noun: lion
地域	dì yù	Noun: area, district, region
惊醒	jīng xǐng	Verb: to be woken by sth.
嘉年华	jiā nián huá	Noun: carnival
相当于	xiāng dāng yú	Verb: to be equivalent to
爵士	jué shì	Noun: knight, Sir
撒	sā	Verb: to let go
反弹	fǎn tán	Noun: rebound (stock market), bounce, backlash Verb: to bounce, to bounce back
外企	wài qǐ	Noun: foreign enterprise
机密	jī mì	Noun: secret Adjective: secret, classified
流入	liú rù	Noun: inflow Verb: to flow into
破旧	pò jiù	Adjective: shabby
微弱	wēi ruò	Adjective: weak
平淡	píng dàn	Adjective: flat, ordinary
不见得	bú jiàn dé	Adverb: not necessarily, not likely
家家户户	jiā jiā hù hù	Adverb: every single family
五星级	wǔ xīng jí	Adjective: five-star (hotel)
长足	cháng zú	Adjective: remarkable (progress, improvement, etc.)
在职	zài zhí	Verb: to be employed
背叛	bèi pàn	Verb: to betray
默契	mò qì	Noun: tacit agreement

真空	zhēn kōng	Noun:	vacuum
出资	chū zī	Verb:	to fund
细微	xì wēi	Adjective:	tiny, fine
推选	tuī xuǎn	Verb:	to elect, to choose
熬	áo	Verb:	to endure, to suffer, to boil for a long time
满怀	mǎn huái	Verb:	to have one's heart filled with, to collide full on
棘手	jí shǒu	Adjective:	thorny, intractable
手臂	shǒu bì	Noun:	arm (body)
浴室	yù shì	Noun:	bathroom
借条	jiè tiáo	Noun:	receipt for a loan
迭起	dié qǐ	Verb:	to arise repeatedly
意料	yì liào	Noun: Verb:	anticipation, expectation to anticipate, to expect
少有	shǎo yǒu	Adjective:	rare, infrequent
公证	gōng zhèng	Noun: Verb:	notarization to notarize
儒家	rú jiā	Noun:	Confucianism
国有	guó yǒu	Adjective:	public, government owned
女婿	nǚ xu	Noun:	son-in-law
对策	duì cè	Noun:	countermeasure
怪不得	guài bu de	Conjunction:	no wonder, so that is why
登机	dēng jī	Verb:	to board a plane
动脉	dòng mài	Noun:	artery
丰厚	fēng hòu	Adjective:	generous, ample
强项	qiáng xiàng	Noun:	key strength, strong suit
标	biāo	Noun:	sign, indication
覆盖	fù gài	Verb:	to cover, to lay over
财务	cái wù	Noun:	financial affairs
半途而废	bàn tú ér fèi	Verb:	to give up halfway
家禽	jiā qín	Noun:	poultry
挂号	guà hào	Verb:	to register
拯救	zhěng jiù	Verb:	to save, to rescue
共性	gòng xìng	Noun:	commonalities

汪洋	wāng yáng	Noun:	vast body of water
道具	dào jù	Noun:	stage props
红薯	hóng shǔ	Noun:	sweet potato
税收	shuì shōu	Noun:	taxation, tax revenue
验	yàn	Verb:	to examine
关头	guān tóu	Noun:	juncture, critical moment
毅然	yì rán	Adverb:	firmly, resolutely
不知不觉	bù zhī bù jué	Adjective:	unconscious
家政	jiā zhèng	Noun:	housekeeping
重中之重	zhòng zhōng zhī zhòng	Adverb:	of the utmost importance
使命	shǐ mìng	Noun:	mission, task
连夜	lián yè	Time:	the same night
长辈	zhǎng bèi	Noun:	elder generation
安抚	ān fǔ	Verb:	to placate, to appease
诸多	zhū duō	Adverb:	a lot of
观赏	guān shǎng	Verb:	to see/watch and enjoy
机动	jī dòng	Adjective:	motorized, power-driven, flexible, mobile
光缆	guāng lǎn	Noun:	optical cable, fibre optic cable
接见	jiē jiàn	Verb:	to receive sbd.
亦	yì	Adverb:	also
推断	tuī duàn	Verb:	to infer, to predict, to extrapolate
汤圆	tāng yuán	Noun:	boiled balls of glutinous rice flour
收视率	shōu shì lǜ	Noun:	ratings (TV, etc.)
天桥	tiān qiáo	Noun:	overhead walkway
过往	guò wǎng	Verb:	to come and go
苗	miáo	Noun:	sprout
输家	shū jiā	Noun:	loser
搓	cuō	Verb:	to rub the hands together
苍蝇	cāng ying	Noun:	housefly
鞠躬	jū gōng	Verb:	to bow
伴侣	bàn lǚ	Noun:	partner, mate
农民工	nóng mín gōng	Noun:	migrant workers
标本	biāo běn	Noun:	specimen, sample

口罩	kǒu zhào	Noun: mask
亮丽	liàng lì	Adjective: bright, beautiful
雷同	léi tóng	Verb: being the same Adjective: identical
悔恨	huǐ hèn	Noun: remorse, regret Verb: to regret, to be seized with remorse
惊	jīng	Verb: to be scared
删	shān	Verb: to delete
神圣	shén shèng	Adjective: holy, sacred
拥挤	yōng jǐ	Verb: to squeeze, to press Adjective: crowded
闷	mèn	Adjective: bored, depressed
士气	shì qì	Noun: morale
捞	lāo	Verb: to fish up, to dredge up
外婆	wài pó	Noun: maternal grandmother
到位	dào wèi	Verb: to be in position
光彩	guāng cǎi	Noun: lustre, splendour, brilliance Adjective: honourable, glorious
推荐	tuī jiàn	Noun: recommendation Verb: to recommend
申领	shēn lǐng	Verb: to apply (license, visa, etc.)
古怪	gǔ guài	Adjective: eccentric, cranky, oddly, grotesque
头部	tóu bù	Noun: head
倒霉	dǎo méi	Verb: to have bad luck
带队	dài duì	Verb: to lead (group, team, etc.)
蚊帐	wén zhàng	Noun: mosquito net
输血	shū xuè	Noun: blood transfusion
迁移	qiān yí	Verb: to migrate, to move
填写	tián xiě	Verb: to fill in (a form)
与此同时	yǔ cǐ tóng shí	Adverb: at the same time, meanwhile
本钱	běn qián	Noun: capital (money)
内涵	nèi hán	Noun: intention, meaning
融	róng	Verb: to melt, to thaw, to merge, to be in harmony

感触	gǎn chù	Noun: thoughts and feelings, emotions
馋	chán	Adjective: greedy, gluttonous
脾	pí	Noun: spleen
惹	rě	Verb: to anger, to provoke, to cause
宏伟	hóng wěi	Adjective: grand, imposing, magnificent
年画	nián huà	Noun: Spring Festival picture
股市	gǔ shì	Noun: stock market
颁布	bān bù	Verb: to issue, to promulgate
勒	lēi	Verb: to strap tightly, to bind
感激	gǎn jī	Verb: to feel grateful, to be thankful
慷慨	kāng kǎi	Adjective: generous, liberal, fervent
猎人	liè rén	Noun: hunter
浑身	hún shēn	Adverb: from head to foot, all over
做证	zuò zhèng	Verb: to testify
函授	hán shòu	Noun: distance learning Adverb: by correspondence
天线	tiān xiàn	Noun: antenna, mast
差错	chā cuò	Noun: mistake, mishap
嗅觉	xiù jué	Noun: sense of smell
判决	pàn jué	Noun: judgment, adjudication Verb: to judge, to sentence
受害	shòu hài	Noun: injury, damage Verb: to suffer damage
救济	jiù jì	Verb: to give relief to, to succour
纵横交错	zòng héng jiāo cuò	Verb: being criss-crossed
小溪	xiǎo xī	Noun: brook, streamlet
忌讳	jì huì	Noun: taboo Verb: to abstain from
下游	xià yóu	Location: downstream
亲情	qīn qíng	Noun: love, affection
儒学	rú xué	Noun: Confucianism
瞬间	shùn jiān	Noun: moment, flash
悼念	dào niàn	Verb: to grieve
绝招	jué zhāo	Noun: unique skill, tricky move
一声不吭	yī shēng bù kēng	Verb: to not say a word

刹车	shā chē	Noun: brake Verb: to brake (car)
明智	míng zhì	Adjective: sensible, wise
取决于	qǔ jué yú	Verb: to depend on
贫富	pín fù	Adjective: poor and rich
吸纳	xī nà	Verb: to absorb, to take in
哗变	huá biàn	Noun: mutiny
恭维	gōng wéi	Verb: to give a compliment
淡化	dàn huà	Noun: desalination Verb: to desalinate, to weaken, to water down
瓜子	guā zi	Noun: melon seeds
风餐露宿	fēng cān lù sù	Verb: to rough it
诱发	yòu fā	Verb: to bring about, to cause
一连串	yī lián chuàn	Adverb: a chain of, a succession of
脑筋	nǎo jīn	Noun: brains, mind, way of thinking
弘扬	hóng yáng	Verb: to promote, to enhance
得体	dé tǐ	Adjective: fitting (for the occasion)
财经	cái jīng	Noun: finance and economics
心想事成	xīn xiǎng shì chéng	Expression: may your dreams come true!
可想而知	kě xiǎng ér zhī	Adverb: it is obvious that...
各奔前程	gè bèn qián chéng	Verb: to each go their own way
裸	luǒ	Adjective: naked
淋	lín	Verb: to sprinkle, to drench, to filter
镶	xiāng	Verb: to inlay, to embed (med.)
公益性	gōng yì xìng	Noun: public welfare
嫂子	sǎo zi	Noun: wife of older brother
泻	xiè	Noun: diarrhoea Verb: to flow out swiftly
管家	guǎn jiā	Noun: housekeeper, butler Verb: to manage a household
设法	shè fǎ	Verb: to try, to think of a way to
叫好	jiào hǎo	Verb: to cheer, to applaud
运营	yùn yíng	Noun: scheduled service (train, bus, etc.) Verb: to operate, to be in operation

研讨	yán tǎo	Noun: discussion
常理	cháng lǐ	Noun: common sense
起程	qǐ chéng	Verb: to set out, to leave
无精打采	wú jīng dǎ cǎi	Adjective: dispirited, listless, in low spirits
应聘	yìng pìn	Verb: to apply for a job
哼	hēng	Particle: to express dissatisfaction
冷漠	lěng mò	Adjective: indifferent, cold, detached
生死	shēng sǐ	Noun: life and death
定论	dìng lùn	Noun: accepted argument
玄	xuán	Adjective: mysterious, black
往事	wǎng shì	Noun: past events Time: the past
舔	tiǎn	Verb: to lick
专职	zhuān zhí	Verb: being assigned full time to a task
马桶	mǎ tǒng	Noun: toilet bowl
水涨船高	shuǐ zhǎng chuán gāo	Verb: to change with the overall trend
通宵	tōng xiāo	Time: overnight
打通	dǎ tōng	Verb: to establish contact, to get through (phone)
摇摇欲坠	yáo yáo yù zhuì	Verb: to be on the verge of collapse
隔离	gé lí	Verb: to separate, to isolate
透支	tòu zhī	Noun: (bank) overdraft
振兴	zhèn xīng	Verb: to develop, to promote, to vitalize
瓷器	cí qì	Noun: porcelain
家用	jiā yòng	Noun: domestic use
恰到好处	qià dào hǎo chù	Adjective: just right
轿车	jiào chē	Noun: limousine, bigger car
察看	chá kàn	Verb: to look carefully at
永不	yǒng bù	Adverb: never
精髓	jīng suǐ	Noun: pith, quintessence
接济	jiē jì	Verb: to help financially
转机	zhuǎn jī	Noun: a turn for the better Verb: to change planes
灵机一动	líng jī yī dòng	Verb: to suddenly have an idea
进度	jìn dù	Noun: degree of progress

恶	è	Noun: evil Adjective: evil, fierce, ugly
余额	yú é	Noun: balance, surplus
探亲	tàn qīn	Verb: to visit one's family
伙食	huǒ shí	Noun: food, meals
充	chōng	Verb: to fill, to satisfy Adjective: full, sufficient
演练	yǎn liàn	Noun: drill, practice Verb: to practice
边疆	biān jiāng	Noun: border area
鹏程万里	péng chéng wàn lǐ	Verb: to have a bright future ahead
侵权	qīn quán	Verb: to infringe the rights of sbd.
钻石	zuàn shí	Noun: diamond
附属	fù shǔ	Noun: subsidiary Adjective: subordinate, attached
学说	xué shuō	Noun: theory, doctrine
基于	jī yú	Adverb: because of, on the basis of
讲学	jiǎng xué	Verb: to lecture
景观	jǐng guān	Noun: landscape
片段	piàn duàn	Noun: fragment, extract, episode
瞻仰	zhān yǎng	Verb: to look at with reverence
调控	tiáo kòng	Verb: to regulate, to control
摇篮	yáo lán	Noun: cradle
海啸	hǎi xiào	Noun: tsunami
沿途	yán tú	Adverb: by the wayside
把柄	bǎ bǐng	Noun: handle
猛然	měng rán	Adverb: suddenly, abruptly
筋	jīn	Noun: muscle, tendon
显眼	xiǎn yǎn	Adjective: eye-catching
化验	huà yàn	Noun: laboratory test, chemical analysis
天性	tiān xìng	Noun: innate tendency, instinct Adjective: innate, instinctive
姜	jiāng	Noun: ginger
高效	gāo xiào	Noun: high efficiency Adjective: highly effective

野外	yě wài	Noun: countryside
吹捧	chuī pěng	Verb: to flatter, to lavish praise on
夜校	yè xiào	Noun: evening school
逊色	xùn sè	Adjective: inferior
日趋	rì qū	Adverb: gradually, day by day
患有	huàn yǒu	Verb: to contract (illness), to suffer from
环绕	huán rào	Verb: to circle, to revolve around, to surround
彩虹	cǎi hóng	Noun: rainbow
血脉	xuè mài	Noun: blood vessels, blood line
因人而异	yīn rén ér yì	Verb: to vary from person to person
绷带	bēng dài	Noun: bandage
秘诀	mì jué	Noun: trade secret
喧哗	xuān huá	Noun: hubbub, clamour
邻国	lín guó	Noun: neighbouring country
贵族	guì zú	Noun: nobleman, aristocrat, aristocracy, lord
丸	wán	Measure Word: for pills, small balls, etc.
吉他	jí tā	Noun: guitar
气馁	qì něi	Noun: discouragement Verb: to be discouraged
恶性	è xìng	Adjective: evil, malignant
马虎	mǎ hu	Adjective: careless, negligent, casual
部署	bù shǔ	Verb: to dispose, to deploy
庄园	zhuāng yuán	Noun: manor, feudal land
节气	jié qi	Time: 24 terms (Chinese calendar)
寺庙	sì miào	Noun: temple, monastery
牵涉	qiān shè	Verb: to involve
铺路	pū lù	Verb: to pave
头头是道	tóu tóu shì dào	Adjective: clear and logical
刺骨	cì gǔ	Noun: piercing Adjective: bone-chilling
过关	guò guān	Verb: to get over a border (between countries), to pass (test), to get through (ordeal)

老人家	lǎo rén jiā	Noun: old people (polite)
稳重	wěn zhòng	Adjective: earnest, steady
化身	huà shēn	Noun: incarnation, reincarnation, embodiment
统筹	tǒng chóu	Noun: overall plan
羡慕	xiàn mù	Verb: to envy, to admire
废除	fèi chú	Verb: to abolish, to cancel, to abrogate
流露	liú lù	Verb: to express, to reveal (feelings)
涌	yǒng	Verb: to bubble up, to rush forth
抚恤	fǔ xù	Verb: to support financially
方向盘	fāng xiàng pán	Noun: steering wheel
由来	yóu lái	Noun: origin
收支	shōu zhī	Noun: financial balance, income and expenditure
灭亡	miè wáng	Verb: to be destroyed, to become extinct, to perish
对称	duì chèn	Noun: symmetry Adjective: symmetrical
恳求	kěn qiú	Verb: to beg, to entreat
蜡烛	là zhú	Noun: candle
剩余	shèng yú	Noun: remainder
许	xǔ	Verb: to permit, to promise Adverb: perhaps
实话实说	shí huà shí shuō	Verb: to tell the truth
别致	bié zhì	Adjective: unusual, unconventional, original
关掉	guān diào	Verb: to switch off
平和	píng hé	Adjective: gentle, mild
日复一日	rì fù yī rì	Adverb: day after day
夸奖	kuā jiǎng	Verb: to praise, to compliment
风力	fēng lì	Noun: wind power
全长	quán cháng	Noun: overall length
卡片	kǎ piàn	Noun: card
子弟	zǐ dì	Noun: children, the younger generation
不解	bù jiě	Verb: to not understand

悬念	xuán niàn	Noun: suspense (movie, play, etc.), concern
限	xiàn	Verb: to set a limit
公立	gōng lì	Adjective: public
自行	zì xíng	Adjective: by oneself, of one's own accord
带路	dài lù	Verb: to lead the way
足迹	zú jì	Noun: footprint, spoor
物体	wù tǐ	Noun: object, substance
搀	chān	Verb: to assist by the arm, to support, to mix
揭发	jiē fā	Noun: revelation Verb: to expose, to disclose, to bring to light
裁决	cái jué	Noun: ruling
缴	jiǎo	Verb: to pay, to hand over
雇	gù	Verb: to employ, to hire, to rent
唉	āi	Particle: uh (sigh)
巧合	qiǎo hé	Noun: coincidence Adjective: coincidental
吃喝玩乐	chī hē wán lè	Verb: to live a life of pleasure
缸	gāng	Noun: jar, vat Measure Word: for loads of laundry
逮捕	dài bǔ	Noun: arrest Verb: to arrest, to apprehend
风沙	fēng shā	Noun: sandstorm
巫婆	wū pó	Noun: witch
逗	dòu	Verb: to stay, to pause, to tease
产地	chǎn dì	Noun: source (of product), manufacturing location
婚纱	hūn shā	Noun: wedding dress
昏迷	hūn mí	Noun: coma, stupor Adjective: unconscious
举止	jǔ zhǐ	Noun: bearing, manner
揍	zòu	Verb: to beat up, to break to pieces

改革开放	gǎi gé kāi fàng	Noun:	reform and opening to the outside world (by China)
干部	gàn bù	Noun:	cadre, official, manager
社交	shè jiāo	Noun:	social interaction
恶意	è yì	Noun:	malice, evil intention
弦	xián	Noun:	bowstring, string, hypotenuse
钱财	qián cái	Noun:	wealth, money
多余	duō yú	Adjective:	unnecessary, surplus, needless
得意扬扬	dé yì yáng yáng	Verb:	to be immensely proud of oneself
深奥	shēn ào	Adjective:	deep, abstruse, profound
驾车	jià chē	Verb:	to drive a vehicle
呼风唤雨	hū fēng huàn yǔ	Verb:	to stir up troubles
风气	fēng qì	Noun:	common practice, atmosphere
较量	jiào liàng	Verb:	to have a contest, to compete
牢记	láo jì	Verb:	to keep in mind, to remember
人次	rén cì	Noun:	visits
		Measure Word:	for number of visitors, participants, etc.
排练	pái liàn	Noun:	rehearsal
		Verb:	to rehearse
挂念	guà niàn	Adjective:	concerned
在意	zài yì	Verb:	to care about, to take to heart
有待	yǒu dài	Adjective:	pending
保佑	bǎo yòu	Verb:	to protect
引经据典	yǐn jīng jù diǎn	Verb:	to quote the classics
蜜	mì	Noun:	honey
募捐	mù juān	Verb:	to collect donations
俊俏	jùn qiào	Adjective:	charming, intelligent
凿	záo	Verb:	to dig, to chisel
警车	jǐng chē	Noun:	police car
潜水	qián shuǐ	Noun:	diving
		Verb:	to dive, to go under water
铭记	míng jì	Verb:	to never forget
辛勤	xīn qín	Adjective:	industrious, hardworking, diligent

旅途	lǚ tú	Noun: journey
标语	biāo yǔ	Noun: slogan
意图	yì tú	Noun: intention, purpose
难以想象	nán yǐ xiǎng xiàng	Adjective: unimaginable
绘声绘色	huì shēng huì sè	Adjective: lively, realistic
幕	mù	Noun: curtain, screen
确切	què qiè	Adjective: exact, definite
打仗	dǎ zhàng	Verb: to go to war, to fight, to make war
车厢	chē xiāng	Noun: carriage
贬值	biǎn zhí	Verb: to depreciate, to devaluate
顺应	shùn yìng	Verb: to conform, to adjust to
雄厚	xióng hòu	Adjective: rich, abundant, solid
口味	kǒu wèi	Noun: taste, flavour
郊外	jiāo wài	Noun: outskirts, suburbs
玫瑰	méi guī	Noun: rose
雕刻	diāo kè	Noun: carving Verb: to carve, to engrave
眼下	yǎn xià	Time: now, at present
知觉	zhī jué	Noun: perception, consciousness
断定	duàn dìng	Verb: to conclude, to come to a judgement
开枪	kāi qiāng	Verb: to shoot (a gun)
才华	cái huá	Noun: talent Adjective: talented
定为	dìng wéi	Verb: to place, to set, to fix
灰尘	huī chén	Noun: dust
泰斗	tài dǒu	Noun: leading authority, magnate
停车位	tíng chē wèi	Noun: parking spot
兴起	xīng qǐ	Verb: to rise, to spring up
工地	gōng dì	Noun: construction site
浓厚	nóng hòu	Adjective: dense, thick, strong (interest), deep
合唱	hé chàng	Noun: chorus Verb: to sing in chorus
落差	luò chā	Noun: drop in elevation, disparity

误区	wù qū	Noun: error
地毯	dì tǎn	Noun: carpet
暴躁	bào zào	Adjective: irascible, irritable
缩影	suō yǐng	Noun: miniature
调度	diào dù	Verb: to dispatch
自责	zì zé	Verb: to blame oneself
达标	dá biāo	Verb: to reach a set standard
目的地	mù dì dì	Noun: destination
向着	xiàng zhe	Verb: to face, to favour
丫头	yā tóu	Noun: girl
熄火	xī huǒ	Verb: to go out (fire, etc.), to stall (vehicle)
稀	xī	Adjective: rare, sparse
当面	dāng miàn	Adverb: face to face, in sbd.'s presence
改名	gǎi míng	Verb: to change a name
多劳多得	duō láo duō dé	Expression: work more - get more
鼻涕	bí tì	Noun: nasal mucus, snot
发扬光大	fā yáng guāng dà	Verb: to develop and promote
缝合	féng hé	Noun: suture Verb: to sew together, to sew up
买不起	mǎi bù qǐ	Verb: to not be able to afford sth.
英镑	yīng bàng	Noun: pound sterling
国防	guó fáng	Noun: national defence
表述	biǎo shù	Noun: statement, explanation
信誉	xìn yù	Noun: prestige, reputation, standing
劳务	láo wù	Noun: services (work in exchange for money)
指手画脚	zhǐ shǒu huà jiǎo	Verb: to explain by waving one's hands (and feet)
掩饰	yǎn shì	Verb: to conceal, to cover up
歹徒	dǎi tú	Noun: gangster, evil-doer
揉	róu	Verb: to knead, to massage, to rub
月票	yuè piào	Noun: monthly ticket
厌烦	yàn fán	Verb: to be fed up with sth.
味精	wèi jīng	Noun: MSG

银幕	yín mù	Noun:	movie screen, screen
方言	fāng yán	Noun:	dialect
处方	chǔ fāng	Noun:	medical prescription
卵	luǎn	Noun:	egg, ovum
第一手	dì yī shǒu	Adverb:	first-hand
介入	jiè rù	Verb:	to intervene, to get involved
发愤图强	fā fèn tú qiáng	Noun:	angry determination
常态	cháng tài	Noun:	normal state
公务	gōng wù	Noun:	public affairs, official business
肥沃	féi wò	Adjective:	fertile
鼓动	gǔ dòng	Verb:	to agitate, to arouse, to incite
晚年	wǎn nián	Noun:	twilight years
枪毙	qiāng bì	Noun:	execution (by firing squad)
		Verb:	to shoot dead
三番五次	sān fān wǔ cì	Expression:	over and over again
理性	lǐ xìng	Noun:	reason, rationality
		Adjective:	rational
大厦	dà shà	Noun:	large building, mansion
原材料	yuán cái liào	Noun:	raw materials
引领	yǐn lǐng	Verb:	to await eagerly, to show the way
可口	kě kǒu	Adjective:	tasty, delicious
明媚	míng mèi	Adjective:	bright and beautiful
登陆	dēng lù	Verb:	to land, to disembark, to log in
文科	wén kē	Noun:	liberal arts, humanities
货物	huò wù	Noun:	goods, freight
科普	kē pǔ	Noun:	popular science
跳伞	tiào sǎn	Noun:	parachute jumping
		Verb:	to parachute, to bail out
坚实	jiān shí	Adjective:	solid, firm, substantial
秃	tū	Adjective:	bald, blunt
古人	gǔ rén	Noun:	people from ancient times
磕	kē	Verb:	to knock
自卫	zì wèi	Noun:	self-defence
服务器	fú wù qì	Noun:	server
改动	gǎi dòng	Verb:	to alter, to modify

难说	nán shuō	Adjective:	hard to tell
界定	jiè dìng	Verb:	to delimit, to define
揪	jiū	Verb:	to seize, to hold tight

HSK 7-9 (3/3)

共同体	gòng tóng tǐ	Noun: community
职权	zhí quán	Noun: authority, power over others
忌口	jì kǒu	Verb: to avoid certain foods, to be on a diet
烧烤	shāo kǎo	Noun: barbecue Verb: to roast
并非	bìng fēi	Adverb: really not, not so
杂交	zá jiāo	Noun: hybrid Verb: to hybridize, to cross
休养	xiū yǎng	Noun: recovery Verb: to recover
括弧	kuò hú	Noun: parenthesis
牵扯	qiān chě	Verb: to implicate, to involve
葬	zàng	Verb: to bury, to hide
揣摩	chuǎi mó	Verb: to try to figure out
制品	zhì pǐn	Noun: products, goods
衰减	shuāi jiǎn	Verb: to weaken, to attenuate
衰老	shuāi lǎo	Verb: to age, to grow old Adjective: old and weak
无敌	wú dí	Adjective: unequalled, without rival
心血	xīn xuè	Noun: painstaking effort, heart's blood
极限	jí xiàn	Noun: limit, utmost
专柜	zhuān guì	Noun: sales counter (e.g. for alcohol, etc.)
随身	suí shēn	Verb: to take with oneself
世界级	shì jiè jí	Adjective: world-class
级别	jí bié	Noun: rank, level, grade
易拉罐	yì lā guàn	Noun: easy-open can
滑雪	huá xuě	Noun: skiing
格	gé	Noun: square, frame, grid, standard, norm
口水	kǒu shuǐ	Noun: saliva
相辅相成	xiāng fǔ xiāng chéng	Verb: to complement each other
幸亏	xìng kuī	Adverb: fortunately, luckily
细腻	xì nì	Adjective: exquisite, meticulous

经受	jīng shòu	Verb: to undergo, to endure
水域	shuǐ yù	Noun: body of water
履行	lǚ xíng	Verb: to carry out, to fulfil
民俗	mín sú	Noun: popular custom
叼	diāo	Verb: to hold by the teeth or lips
招数	zhāo shù	Noun: move (chess, etc.), measure
官僚	guān liáo	Noun: bureaucrat Adjective: bureaucratic
瞩目	zhǔ mù	Verb: to focus attention upon
催	cuī	Verb: to urge, to press
势头	shì tóu	Noun: power, tendency, momentum
丧生	sàng shēng	Verb: to lose one's life, to die
坦然	tǎn rán	Adjective: calm, undisturbed
立方	lì fāng	Noun: cube
事宜	shì yí	Noun: matters, arrangements
美德	měi dé	Noun: virtue
上限	shàng xiàn	Noun: upper bound
禅杖	chán zhàng	Noun: staff/stick of a Buddhist monk
地道	dì dao	Adjective: authentic, genuine, real
人质	rén zhì	Noun: hostage
阻挠	zǔ náo	Verb: to thwart, to obstruct
追悼会	zhuī dào huì	Noun: funeral service
忽高忽低	hū gāo hū dī	Verb: to alternately soar and plunge
输送	shū sòng	Verb: to transport, to feed in
申办	shēn bàn	Verb: to apply for (e.g. Olympic games)
管用	guǎn yòng	Adjective: useful
切割	qiē gē	Verb: to cut
感染	gǎn rǎn	Noun: infection Verb: to infect, to influence
宣扬	xuān yáng	Verb: to publicize, to propagate, to make well known
难以置信	nán yǐ zhì xìn	Adjective: hard to believe
失灵	shī líng	Noun: failing, out of order (machine) Verb: to not work
抢夺	qiǎng duó	Verb: to forcibly take

抑郁症	yì yù zhèng	Noun: clinical depression
损	sǔn	Verb: to decrease, to lose, to damage, to harm
元老	yuán lǎo	Noun: grandee, chief figure
害臊	hài sào	Verb: to feel ashamed
下决心	xià jué xīn	Verb: to determine, to resolve
讨价还价	tǎo jià huán jià	Verb: to bargain
原汁原味	yuán zhī yuán wèi	Adjective: original
教养	jiào yǎng	Noun: upbringing, education Verb: to educate, to bring up
亲近	qīn jìn	Verb: to get close to Adjective: intimate
熏	xūn	Verb: to smoke, to fumigate, to perfume
就任	jiù rèn	Verb: to take office
怠慢	dài màn	Verb: to neglect, to slight
历来	lì lái	Adverb: always, throughout history
世故	shì gù	Noun: life experience
下乡	xià xiāng	Verb: to go to the countryside
忠贞	zhōng zhēn	Adjective: loyal and dependable
范畴	fàn chóu	Noun: category
用力	yòng lì	Verb: to try hard (physically)
吊销	diào xiāo	Verb: to suspend, to revoke
稀罕	xī han	Noun: rarity Adjective: rare, uncommon
僵	jiāng	Adjective: rigid, stiff
尽头	jìn tóu	Noun: end, extremity
自尊	zì zūn	Noun: self-respect, self-esteem
离职	lí zhí	Verb: to retire, to leave (office), to quit (job)
向来	xiàng lái	Adverb: always, all along
震	zhèn	Verb: to shake, to vibrate
咧嘴	liě zuǐ	Verb: to grin
减压	jiǎn yā	Verb: to relax, to reduce pressure
峰回路转	fēng huí lù zhuǎn	Verb: to have an unexpected opportunity
新款	xīn kuǎn	Noun: new style, latest fashion

专制	zhuān zhì	Noun: dictatorship, autocracy
微不足道	wēi bù zú dào	Adjective: insignificant, negligible
复原	fù yuán	Verb: to restore, to refund, to recover (from illness)
主宰	zhǔ zǎi	Verb: to dominate, to rule
品德	pǐn dé	Noun: moral character
失利	shī lì	Verb: to lose, to suffer defeat
物流	wù liú	Noun: logistics
摆设	bǎi shè	Noun: decorative items Verb: to arrange, to decorate
刊登	kān dēng	Verb: to publish (in a newspaper, magazine, etc.)
寿命	shòu mìng	Noun: life span, life expectancy
同人	tóng rén	Noun: colleague, co-worker
哄堂大笑	hōng táng dà xiào	Noun: laughter throughout the room
帐子	zhàng zi	Noun: mosquito net
厚道	hòu dào	Adjective: generous, kind
癌症	ái zhèng	Noun: cancer
新潮	xīn cháo	Adjective: modern, fashionable
耗时	hào shí	Adjective: time-consuming
一技之长	yī jì zhī cháng	Noun: special skill, speciality
之	zhī	Particle: to form an attribute
缺席	quē xí	Noun: absence Adjective: absent
简称	jiǎn chēng	Noun: abbreviation
雕塑	diāo sù	Noun: statue, sculpture Verb: to carve
卧	wò	Verb: to lie, to crouch
与日俱增	yǔ rì jù zēng	Verb: to increase steadily
纽带	niǔ dài	Noun: link, connector
捎	shāo	Verb: to pass on, to bring sth. to sbd.
眉毛	méi mao	Noun: eyebrow
缓缓	huǎn huǎn	Adverb: slowly, little by little
风采	fēng cǎi	Noun: elegant manner
历届	lì jiè	Noun: all previous sessions

急迫	jí pò	Adjective: urgent, pressing
据此	jù cǐ	Adverb: according to this, on the ground of the above
乞讨	qǐ tǎo	Verb: to beg
爹	diē	Noun: dad
口径	kǒu jìng	Noun: calibre
谎话	huǎng huà	Noun: lie
沉浸	chén jìn	Verb: to soak, to immerse
小气	xiǎo qi	Adjective: stingy, petty, miserly
急性	jí xìng	Adjective: acute
聘	pìn	Verb: to hire, to employ
嗓子	sǎng zi	Noun: throat, voice
灵魂	líng hún	Noun: soul, spirit
徒步	tú bù	Verb: to be on foot
点缀	diǎn zhuì	Verb: to intersperse, to embellish, to decorate
光顾	guāng gù	Verb: to get visited (by customer), to visit (as a customer)
旅程	lǚ chéng	Noun: journey, trip
猛烈	měng liè	Adjective: fierce, violent
观感	guān gǎn	Noun: one's impressions
锤子	chuí zi	Noun: hammer
吩咐	fēn fù	Verb: to instruct, to tell, to command
蜜蜂	mì fēng	Noun: honeybee
酒精	jiǔ jīng	Noun: alcohol, ethanol
纲领	gāng lǐng	Noun: guiding principle, program
耐人寻味	nài rén xún wèi	Verb: to be thought-provoking
身心	shēn xīn	Noun: body and mind
归宿	gūi sù	Noun: final destination, ending
公示	gōng shì	Noun: public notification
无论如何	wú lùn rú hé	Adverb: anyhow, anyway, in any case
纱	shā	Noun: cotton yarn, muslin (kind of fabric)
评判	píng pàn	Verb: to judge (competition, etc.), to appraise

模拟	mó nǐ	Noun: simulation
		Verb: to simulate
		Adjective: analogue
乞求	qǐ qiú	Verb: to beg
仙女	xiān nǚ	Noun: fairy
导师	dǎo shī	Verb: tutor, teacher
载体	zài tǐ	Noun: carrier (chem.), medium, vehicle
老伴儿	lǎo bàn er	Noun: husband, wife (long married couple)
瞒	mán	Verb: to hide the truth from sbd.
华侨	huá qiáo	Noun: overseas Chinese
通风	tōng fēng	Noun: ventilation
		Verb: to ventilate, to disclose information
运送	yùn sòng	Verb: to transport
警惕	jǐng tì	Verb: to be on the alert, to watch out for
分割	fēn gē	Verb: to cut up, to break up
付费	fù fèi	Verb: to pay
		Adjective: subject to charges
斑点	bān diǎn	Noun: spot, stain
炉子	lú zi	Noun: stove, oven
遗弃	yí qì	Verb: to leave, to abandon
劈	pī	Verb: to hack, to chop, to cleave
后顾之忧	hòu gù zhī yōu	Noun: worries about future consequences
心爱	xīn ài	Adjective: loved
腐烂	fǔ làn	Verb: to rot, to perish
欠缺	qiàn quē	Noun: deficiency
		Verb: to be deficient in
出山	chū shān	Verb: to leave the mountain (hermit), to take a leading position
猩猩	xīng xīng	Noun: orangutan
先天	xiān tiān	Adjective: natural, innate
饲料	sì liào	Noun: fodder
辛酸	xīn suān	Adjective: bitter, sad
丝绸	sī chóu	Noun: silk, silk cloth
茎	jīng	Noun: stalk, stem

吉普	jí pǔ	Noun:	Jeep
洗礼	xǐ lǐ	Noun:	baptism
车祸	chē huò	Noun:	car accident
掀	xiān	Verb:	to lift, to convulse
皮带	pí dài	Noun:	belt
辨认	biàn rèn	Verb:	to recognize, to identify
默默无闻	mò mò wú wén	Adjective:	unknown, obscure
商贾	shāng gǔ	Noun:	merchant
院士	yuàn shì	Noun:	scholar, fellow
泄气	xiè qì	Verb:	to feel discouraged, to lose heart, to be frustrated
粗糙	cū cāo	Adjective:	crude, gruff, rough
高傲	gāo ào	Adjective:	arrogant, proud
货币	huò bì	Noun:	currency, money
第一线	dì yī xiàn	Noun:	front line
饥饿	jī è	Noun:	hunger, starvation
		Adjective:	hungry, starving
深夜	shēn yè	Time:	very late at night
年迈	nián mài	Adjective:	old, aged
放过	fàng guò	Verb:	to let slip by, to let sbd. get away with sth.
一无所知	yī wú suǒ zhī	Adjective:	completely ignorant
及早	jí zǎo	Adverb:	as soon as possible
短缺	duǎn quē	Noun:	shortage
盯	dīng	Verb:	to gaze at, to fix one's eyes on, to watch attentively
估算	gū suàn	Noun:	estimate, evaluation
		Verb:	to estimate
僵化	jiāng huà	Verb:	to become rigid
探险	tàn xiǎn	Noun:	exploration
		Verb:	to explore
幕后	mù hòu	Location:	behind the scenes
有幸	yǒu xìng	Adverb:	fortunately
竞技	jìng jì	Noun:	competition of skill, tournament
致使	zhì shǐ	Verb:	to cause, to result in

恶化	è huà	Verb: to worsen
则	zé	Conjunction: then
心意	xín yì	Noun: intention, kindly feelings, regard
丢失	diū shī	Verb: to lose
起步	qǐ bù	Verb: to start, to set out
戳	chuō	Verb: to jab, to poke, to stab
客机	kè jī	Noun: passenger plane
立功	lì gōng	Verb: to make worthy contributions
赛跑	sài pǎo	Noun: race (running) Verb: to race
参谋	cān móu	Noun: staff officer, advisor Verb: to give advice
诱惑	yòu huò	Noun: temptation, enticement Verb: to entice, to lure, to tempt
气质	qì zhì	Noun: temperament, personality traits
扩散	kuò sàn	Noun: spread, diffusion Verb: to spread, to diffuse
功效	gōng xiào	Noun: efficacy
胡闹	hú nào	Noun: hoax Verb: to make trouble
瞧不起	qiáo bù qǐ	Verb: to look down upon
报复	bào fù	Noun: revenge, retaliation Verb: to revenge, to retaliate
帆船	fān chuán	Noun: sailboat
圆形	yuán xíng	Adjective: round, circular
残	cán	Verb: to destroy, to ruin
遮盖	zhē gài	Noun: cover Verb: to cover
醒目	xǐng mù	Verb: to be eye-grabbing
心胸	xīn xiōng	Noun: breadth of mind, heart and breast
执意	zhí yì	Verb: to be determined to do sth., to insist on
幢	zhuàng	Measure Word: for houses, buildings, etc.
祥和	xiáng hé	Adjective: idyllic
避暑	bì shǔ	Verb: to flee from the summer heat

伸缩	shēn suō	Verb: to lengthen and shorten
		Adjective: extensible, adjustable
喜庆	xǐ qìng	Adjective: festive
胸有成竹	xiōng yǒu chéng zhú	Verb: to have a good plan
瘾	yǐn	Noun: addiction, craving
传记	zhuàn jì	Noun: biography
抑制	yì zhì	Verb: to inhibit, to restrain, to suppress
建交	jiàn jiāo	Verb: to establish diplomatic relations
公函	gōng hán	Noun: official letter
挟持	xié chí	Verb: to seize, to grab on both arms
零件	líng jiàn	Noun: part, component
丢弃	diū qì	Verb: to discard, to abandon
动用	dòng yòng	Verb: to utilize
化肥	huà féi	Noun: chemical fertilizer
勇往直前	yǒng wǎng zhí qián	Verb: to advance bravely
港	gǎng	Noun: harbour, port
见外	jiàn wài	Verb: to regard somebody as an outsider
城墙	chéng qiáng	Noun: city wall
聚精会神	jù jīng huì shén	Verb: to concentrate completely
耐性	nài xìng	Noun: patience
扬	yáng	Verb: to raise, to hoist, to propagate
引擎	yǐn qíng	Noun: engine
拟定	nǐ dìng	Verb: to draw up, to formulate
座谈	zuò tán	Verb: to have an informal discussion
蛋白质	dàn bái zhì	Noun: protein
缓慢	huǎn màn	Adjective: slow
开垦	kāi kěn	Noun: clearance, cultivation
		Verb: to clear for cultivation
不知	bù zhī	Adjective: unaware, not knowing
伊斯兰教	yī sī lán jiào	Noun: Islam
抗拒	kàng jù	Verb: to resist, to oppose
绳子	shéng zi	Noun: string, rope, cord
忙乱	máng luàn	Adjective: rushed, muddled
审核	shěn hé	Verb: to investigate thoroughly

开天辟地	kāi tiān pì dì	Verb: to split heaven and earth apart
坟	fén	Noun: grave, embankment, ancient book
亮点	liàng diǎn	Noun: highlight, bright spot
度假	dù jià	Verb: to go on vacation
诸如此类	zhū rú cǐ lèi	Adverb: et cetera
用功	yòng gōng	Adjective: diligent, hardworking
千方百计	qiān fāng bǎi jì	Verb: to try every possible way
迎	yíng	Verb: to welcome
暂	zàn	Adjective: temporary
火候	huǒ hòu	Noun: heat control, cooking time, crucial moment
妄想	wàng xiǎng	Noun: wishful thinking, a vain of hope, delusion Verb: to vainly hope to do sth.
商讨	shāng tǎo	Noun: discussion Verb: to discuss
鲁莽	lǔ mǎng	Adjective: hot-headed, impulsive
癌	ái	Noun: cancer
造假	zào jiǎ	Verb: to counterfeit
虚幻	xū huàn	Adjective: imaginary, illusory
结识	jié shí	Verb: to get to know sbd.
台球	tái qiú	Noun: billiards
国徽	guó huī	Noun: national emblem
违约	wéi yuē	Verb: to break a promise, to violate an agreement
折扣	zhé kòu	Noun: discount
华裔	huá yì	Noun: ethnic Chinese (but non-Chinese citizen)
舵手	duò shǒu	Noun: helmsman
不同寻常	bù tóng xún cháng	Adjective: out of the ordinary, unusual
珍重	zhēn zhòng	Adjective: precious, extremely valuable
沉淀	chén diàn	Noun: sediment, deposit Verb: to settle, to precipitate
容颜	róng yán	Noun: mien, complexion
取代	qǔ dài	Verb: to replace, to substitute

去除	qù chú	Verb: to remove, to dislodge
滋润	zī rùn	Adjective: moist, humid
见证	jiàn zhèng	Noun: witness, testimony
疏导	shū dǎo	Verb: to remove obstructions, to clear the way, to dredge
触觉	chù jué	Noun: sense of touch
桂花	guì huā	Noun: Osmanthus flowers, Osmanthus fragrans
学业	xué yè	Noun: studies
配音	pèi yīn	Noun: dubbing (film)
官吏	guān lì	Noun: an office holder
拜会	bài huì	Verb: to visit in an official capacity
衍生	yǎn shēng	Noun: derivative, derivation Verb: to derive
景区	jǐng qū	Noun: scenic area
开发区	kāi fā qū	Noun: development zone
惦记	diàn jì	Verb: to be concerned about, to keep thinking about
果园	guǒ yuán	Noun: orchard
垂头丧气	chuí tóu sàng qì	Adjective: dejected, crestfallen
优雅	yōu yǎ	Noun: grace Adjective: graceful
间隔	jiàn gé	Noun: interval, gap, compartment
挖掘	wā jué	Verb: to dig, to excavate
惨痛	cǎn tòng	Adjective: painful, deeply distressed
极力	jí lì	Adverb: at all costs
务实	wù shí	Adjective: pragmatic
炼	liàn	Verb: to smelt, to refine
轻而易举	qīng ér yì jǔ	Adjective: easy, with ease
电信	diàn xìn	Noun: telecommunications
大宗	dà zōng	Noun: large amount
绝缘	jué yuán	Noun: insulation Verb: to isolate
钥匙	yào shi	Noun: key
赐	cì	Verb: to confer, to bestow, to grant

犯愁	fàn chóu	Verb: to worry, to be anxious
勤劳	qín láo	Adjective: hardworking, industrious
防盗	fáng dào	Adjective: thief-proof
摸索	mō suǒ	Verb: to fumble, to feel about
审判	shěn pàn	Noun: trial Verb: to put (sbd.) on trial
少见	shǎo jiàn	Adjective: rare
实事求是	shí shì qiú shì	Verb: to be practical and realistic
经商	jīng shāng	Verb: to trade, to be in business
忘掉	wàng diào	Verb: to forget
颤抖	chàn dǒu	Verb: to shudder, to shiver
执照	zhí zhào	Noun: license
终究	zhōng jiū	Adverb: in the end, after all
来历	lái lì	Noun: history, origin, source
丑恶	chǒu è	Adjective: ugly, repulsive
学历	xué lì	Noun: educational background
舆论	yú lùn	Noun: public opinion
缠	chán	Verb: to wind around, to wrap round, to coil
专著	zhuān zhù	Noun: specialized text
无所作为	wú suǒ zuò wéi	Verb: attempting nothing and accomplishing nothing
叛逆	pàn nì	Verb: to rebel, to revolt
腐蚀	fǔ shí	Noun: corrosion, corruption Verb: to corrode, to rot, to corrupt
社团	shè tuán	Noun: union, society, mass organization
灌输	guàn shū	Verb: to instil, to teach, to impart
阵容	zhèn róng	Noun: line-up (sports), troop arrangement
庙	miào	Noun: temple
奠定	diàn dìng	Verb: to establish, to found
假使	jiǎ shǐ	Conjunction: if, in case
公益	gōng yì	Noun: public welfare, public good
出演	chū yǎn	Verb: to appear in (show, etc.)
仇	chóu	Noun: hatred

相识	xiāng shí	Noun:	acquaintance
		Verb:	to get to know each other
低调	dī diào	Adjective:	low-profile, quiet (voice, tone)
芦花	lú huā	Noun:	reed flower
派别	pài bié	Noun:	faction, group, school of thought
扛	káng	Verb:	to carry on the shoulder
善意	shàn yì	Noun:	goodwill, benevolence, kindness
盗	dào	Noun:	thief, robber
		Verb:	to steal, to rob
唾液	tuò yè	Noun:	saliva
革命	gé mìng	Noun:	revolution
成才	chéng cái	Verb:	to make sth. of oneself
一早	yī zǎo	Time:	early in the morning
振奋	zhèn fèn	Verb:	to inspire, to stimulate
加紧	jiā jǐn	Verb:	to intensify, to speed up
光环	guāng huán	Noun:	halo
强制	qiáng zhì	Noun:	enforcement
		Verb:	to enforce, to compel
书记	shū jì	Noun:	secretary
申报	shēn bào	Noun:	declaration
		Verb:	to declare, to report, to register
冷战	lěng zhàn	Noun:	cold war
肥料	féi liào	Noun:	fertilizer
请帖	qǐng tiě	Noun:	invitation card
出境	chū jìng	Noun:	emigration
		Verb:	to leave a country
无关紧要	wú guān jǐn yào	Adjective:	indifferent, insignificant
惊叹	jīng tàn	Verb:	to admire, to exclaim in admiration
逼真	bī zhēn	Adjective:	realistic, lifelike
火暴	huǒ bào	Adjective:	fiery, lively
比起	bǐ qǐ	Adverb:	compared with
数据库	shù jù kù	Noun:	database
思前想后	sī qián xiǎng hòu	Verb:	to think over the past and future
凑合	còu he	Verb:	to gather together, to improvise
		Adverb:	passable, not too bad

得天独厚	dé tiān dú hòu	Adjective: blessed, gifted, rich, unique, advantageous
私事	sī shì	Noun: personal matters
预示	yù shì	Verb: to indicate, to foretell
氛围	fēn wéi	Noun: ambience, atmosphere
皇室	huáng shì	Noun: royal family
慎重	shèn zhòng	Adjective: cautious, careful, prudent
煎	jiān	Verb: to pan fry
晚期	wǎn qī	Noun: end stage Adjective: terminal
响应	xiǎng yìng	Verb: to answer, to respond to
咽	yàn	Verb: to swallow
上报	shàng bào	Verb: to report to the superiors, to appear in the news
竖	shù	Verb: to erect, to stand Adjective: vertical
训	xùn	Noun: example Verb: to teach, to train
偏差	piān chā	Noun: deviation, error
拳头	quán tou	Noun: fist
日新月异	rì xīn yuè yì	Verb: to change with each passing day
理事	lǐ shì	Noun: member of council, board member
坠	zhuì	Verb: to fall, to drop
震动	zhèn dòng	Noun: shock, vibration Verb: to shake, to vibrate
窒息	zhì xī	Noun: shortness of breath Verb: to choke, to suffocate
顺理成章	shùn lǐ chéng zhāng	Adverb: naturally, logical
史无前例	shǐ wú qián lì	Adjective: unprecedented in history
外公	wài gōng	Noun: maternal grandfather
主	zhǔ	Noun: owner, master
膨胀	péng zhàng	Verb: to expand, to inflate
柜台	guì tái	Noun: (sales) counter, bar
弥补	mí bǔ	Verb: to make up for, to compensate
长相	zhǎng xiàng	Noun: appearance, looks

排斥	pái chì	Verb: to reject, to exclude, to repel
主页	zhǔ yè	Noun: homepage
尖锐	jiān ruì	Adjective: sharp, acute (illness)
负有	fù yǒu	Verb: to be responsible for
乡下	xiāng xià	Noun: countryside Adjective: rural
印章	yìn zhāng	Noun: seal
爽快	shuǎng kuài	Adjective: refreshed, rejuvenated, frank, outright
海藻	hǎi zǎo	Noun: seaweed
糊	hú	Noun: congee, paste Adjective: muddled, scorched
安宁	ān níng	Noun: peace Adjective: peaceful, tranquil
追尾	zhuī wěi	Verb: to tailgate
触犯	chù fàn	Verb: to offend, to violate
水落石出	shuǐ luò shí chū	Expression: the truth comes to light
喧闹	xuān nào	Verb: to make a noise
超标	chāo biāo	Verb: to exceed the norm
乘人之危	chéng rén zhī wēi	Verb: to utilize the bad luck of others
抛弃	pāo qì	Verb: to discard, to abandon
空白	kòng bái	Noun: blank space, gap
关税	guān shuì	Noun: customs duty, tariff
陪葬	péi zàng	Verb: to be buried with or next to another person
浏览器	liú lǎn qì	Noun: browser
食宿	shí sù	Noun: board and lodging
余地	yú dì	Noun: margin, leeway
迄今	qì jīn	Adverb: so far, until now
熏陶	xūn táo	Verb: to nurture, to influence positively
对弈	duì yì	Verb: to play go, chess, etc.
吻	wěn	Noun: kiss Verb: to kiss
自费	zì fèi	Adverb: at one's own expense, self-funded

一阵	yī zhèn	Noun:	spell, burst
揭晓	jiē xiǎo	Verb:	to announce publicly
婚姻	hūn yīn	Noun:	wedding, marriage
寝室	qǐn shì	Noun:	bedroom
束缚	shù fù	Noun:	constraint, shackles
		Verb:	to restrict, to bind, to tie down
荣幸	róng xìng	Adjective:	honoured
错位	cuò wèi	Verb:	to misplace, to displace
一动不动	yī dòng bú dòng	Adjective:	motionless
突发	tū fā	Verb:	to burst out suddenly
稍候	shāo hòu	Verb:	to wait a moment
账号	zhàng hào	Noun:	account, account number
继	jì	Verb:	to continue, to succeed, to inherit
重现	chóng xiàn	Verb:	to reappear
间谍	jiàn dié	Noun:	spy
急转弯	jí zhuǎn wān	Verb:	to make a sudden turn
趁早	chèn zǎo	Adverb:	as soon as possible
性命	xìng mìng	Noun:	life
幻觉	huàn jué	Noun:	illusion, hallucination
与否	yǔ fǒu	Adverb:	whether or not
劝告	quàn gào	Noun:	advice
		Verb:	to advise, to urge, to exhort
刁难	diāo nàn	Verb:	to be hard on sbd.
海域	hǎi yù	Noun:	territorial waters
弹性	tán xìng	Noun:	elasticity
自然界	zì rán jiè	Noun:	nature
别具匠心	bié jù jiàng xīn	Adjective:	clever and creative
相遇	xiāng yù	Verb:	to meet, to come across
投身	tóu shēn	Verb:	to throw oneself into sth.
指令	zhǐ lìng	Noun:	order, instruction
甜美	tián měi	Adjective:	sweet, pleasant
议	yì	Verb:	to discuss, to debate, to suggest
暗地里	àn dì lǐ	Adverb:	secretly
捕捉	bǔ zhuō	Verb:	to catch

深远	shēn yuǎn	Adjective:	far-reaching
黎明	lí míng	Noun:	dawn, daybreak
巴不得	bā bu de	Verb:	to be eager to, to look forward to
立方米	lì fāng mǐ	Noun:	cubic meter
解救	jiě jiù	Verb:	to rescue, to save the situation
停放	tíng fàng	Verb:	to park, to leave sth. somewhere
福气	fú qi	Noun:	good fortune, felicity
运转	yùn zhuǎn	Verb:	to operate, to work
麻	má	Noun:	hemp, sesame
遗体	yí tǐ	Noun:	remains (of a dead person)
卡通	kǎ tōng	Noun:	cartoon
外贸	wài mào	Noun:	foreign trade
手艺	shǒu yì	Noun:	craftsmanship, handicraft
能耐	néng nài	Noun:	ability, capability
好心人	hǎo xīn rén	Noun:	kind-hearted person
乡亲	xiāng qīn	Noun:	fellow countryman
涂	tú	Verb:	to apply (cream, paint, etc.)
经度	jīng dù	Noun:	longitude
不妨	bù fáng	Adverb:	might as well
结局	jié jú	Noun:	ending, finale, conclusion
偷窥	tōu kuī	Verb:	to peep, to peek
高龄	gāo líng	Adjective:	elderly
家境	jiā jìng	Noun:	family circumstances (financial)
捧	pěng	Verb:	to hold up with both hands, to flatter
招牌	zhāo pai	Noun:	signboard, reputation of a business
小路	xiǎo lù	Noun:	minor road, pathway, trail
兆头	zhào tou	Noun:	omen, sign
无形	wú xíng	Adjective:	intangible, invisible, virtual
举报	jǔ bào	Verb:	to report (to police)
千钧一发	qiān jūn yī fà	Noun:	a matter of life or death
亡羊补牢	wáng yáng bǔ láo	Expression:	better late than never
地道	dì dào	Noun:	tunnel

烧毁	shāo huǐ	Verb: to burn (down)
点击率	diǎn jī lǜ	Noun: click through rate
汇聚	huì jù	Noun: convergence Verb: to come together
衔接	xián jiē	Verb: to join together, to combine
剧情	jù qíng	Noun: story line, plot
冷笑	lěng xiào	Noun: sarcastic smile Verb: to sneer
筛选	shāi xuǎn	Noun: screening Verb: to sieve out, to filter
集会	jí huì	Noun: assembly, meeting
签署	qiān shǔ	Verb: to sign
大公无私	dà gōng wú sī	Verb: to put the common good above all else
住户	zhù hù	Noun: householder
优异	yōu yì	Adjective: exceptional, outstanding
跑龙套	pǎo lóng tào	Verb: to play a small role
尚未	shàng wèi	Adverb: not yet
睡袋	shuì dài	Noun: sleeping bag
树梢	shù shāo	Noun: treetop
妥善	tuǒ shàn	Adjective: appropriate, proper, careful
良心	liáng xīn	Noun: conscience
原本	yuán běn	Adjective: original
顽固	wán gù	Adjective: stubborn, obstinate
动不动	dòng bu dòng	Adverb: frequently
肿瘤	zhǒng liú	Noun: tumour
垂	chuí	Verb: to hang (down)
公费	gōng fèi	Adverb: at public expense
译	yì	Verb: to translate
亮相	liàng xiàng	Verb: to make a public appearance
锡	xī	Noun: tin (chem.) Verb: to grant
自尊心	zì zūn xīn	Noun: self-respect
呼应	hū yìng	Verb: to echo, to correlate well
跨国	kuà guó	Adjective: transnational

伺机	sì jī	Verb:	to wait for an opportunity
风貌	fēng mào	Noun:	style, manner
清静	qīng jìng	Adjective:	peaceful, quiet
荒谬	huāng miù	Adjective:	absurd, ridiculous
出局	chū jú	Verb:	to eliminate, to leave (sport, competition, etc.)
截	jié	Verb:	to cut off, to intercept
失落	shī luò	Verb:	to lose
顺差	shùn chā	Noun:	surplus (budget, trade, etc.)
心得	xīn dé	Noun:	gained knowledge, what one has learned
曲折	qū zhé	Noun:	complications, winding
		Adjective:	complicated, winding, zigzag
强占	qiáng zhàn	Verb:	to occupy by force
甩	shuǎi	Verb:	to throw, to swing, to move back and forth
迷路	mí lù	Verb:	to get lost, to lose the way
效仿	xiào fǎng	Verb:	to copy, to imitate
疫苗	yì miáo	Noun:	vaccine
冷淡	lěng dàn	Adjective:	indifferent, cold, unconcerned
予以	yǔ yǐ	Verb:	to give, to grant
矫正	jiǎo zhèng	Noun:	correction
		Verb:	to correct, to rectify, to improve
顺从	shùn cóng	Verb:	to comply, to defer
		Adjective:	obedient
纲要	gāng yào	Noun:	outline, draft, essential points
假定	jiǎ dìng	Noun:	hypothesis
		Adjective:	supposed
理直气壮	lǐ zhí qì zhuàng	Verb:	to be in the right and self-confident
荣誉	róng yù	Noun:	honour, glory
流氓	liú máng	Noun:	hooligan, hoodlum, gangster
直观	zhí guān	Noun:	direct observation
		Adjective:	intuitive
营救	yíng jiù	Verb:	to rescue
接通	jiē tōng	Verb:	to connect
国学	guó xué	Noun:	Chinese national culture

鲨鱼	shā yú	Noun:	shark
劳动力	láo dòng lì	Noun:	labour force, manpower
质疑	zhì yí	Verb:	to question (truth, validity, etc.)
略微	lüè wēi	Adverb:	a little bit, slightly
罪魁祸首	zuì kuí huò shǒu	Noun:	main offender
境界	jìng jiè	Noun:	boundary, realm
轮廓	lún kuò	Noun:	outline, contour, silhouette
得益于	dé yì yú	Verb:	to benefit from
小曲	xiǎo qǔ	Noun:	popular song, simple song, ingredient of making a special baijiu
妥协	tuǒ xié	Noun:	compromise
		Verb:	to compromise, to reach terms
辩	biàn	Verb:	to debate, to argue, to discuss
称作	chēng zuò	Verb:	to be called sth., to be known as
规格	guī gé	Noun:	standard, norm, specification
从未	cóng wèi	Adverb:	never before
麻将	má jiàng	Noun:	mahjong
名声	míng shēng	Noun:	reputation
郊游	jiāo yóu	Noun:	field trip, picnic
缝	fèng	Noun:	seam, crack
解析	jiě xī	Noun:	analysis
		Verb:	to analyse, to resolve
		Adjective:	analytic
声誉	shēng yù	Noun:	reputation, fame
而已	ér yǐ	Expression:	that's all, nothing more
成千上万	chéng qiān shàng wàn	Number:	thousands upon thousands
眼红	yǎn hóng	Verb:	to covet, to envy
按说	àn shuō	Adverb:	ordinarily, normally
晶莹	jīng yíng	Adjective:	sparkling, translucent
寓言	yù yán	Noun:	fable
生前	shēng qián	Adverb:	during one's life
就座	jiù zuò	Verb:	to sit, to sit down
防疫	fáng yì	Noun:	disease prevention, protection against epidemic
勾画	gōu huà	Verb:	to sketch out

两口子	liǎng kǒu zi	Noun: husband and wife
疗效	liáo xiào	Noun: healing effect
历时	lì shí	Noun: period
		Verb: to last, to take (time)
以	yǐ	Relative Clause: because of, so as to, in order to
换言之	huàn yán zhī	Expression: in other words
销	xiāo	Verb: to melt (metal), to annul, to sell
远程	yuǎn chéng	Adjective: remote ..., long distance ...
辞去	cí qù	Verb: to resign, to quit
恰恰相反	qià qià xiāng fǎn	Adverb: just the opposite
标榜	biāo bǎng	Verb: to flaunt, to brag
半岛	bàn dǎo	Noun: peninsula
树木	shù mù	Noun: trees
无辜	wú gū	Adjective: innocent
鉴赏	jiàn shǎng	Verb: to appreciate
拨款	bō kuǎn	Noun: appropriation
		Verb: to allocate funds
圈子	quān zi	Noun: circle, ring
媳妇	xí fu	Noun: wife, daughter-in-law
滚动	gǔn dòng	Verb: to roll
摧毁	cuī huǐ	Verb: to destroy, to wreck
槽	cáo	Noun: trough, manger
枣	zǎo	Noun: dates (fruit)
透彻	tòu chè	Adjective: penetrating, thorough
尤为	yóu wéi	Adjective: special
看得出	kàn de chū	Verb: one can see
验证	yàn zhèng	Verb: to test and verify
好笑	hǎo xiào	Adjective: funny, laughable, ridiculous
风浪	fēng làng	Noun: wind and waves
麻痹	má bì	Noun: paralysis
		Adjective: numb, lull
凝固	níng gù	Verb: to solidify, to congeal
便道	biàn dào	Noun: pavement, sidewalk
下期	xià qī	Adverb: next period

新陈代谢	xīn chén dài xiè	Noun:	metabolism
华丽	huá lì	Noun:	gorgeous, magnificent
宪法	xiàn fǎ	Noun:	constitution (law)
预兆	yù zhào	Noun:	omen, portent
酌情	zhuó qíng	Verb:	to take circumstances into account
搜寻	sōu xún	Verb:	to search, to look for
结冰	jié bīng	Verb:	to freeze
用人	yòng rén	Noun:	servant
呕吐	ǒu tù	Verb:	to vomit, to throw up
慌乱	huāng luàn	Adjective:	frenetic, hurried
碰上	pèng shàng	Verb:	to run into, to meet
频频	pín pín	Adverb:	repeatedly, again and again
宁可	nìng kě	Conjunction:	would rather, preferably
跟踪	gēn zōng	Verb:	to tail, to run after, to follow
凶狠	xiōng hěn	Adjective:	cruel, vicious
翅膀	chì bǎng	Noun:	wing
物资	wù zī	Noun:	goods and materials
猖狂	chāng kuáng	Adjective:	savage, furious
来电	lái diàn	Noun:	incoming telegram or telephone call
		Verb:	to get a call/telegram
心安理得	xīn ān lǐ dé	Verb:	to have a clear conscience
退却	tuì què	Verb:	to retreat
推移	tuī yí	Verb:	to elapse (time)
选民	xuǎn mín	Noun:	voter
任命	rèn mìng	Verb:	to appoint, to nominate
诉说	sù shuō	Verb:	to tell sbd.
取暖	qǔ nuǎn	Verb:	to warm oneself up
梳子	shū zi	Noun:	comb
计策	jì cè	Noun:	stratagem
对照	duì zhào	Noun:	comparison
		Verb:	to compare, to contrast
主人公	zhǔ rén gōng	Noun:	hero, main protagonist
体面	tǐ miàn	Noun:	dignity, face
		Adjective:	honourable

出主意	chū zhǔ yi	Verb: to come up with ideas, to issue advice
挨家挨户	āi jiā āi hù	Verb: to go from house to house
一头	yī tóu	Adverb: head full of sth., head first, rapidly
目睹	mù dǔ	Verb: to witness, to see with own eyes
现成	xiàn chéng	Adjective: ready-made, readily available
俗话	sú huà	Noun: proverb, saying
特例	tè lì	Noun: special case
幸好	xìng hǎo	Adverb: fortunately
堵塞	dǔ sè	Noun: blockage Verb: to cause an obstruction, to stop
复发	fù fā	Noun: relapse (med.) Verb: to reappear, to recur (disease)
穆斯林	mù sī lín	Noun: Muslim
念头	niàn tou	Noun: thought, idea
同类	tóng lèi	Adjective: similar, alike
学士	xué shì	Noun: Bachelor
出版社	chū bǎn shè	Noun: publishing house
知己	zhī jǐ	Verb: to be intimate or close
起伏	qǐ fú	Verb: to undulate, to move up and down
有望	yǒu wàng	Adjective: hopeful, promising
慈善	cí shàn	Adjective: benevolent, charitable
惨重	cǎn zhòng	Adjective: disastrous
秘方	mì fāng	Noun: secret recipe
红灯	hóng dēng	Noun: red (traffic) light
送别	sòng bié	Noun: farewell
乃	nǎi	Verb: to be Adverb: thus, thereupon
准则	zhǔn zé	Noun: norm, standard, criterion
便捷	biàn jié	Adjective: convenient and fast
鹰	yīng	Noun: eagle, falcon
功臣	gōng chén	Noun: minister with outstanding service
伤感	shāng gǎn	Noun: sadness, melancholia Adjective: sad, sentimental

军官	jūn guān	Noun:	officer (mil.)
悠久	yōu jiǔ	Adjective:	long, longstanding
专程	zhuān chéng	Noun:	special-purpose trip
何苦	hé kǔ	Expression:	is it worth the trouble?
惩处	chéng chǔ	Verb:	to punish, to hold sbd. liable
打猎	dǎ liè	Noun:	hunt
		Verb:	to go hunting
遥控	yáo kòng	Noun:	remote control
光泽	guāng zé	Noun:	gloss, lustre
口头	kǒu tóu	Adjective:	verbal, spoken, oral
外貌	wài mào	Noun:	appearance
一概	yí gài	Adverb:	all, without any exceptions
由此看来	yóu cǐ kàn lái	Adverb:	thereby, judging from this
顾不上	gù bu shàng	Verb:	to not be able to attend to, to not be able to take care of sth.
压制	yā zhì	Verb:	to suppress, to inhibit, to stifle
不亦乐乎	bù yì lè hū	Adjective:	extremely happy
牲畜	shēng chù	Noun:	livestock, domesticated animals
索性	suǒ xìng	Adverb:	might as well, simply
冗长	rǒng cháng	Adjective:	superfluous, long and tedious
阴暗	yīn àn	Adjective:	dim, dark, murky
奖项	jiǎng xiàng	Noun:	award, prize
卷入	juǎn rù	Verb:	to be involved in, to be drawn into
光碟	guāng dié	Noun:	CD
软实力	ruǎn shí lì	Noun:	soft power
哦	ò	Particle:	oh
官兵	guān bīng	Noun:	officers and soldiers (military)
穿越	chuān yuè	Verb:	to pass though, to cross
赞扬	zàn yáng	Verb:	to praise, to commend, to speak highly of
拣	jiǎn	Verb:	to choose, to pick
参照	cān zhào	Noun:	reference
		Verb:	to refer to, to consult
填补	tián bǔ	Verb:	to fill a gap
后盾	hòu dùn	Noun:	support

下落	xià luò	Noun: whereabouts
传承	chuán chéng	Verb: to pass on (to future generations, children, etc.)
跟不上	gēn bu shàng	Verb: to not be able to keep up with
折射	zhé shè	Noun: refraction
一无所有	yī wú suǒ yǒu	Verb: to not have anything at all
集邮	jí yóu	Noun: philately Verb: to collect stamps
出众	chū zhòng	Adjective: outstanding
偏偏	piān piān	Adverb: contrary to expectations, against one's wish
倒数	dào shǔ	Verb: to count down, to count backward Location: from the back, from the bottom
船舶	chuán bó	Noun: ships, boats
陶冶	táo yě	Verb: to educate, to shape (character)
内幕	nèi mù	Noun: inside story Location: behind the scenes
辣椒	là jiāo	Noun: hot pepper, chili
锈	xiù	Verb: to rust
写照	xiě zhào	Noun: portrayal
下坠	xià zhuì	Noun: rectal tenesmus Verb: to fall, to drop, to droop
至关重要	zhì guān zhòng yào	Adjective: extremely important, essential
逮	dài	Verb: to arrest
谜	mí	Noun: riddle
水面	shuǐ miàn	Noun: water surface
瓜分	guā fēn	Verb: to partition, to divide up
拴	shuān	Verb: to tie up
恐慌	kǒng huāng	Noun: panic
并行	bìng xíng	Verb: to proceed in parallel
摔跤	shuāi jiāo	Noun: wrestling Verb: to fall, to trip
养活	yǎng huo	Verb: to provide for, to raise animals, to give birth
编号	biān hào	Noun: numbering Verb: to number

天生	tiān shēng	Adjective: innate, natural
早日	zǎo rì	Adverb: soon, shortly
成家	chéng jiā	Verb: to get married, to become an expert
势不可当	shì bù kě dāng	Adjective: impossible to resist
烦躁	fán zào	Adjective: irritable, jittery
半信半疑	bàn xìn bàn yí	Verb: to half-believe, half-doubt
骚乱	sāo luàn	Noun: disturbance, riot Verb: to create a disturbance
好客	hào kè	Noun: hospitality Verb: to be hospitable Adjective: hospitable, friendly
总计	zǒng jì	Noun: total Adverb: in total
着想	zhuó xiǎng	Verb: to consider (other people's needs)
演播室	yǎn bō shì	Noun: broadcasting studio
重合	chóng hé	Verb: to match up, to coincide
趴	pā	Verb: to lie on the stomach
痰	tán	Noun: phlegm, spittle
讨	tǎo	Verb: to demand, to ask for, to marry, to denounce, to condemn
大面积	dà miàn jī	Noun: large area Adjective: extensive (area)
磨难	mó nàn	Noun: torment, trial, tribulation
私立	sī lì	Adjective: private
唤起	huàn qǐ	Verb: to evoke, to rouse
打岔	dǎ chà	Noun: interruption Verb: to interrupt
热潮	rè cháo	Noun: popular craze, hype, upsurge
镇定	zhèn dìng	Adjective: cool, calm
别提了	bié tí le	Expression: please don't ask!
没落	mò luò	Noun: decline Verb: to decline
算盘	suàn pán	Noun: abacus, plan
从来不	cóng lái bù	Adverb: never
跳动	tiào dòng	Verb: to pulse, to bounce, to throb

享	xiǎng	Verb: to enjoy
本着	běn zhe	Relative Clause: based on, in line with
发誓	fā shì	Verb: to vow, to swear
盛大	shèng dà	Adjective: grand, magnificent
贿赂	huì lù	Noun: bribe Verb: to bribe
掠夺	lüè duó	Verb: to plunder, to rob
颠覆	diān fù	Noun: overthrow, subversion Verb: to overturn
大有可为	dà yǒu kě wéi	Expression: well worth doing
转交	zhuǎn jiāo	Verb: to pass on to sbd.
互补	hù bǔ	Verb: to complement each other Adverb: complementary
要紧	yào jǐn	Adjective: important, urgent
强加	qiáng jiā	Verb: to force upon, to impose
万古长青	wàn gǔ cháng qīng	Adjective: eternal, with eternal youth
招待会	zhāo dài huì	Noun: reception
接手	jiē shǒu	Noun: catcher (baseball, etc.) Verb: to take over (duties, etc.)
结果	jié guǒ	Adverb: finally, at last
少女	shào nǚ	Noun: young woman
恭喜	gōng xǐ	Noun: congratulations, greetings
惊奇	jīng qí	Verb: to be amazed, to be surprised
不可思议	bù kě sī yì	Expression: unbelievable!
强硬	qiáng yìng	Adjective: tough, hard-line
免不了	miǎn bu liǎo	Adjective: unavoidable
严峻	yán jùn	Adjective: serious, grim severe
自负	zì fù	Verb: to take responsibility, to be conceited
信赖	xìn lài	Verb: to trust, to rely on
迎合	yíng hé	Verb: to cater to
整洁	zhěng jié	Adjective: neat, tidy
宽松	kuān sōng	Verb: to relax Adjective: relaxed
潜在	qián zài	Adjective: potential, latent

高新技术	gāo xīn jì shù	Noun:	high tech
明朗	míng lǎng	Adjective:	obvious, clear
留心	liú xīn	Verb:	to be careful
冰山	bīng shān	Noun:	iceberg
一概而论	yī gài ér lùn	Verb:	to lump different matters together
垫底	diàn dǐ	Verb:	to lay the foundation
鲜美	xiān měi	Adjective:	delicious
庆典	qìng diǎn	Noun:	celebration
涌现	yǒng xiàn	Verb:	to emerge in large numbers, to spring up
惨白	cǎn bái	Adjective:	deathly pale
流转	liú zhuǎn	Verb:	to circulate
医务	yī wù	Noun:	medical affairs
不用说	bù yòng shuō	Adverb:	needless to say
慈祥	cí xiáng	Adjective:	kind
脉络	mài luò	Noun:	arteries and veins
人均	rén jūn	Adverb:	per capita
世袭	shì xí	Noun:	succession, inheritance
		Adjective:	hereditary
扣押	kòu yā	Verb:	to hold in custody, to seize property
沮丧	jǔ sàng	Adjective:	dispirited, dejected, depressed
手脚	shǒu jiǎo	Noun:	hand and foot, trick, trickery
注定	zhù dìng	Verb:	to be destined
攻关	gōng guān	Verb:	to make an important step forward
施工	shī gōng	Noun:	construction
		Verb:	to carry out construction work
制	zhì	Noun:	system
		Verb:	to control, to regulate, to manufacture, to make
流域	liú yù	Noun:	catchment, river basin
献血	xiàn xuè	Verb:	to donate blood
冒昧	mào mèi	Verb:	to take the liberty of doing sth.
督促	dū cù	Verb:	to urge sbd. to do sth.
声称	shēng chēng	Verb:	to claim, to state

出口成章	chū kǒu chéng zhāng	Verb:	to speak like a printed book
奇迹	qí jì	Noun:	miracle, wonder
涵义	hán yì	Noun:	implication, connotation
度	dù	Noun:	degree
示威	shì wēi	Noun:	demonstration
		Verb:	to demonstrate against
宽敞	kuān chang	Adjective:	spacious
晚间	wǎn jiān	Adverb:	in the evening, at night
啦啦队	lā lā duì	Noun:	cheering squad
投稿	tóu gǎo	Verb:	to contribute (writing)
重播	chóng bō	Verb:	to replay (TV show, etc.)
领养	lǐng yǎng	Noun:	adoption
		Verb:	to adopt
虽说	suī shuō	Adverb:	although
木材	mù cái	Noun:	wood
滑冰	huá bīng	Noun:	skating
		Verb:	to skate
启迪	qǐ dí	Noun:	enlightenment
		Verb:	to edify
反过来	fǎn guo lái	Adjective:	converse, inverse
欢聚	huān jù	Noun:	party, celebration
		Verb:	to celebrate
跳槽	tiào cáo	Verb:	to change jobs
屠杀	tú shā	Noun:	massacre, bloodbath
		Verb:	to massacre
孵化	fū huà	Noun:	breeding, innovation
		Verb:	to incubate
不理	bù lǐ	Verb:	to ignore
耀眼	yào yǎn	Adjective:	dazzling, glaring
过半	guò bàn	Number:	more than half
顺心	shùn xīn	Adjective:	happy, satisfied
推测	tuī cè	Noun:	speculation
		Verb:	to speculate, to guess, to presume
飞往	fēi wǎng	Verb:	to fly to
妨碍	fáng ài	Verb:	to hinder, to obstruct
高压	gāo yā	Noun:	high pressure

夜晚	yè wǎn	Noun:	night
插图	chā tú	Noun:	illustration
换取	huàn qǔ	Verb:	to exchange
浓郁	nóng yù	Adjective:	rich, strong (fragrance)
抽屉	chōu ti	Noun:	drawer
行走	xíng zǒu	Verb:	to walk
哎	āi	Expression:	hey! oh!
像	xiàng	Noun:	image, portrait
真心	zhēn xīn	Adjective:	sincere
无线	wú xiàn	Adjective:	wireless
画龙点睛	huà lóng diǎn jīng	Verb:	to add the finishing touch
繁体字	fán tǐ zì	Noun:	traditional character
接力	jiē lì	Noun:	relay (sport)
温泉	wēn quán	Noun:	hot spring
司空见惯	sī kōng jiàn guàn	Noun:	common occurrence
肌肤	jī fū	Noun:	skin, flesh
炉灶	lú zào	Noun:	stove
手术室	shǒu shù shì	Noun:	operating room
鲜血	xiān xuè	Noun:	blood
魔术	mó shù	Noun:	magic
说闲话	shuō xián huà	Verb:	to chat, to gossip
牙膏	yá gāo	Noun:	toothpaste
居高临下	jū gāo lín xià	Verb:	to tower above, to occupy the high ground
橡胶	xiàng jiāo	Noun:	rubber, caoutchouc
盛会	shèng huì	Noun:	distinguished meeting, pageant
不已	bù yǐ	Adjective:	endless
壳	ké	Noun:	shell, carapace, crust
时不时	shí bù shí	Adverb:	from time to time
铲	chǎn	Noun:	spade, shovel
花瓣	huā bàn	Noun:	petal
中国画	zhōng guó huà	Noun:	Chinese painting
入场	rù chǎng	Verb:	to enter (in venue, stadium, etc.)

野营	yě yíng	Noun: camping Verb: to camp
翻来覆去	fān lái fù qù	Adverb: again and again
喉咙	hóu lóng	Noun: throat, larynx
持之以恒	chí zhī yǐ héng	Verb: to persevere, to pursue unremittingly
厌倦	yàn juàn	Verb: to be fed up with Adjective: bored
削	xiāo	Verb: to scrape
得力	dé lì	Adjective: capable, competent
礁石	jiāo shí	Noun: reef
工作量	gōng zuò liàng	Noun: workload
深入人心	shēn rù rén xīn	Verb: to have a real impact on people
专卖店	zhuān mài diàn	Noun: specialty store
拟	nǐ	Verb: to plan, to draft a plan, to compare
境内	jìng nèi	Adjective: domestic
大雁	dà yàn	Noun: wild goose
雾	wù	Noun: fog
苦笑	kǔ xiào	Verb: to force a smile
角逐	jué zhú	Verb: to tussle, to contend, to contest
视角	shì jiǎo	Noun: viewpoint, perspective
转折	zhuǎn zhé	Noun: turn Verb: to turn in the course of an event
短暂	duǎn zàn	Adverb: brief, momentary, of short duration
贯彻	guàn chè	Verb: to carry out, to implement, to put into practice
样本	yàng běn	Noun: sample, specimen
入选	rù xuǎn	Verb: to be chosen, to be elected
招收	zhāo shōu	Verb: to hire, to recruit
大款	dà kuǎn	Noun: very wealthy person
破碎	pò suì	Verb: to shatter, to smash to pieces
旭日	xù rì	Noun: sunrise
能耗	néng hào	Noun: energy consumption
后期	hòu qī	Noun: late stage, later period

柏树	bǎi shù	Noun:	cypress tree
站立	zhàn lì	Verb:	to stand
宁愿	nìng yuàn	Conjunction:	would rather, prefer to
储蓄	chǔ xù	Noun: savings Verb: to deposit money, to save	
参军	cān jūn	Verb:	to join the army
创伤	chuāng shāng	Noun:	wound
口吃	kǒu chī	Verb:	to stutter
翘	qiào	Verb: to raise, to hold up Adjective: outstanding	
辞退	cí tuì	Verb:	to dismiss, to fire
斗	dòu	Verb:	to fight
拜年	bài nián	Verb:	to wish a Happy New Year
发光	fā guāng	Verb:	to shine
发型	fà xíng	Noun:	hairstyle
代理人	dài lǐ rén	Noun:	agent
入侵	rù qīn	Verb:	to invade
多边	duō biān	Adjective:	multilateral
失控	shī kòng	Verb:	to go out of control
集装箱	jí zhuāng xiāng	Noun:	container
急剧	jí jù	Adjective:	rapid, sudden, abrupt
椰子	yē zi	Noun:	coconut
拖延	tuō yán	Noun: adjournment, procrastination Verb: to adjourn, to delay	
确信	què xìn	Verb:	to be sure, to be certain of
传闻	chuán wén	Noun:	rumour
开场白	kāi chǎng bái	Noun:	prologue, opening remarks, preamble
实物	shí wù	Noun:	material object, thing
评论员	píng lùn yuán	Noun:	commentator
隆重	lóng zhòng	Adjective:	ceremonious, solemn, grand
稻草	dào cǎo	Noun:	rice straw
脸颊	liǎn jiá	Noun:	cheek
点评	diǎn píng	Verb:	to comment

喜悦	xǐ yuè	Noun: joy, delight
		Adjective: happy, joyous
总而言之	zǒng ér yán zhī	Adverb: in short, in a word
壁画	bì huà	Noun: mural, fresco
飙升	biāo shēng	Verb: to rise rapidly
纤维	xiān wéi	Noun: fibre
有口无心	yǒu kǒu wú xīn	Verb: to speak harshly without bad intent
解剖	jiě pōu	Noun: dissection, anatomy
		Verb: to dissect, to anatomize
自以为是	zì yǐ wéi shì	Verb: to be opinionated
挖苦	wā kǔ	Verb: to speak sarcastically
纯粹	chún cuì	Adjective: pure, simple, absolute
炖	dùn	Verb: to stew
问卷	wèn juàn	Noun: questionnaire
流畅	liú chàng	Adjective: fluent, flowing
额外	é wài	Adjective: extra, additional
业	yè	Noun: line of business, industry
映	yìng	Verb: to reflect
与时俱进	yǔ shí jū jìn	Verb: to keep up with the times
比喻	bǐ yù	Noun: metaphor
剥	bāo	Verb: to peel, to skin
附	fù	Verb: to add, to attach
下意识	xià yì shí	Noun: subconscious mind
修正	xiū zhèng	Verb: to revise, to amend
浓重	nóng zhòng	Adjective: dense, thick, strong, rich (colour)
由此可见	yóu cǐ kě jiàn	Expression: therefore it can be seen that ...
回首	huí shǒu	Verb: to turn around
可贵	kě guì	Adjective: praiseworthy
表态	biǎo tài	Verb: to declare one's position
着落	zhuó luò	Noun: whereabouts
利率	lì lǜ	Noun: interest rates
司法	sī fǎ	Noun: judicature, justice
增添	zēng tiān	Verb: to add, to increase

一经	yī jīng	Adverb: as soon as
源源不断	yuán yuán bù duàn	Adjective: continuous
岳父	yuè fù	Noun: wife's father
宝库	bǎo kù	Noun: treasure-trove
滑梯	huá tī	Noun: slide
争分夺秒	zhēng fēn duó miǎo	Verb: making every second count
出走	chū zǒu	Verb: to leave home, to run away
绑	bǎng	Verb: to tie, to kidnap
原地	yuán dì	Noun: the original place
有益	yǒu yì	Adjective: useful, profitable
召集	zhào jí	Verb: to convene, to gather
中旬	zhōng xún	Time: middle third of a month
如愿以偿	rú yuàn yǐ cháng	Verb: to have one's wish fulfilled
领土	lǐng tǔ	Noun: territory
锯	jù	Noun: saw Verb: to cut with a saw
借助	jiè zhù	Adverb: with the help of, drawing support from
突击	tū jī	Noun: assault, sudden attack
辅导	fǔ dǎo	Noun: coaching Verb: to tutor, to coach
售票	shòu piào	Verb: to sell tickets
谜底	mí dǐ	Noun: answer to a riddle
清淡	qīng dàn	Adjective: light (food)
提心吊胆	tí xīn diào dǎn	Verb: to be scared and on the edge
修长	xiū cháng	Adjective: slender, tall and thin
表率	biǎo shuài	Noun: positive example, model
门槛	mén kǎn	Noun: doorstep, threshold
龙舟	lóng zhōu	Noun: dragon boat
充实	chōng shí	Verb: to enrich, to replenish Adjective: substantial, rich
喜糖	xǐ táng	Noun: sweets (for weddings, etc.)
闪烁	shǎn shuò	Verb: to twinkle, to glimmer, to flicker
轮换	lún huàn	Verb: to rotate, to take turn

功劳	gōng láo	Noun: contribution, credit, meritorious service
沸沸扬扬	fèi fèi yáng yáng	Verb: to be resounded throughout the land
穿小鞋	chuān xiǎo xié	Verb: to make life difficult for sbd.
嘴唇	zuǐ chún	Noun: lip
展望	zhǎn wàng	Noun: outlook, prospect Verb: to look ahead
立交桥	lì jiāo qiáo	Noun: overpass, flyover
说干就干	shuō gàn jiù gàn	Expression: said and done
阶层	jiē céng	Noun: hierarchy, social stratum
顾全大局	gù quán dà jú	Verb: to work for the benefits of all
倾斜	qīng xié	Verb: to incline, to lean, to slant
蘸	zhàn	Verb: to dip in (ink, sauce, etc.)
活该	huó gāi	Verb: to serve sbd. right Adverb: deservedly
隐情	yǐn qíng	Noun: secret feelings
感叹	gǎn tàn	Verb: to sigh
开销	kāi xiāo	Noun: expenses
音响	yīn xiǎng	Noun: sound, stereo, acoustics
针锋相对	zhēn fēng xiāng duì	Noun: tit for tat
饭碗	fàn wǎn	Noun: rice bowl, job, way of making a living
家教	jiā jiào	Noun: family education, upbringing, private tutoring
下棋	xià qí	Verb: to play chess
忙活	máng huo	Verb: to be really busy
核桃	hé tao	Noun: walnut
前任	qián rèn	Noun: predecessor Adjective: former
发电机	fā diàn jī	Noun: electricity generator, dynamo
勘探	kān tàn	Noun: exploration Verb: to prospect for
夜班	yè bān	Noun: night shift
大棚	dà péng	Noun: greenhouse
郑重	zhèng zhòng	Adjective: serious, solemn

不起眼	bù qǐ yǎn	Adjective:	insignificant, non-eye catching
停电	tíng diàn	Noun:	power cut, power outage
惊心动魄	jīng xīn dòng pò	Adjective:	extremely disturbing
骗人	piàn rén	Verb:	to cheat sbd.
受贿	shòu huì	Verb:	to accept a bribe
霸占	bà zhàn	Verb:	to seize, to occupy by force
烘托	hōng tuō	Verb:	to accentuate
交纳	jiāo nà	Verb:	to pay (taxes, dues, etc.)
备受	bèi shòu	Verb:	to experience (good or bad)
同步	tóng bù	Verb:	to synchronize
		Adjective:	synchronous
骏马	jùn mǎ	Noun:	steed
单边	dān biān	Noun:	unilateral
依	yī	Verb:	to depend on
俗话说	sú huà shuō	Verb:	as the proverb says
焦躁	jiāo zào	Adjective:	fretful, impatient
诚恳	chéng kěn	Adjective:	sincere, honest
未	wèi	Noun:	year of the sheep
		Adverb:	not, not yet
互访	hù fǎng	Verb:	to exchange visits
溢	yì	Verb:	to overflow
真情	zhēn qíng	Noun:	truth, real situation
情	qíng	Noun:	feeling, emotion, passion
结晶	jié jīng	Noun:	crystal, crystallization
筹	chóu	Noun:	chip (gambling), token, ticket
		Verb:	to plan, to prepare
伪造	wěi zào	Verb:	to forge, to fake
娇气	jiāo qì	Adjective:	squeamish, finicky
日后	rì hòu	Adverb:	sometime, someday
疑点	yí diǎn	Noun:	doubtful point
学艺	xué yì	Verb:	to learn a skill or art
口音	kǒu yīn	Noun:	accent
成年	chéng nián	Verb:	to grow up, to grow to adulthood
严禁	yán jìn	Verb:	to strictly prohibit

自力更生	zì lì gēng shēng	Verb: to rely on your strengths, to be self-reliant
凄凉	qī liáng	Adjective: desolate, dreary, lonely
报废	bào fèi	Verb: to scrap, to write off
闸	zhá	Noun: gear, brake
感恩	gǎn ēn	Verb: to be grateful
传奇	chuán qí	Noun: fantasy saga, legend Adjective: legendary
生物	shēng wù	Noun: organism, living thing
所属	suǒ shǔ	Adjective: affiliated
贱	jiàn	Adjective: inexpensive, low
苗条	miáo tiao	Adjective: slim, slender, graceful
泄露	xiè lòu	Verb: to leak (information), to let out
名气	míng qi	Noun: reputation, fame
初次	chū cì	Adverb: first, for the first time
萝卜	luó bo	Noun: radish
宰	zǎi	Verb: to butcher, to slaughter
咽喉	yān hóu	Noun: throat
何必	hé bì	Adverb: there is no need to
水稻	shuǐ dào	Noun: type of rice
简要	jiǎn yào	Adjective: concise, brief
照例	zhào lì	Adverb: usually, as a rule
追逐	zhuī zhú	Noun: chase Verb: to chase, to pursue vigorously
出土	chū tǔ	Verb: to dig up, to appear in an excavation
高涨	gāo zhǎng	Noun: upsurge, wave Verb: to run high, to rise
责备	zé bèi	Verb: to blame, to criticize
窃取	qiè qǔ	Verb: to steal, to seize
引入	yǐn rù	Verb: to introduce, to lead to
大幅度	dà fú dù	Adjective: substantial, by a wide margin
丁	dīng	Number: fourth
咳嗽	ké sou	Noun: cough Verb: to cough

魂	hún	Noun:	soul
设	shè	Verb:	to set up, to found, to display
大地	dà dì	Noun:	mother earth
橘子	jú zi	Noun:	mandarin, tangerine
压倒	yā dǎo	Verb:	to overwhelm, to overpower
核武器	hé wǔ qì	Noun:	nuclear weapon
转悠	zhuàn you	Verb:	to roll, to turn, to appear repeatedly
遵循	zūn xún	Verb:	to follow, to abide by
报	bào	Verb:	to report, to announce, to embrace
祈祷	qí dǎo	Noun:	prayer
		Verb:	to pray
晒太阳	shài tài yáng	Verb:	to be in the sun
人性	rén xìng	Noun:	human nature, humanity
牙齿	yá chǐ	Noun:	tooth
问世	wèn shì	Verb:	to be published, to come out
走后门	zǒu hòu mén	Expression:	to use unofficial channels
产	chǎn	Verb:	to give birth, to produce
焦虑	jiāo lǜ	Adjective:	anxious, worried
采	cǎi	Verb:	to pick, to collect
入手	rù shǒu	Verb:	to begin, to start sth.
圈	juàn	Noun:	pen, barn
嫉妒	jí dù	Noun:	jealousy
		Verb:	to be jealous, to envy
		Adjective:	jealous
保修	bǎo xiū	Noun:	warranty
平面	píng miàn	Noun:	plane, flat surface, plane surface
腔	qiāng	Noun:	cavity (body), tune, melody
会面	huì miàn	Noun:	meeting
		Verb:	to meet with
传染	chuán rǎn	Verb:	to infect, to be contagious
讲述	jiǎng shù	Verb:	to talk about, to give an account
摇摆	yáo bǎi	Verb:	to sway, to swing
廉政	lián zhèng	Noun:	honest politics

全能	quán néng	Adjective: omnipotent, strong in every area
轻微	qīng wēi	Adjective: slight, light
协定	xié dìng	Noun: agreement, protocol
堡垒	bǎo lěi	Noun: fort
有声有色	yǒu shēng yǒu sè	Adjective: vivid, dazzling
没辙	méi zhé	Verb: to not be able to do anything about it
报销	bào xiāo	Verb: write-off, wipe out, apply for reimbursement
公关	gōng guān	Noun: public relations
萌发	méng fā	Verb: to sprout, to bud
硬朗	yìng lǎng	Adjective: robust, healthy
打量	dǎ liang	Verb: to take measure of, to suppose, to reckon
列举	liè jǔ	Noun: list Verb: to list, to enumerate
亲友	qīn yǒu	Noun: friends and relatives
思索	sī suǒ	Verb: to think deeply, to ponder
奇特	qí tè	Adjective: peculiar, unusual
东奔西走	dōng bēn xī zǒu	Verb: to rush about busily
纵容	zòng róng	Verb: to connive at
下令	xià lìng	Verb: to give an order
邀	yāo	Verb: to invite, to request, to seek
痴呆	chī dāi	Noun: dementia
风趣	fēng qù	Noun: humour Adjective: humorous, witty
扩	kuò	Verb: to enlarge, to extend
动静	dòng jing	Noun: sound of movement, activity, happening
果断	guǒ duàn	Adjective: firm, decisive
计较	jì jiào	Verb: to haggle, to bicker
狭窄	xiá zhǎi	Adjective: narrow, restricted (knowledge)
筐	kuāng	Noun: basket
灼热	zhuó rè	Adjective: burning hot, scorching

藏身	cáng shēn	Verb: to hide, to take refuge
搏斗	bó dòu	Noun: combat, fight Verb: to fight, to struggle, to wrestle
侵略	qīn lüè	Noun: invasion, aggression Verb: to invade
招募	zhāo mù	Verb: to recruit, to enlist
根基	gēn jī	Noun: foundation
恐惧	kǒng jù	Noun: fear, dread, phobia
到头来	dào tóu lái	Adverb: in the end, finally
兴奋剂	xīng fèn jì	Noun: doping, stimulant
窄	zhǎi	Adjective: narrow
挎	kuà	Verb: to carry (on/over arm)
山冈	shān gāng	Noun: small hill
南瓜	nán guā	Noun: pumpkin
伸手	shēn shǒu	Verb: to hold out a hand, to ask for sth.
一卡通	yī kǎ tōng	Noun: Yikatong (Beijing public transport card)
减免	jiǎn miǎn	Verb: to lower tax, to reduce duties
定向	dìng xiàng	Noun: a certain direction Adjective: directed
甚至于	shèn zhì yú	Adverb: so much that, even
基准	jī zhǔn	Noun: standard, benchmark
权威	quán wēi	Noun: authority Adjective: authoritative
机灵	jī ling	Adjective: clever, quick-witted
暴风骤雨	bào fēng zhòu yǔ	Noun: violent wind and rainstorm
功底	gōng dǐ	Noun: training in the basic skills
竞选	jìng xuǎn	Verb: to run for office, to take part in election
上调	shàng tiáo	Verb: to raise, to adjust upwards
偏见	piān jiàn	Noun: prejudice
高尔夫球	gāo ěr fū qiú	Noun: golf, golf ball
瞎	xiā	Adjective: blind Adverb: groundlessly, foolishly, aimlessly
掺	chān	Verb: to mix

喜好	xǐ hào	Noun:	preference
		Verb:	to like, to prefer
发财	fā cái	Verb:	to get rich
新式	xīn shì	Adjective:	new-style, novel
天分	tiān fèn	Noun:	talent
防盗门	fáng dào mén	Noun:	entrance door
卸	xiè	Verb:	to strip, to get rid of
再度	zài dù	Adverb:	once more, once again
尸体	shī tǐ	Noun:	dead body, cadaver
火药	huǒ yào	Noun:	gunpowder
打搅	dǎ jiǎo	Verb:	to disturb
发泄	fā xiè	Verb:	to vent (anger, etc.)
舅舅	jiù jiu	Noun:	uncle (maternal)
如果说	rú guǒ shuō	Conjunction:	if, let's say
大大咧咧	dà dà liē liē	Adjective:	casual, carefree
俗语	sú yǔ	Noun:	common saying
钙	gài	Noun:	calcium
界线	jiè xiàn	Noun:	dividing line
		Adjective:	limited
餐桌	cān zhuō	Noun:	dining table
判定	pàn dìng	Verb:	to judge, to decide
效应	xiào yìng	Noun:	effect
日益	rì yì	Adverb:	more and more each day, increasingly
奇花异草	qí huā yì cǎo	Adverb:	very rarely seen
高空	gāo kōng	Noun:	high altitude
何况	hé kuàng	Relative Clause:	let alone
脊梁	jí liáng	Noun:	backbone, spine
遂心	suì xīn	Adjective:	to one's liking
下场	xià chǎng	Verb:	to leave (stage, playing field, etc.)
均匀	jūn yún	Adjective:	even, homogeneous
永恒	yǒng héng	Noun:	eternity
		Adjective:	eternal, everlasting
境遇	jìng yù	Noun:	circumstance
装扮	zhuāng bàn	Verb:	to dress up

烹调	pēng tiáo	Noun: cooking Verb: to cook
侍候	shì hòu	Verb: to serve
见义勇为	jiàn yì yǒng wéi	Verb: to stand up bravely for the truth
办不到	bàn bu dào	Adjective: impossible, cannot be done
表白	biǎo bái	Verb: to confess, to explain oneself
阎王	yán wáng	Noun: King of Hell
哄	hòng	Noun: tumult, uproar
畅销	chàng xiāo	Verb: to sell well
平息	píng xī	Verb: to suppress, to quieten down
润	rùn	Adjective: smooth, moist
标示	biāo shì	Verb: to indicate
销毁	xiāo huǐ	Verb: to destroy (by melting or burning)
筹办	chóu bàn	Verb: to make preparations
孕育	yùn yù	Noun: gestation Verb: to be pregnant, to gestate
捍卫	hàn wèi	Verb: to defend, to uphold
拓宽	tuò kuān	Verb: to broaden
铅	qiān	Noun: lead (chemistry)
适量	shì liàng	Noun: appropriate amount
静止	jìng zhǐ	Adjective: still, immobile, stationary
下台	xià tái	Verb: to go off the stage, to step down (office, etc.)
必不可少	bì bù kě shǎo	Adjective: essential
如意	rú yì	Adverb: as wished
烦闷	fán mèn	Adjective: moody, gloomy
炫耀	xuàn yào	Verb: to show off, to flaunt
藏品	cáng pǐn	Noun: precious object
一言一行	yī yán yī xíng	Noun: words and deeds
海滩	hǎi tān	Noun: beach
日程	rì chéng	Noun: schedule
出厂	chū chǎng	Verb: to leave the factory (as a finished product)
哆嗦	duō suo	Verb: to tremble, to shiver, to quiver
力度	lì dù	Noun: strength, dynamism

嗜好	shì hào	Noun:	hobby, indulgence
错觉	cuò jué	Noun:	misconception, illusion
唠叨	láo dao	Verb:	to chatter, to prattle, to nag
长达	cháng dá	Verb:	to lengthen out to
顺势	shùn shì	Verb:	to take advantage of, to seize an opportunity
绝技	jué jì	Noun:	unique skill, stunt
电铃	diàn líng	Noun:	electric bell
风范	fēng fàn	Noun:	manner, appearance, demeanour
转学	zhuǎn xué	Verb:	to change schools
辨别	biàn bié	Verb:	to differentiate, to distinguish, to discriminate
占用	zhàn yòng	Verb:	to occupy
中立	zhōng lì	Noun:	neutrality
		Adjective:	neutral
赞不绝口	zàn bù jué kǒu	Verb:	to praise without cease
睁	zhēng	Verb:	to open (the eyes)
差额	chā é	Noun:	balance, difference
侦察	zhēn chá	Verb:	to detect, to scout
盖子	gài zi	Noun:	cover, lid, shell
建树	jiàn shù	Verb:	to make a contribution
贪婪	tān lán	Noun:	greed
		Adjective:	greedy, avid, grasping
敬爱	jìng ài	Verb:	to respect and love
松弛	sōng chí	Adjective:	relaxed, sagging
时空	shí kōng	Noun:	space-time
远近闻名	yuǎn jìn wén míng	Verb:	to be well-known, to be known by many people
山岭	shān lǐng	Noun:	mountain ridge
悲痛	bēi tòng	Adjective:	sorrowful
幼稚	yòu zhì	Adjective:	childish, immature, naive
负面	fù miàn	Noun:	negative side
		Adjective:	negative
吹了	chuī le	Verb:	to fail, to have died
搜查	sōu chá	Verb:	to search

抱负	bào fù	Noun: ambition, aspiration
隐瞒	yǐn mán	Verb: to conceal, to hide, to cover up
歉意	qiàn yì	Noun: apology, regret
文具	wén jù	Noun: stationery, writing materials
马戏	mǎ xì	Noun: circus
严密	yán mì	Adjective: strict, tight, rigorous
一系列	yī xì liè	Noun: a series (of), a string (of)
喜出望外	xǐ chū wàng wài	Noun: unexpected good news
大体上	dà tǐ shàng	Adverb: overall
名贵	míng guì	Adjective: precious, famous, valuable
相对而言	xiāng duì ér yán	Adverb: relatively speaking
可耻	kě chǐ	Adjective: disgraceful, shameful
可行	kě xíng	Adjective: feasible, practicable
洗涤剂	xǐ dí jì	Noun: cleaning agent, detergent
份额	fèn é	Noun: share, portion
大数据	dà shù jù	Noun: big data
太极	tài jí	Noun: Tai Chi
交谈	jiāo tán	Verb: to talk, to chat
撤换	chè huàn	Verb: to recall, to replace
贼	zéi	Noun: thief
核	hé	Noun: pit, stone, nucleus Verb: to investigate
彩霞	cǎi xiá	Noun: clouds tinged with sunset hues
敏锐	mǐn ruì	Adjective: keen, sharp, acute
敬业	jìng yè	Adjective: diligent, hard-working
不翼而飞	bù yì ér fēi	Verb: to disappear suddenly
绷	bēng	Verb: to stretch
创始人	chuàng shǐ rén	Noun: creator, founder
容光焕发	róng guāng huàn fā	Verb: to be all smiles
知识分子	zhī shi fèn zǐ	Noun: intellectual
硕果	shuò guǒ	Noun: major achievement
沸腾	fèi téng	Verb: to boil, to reach ebullition
棋子	qí zǐ	Noun: chess piece
巡逻	xún luó	Verb: to patrol

回升	huí shēng	Noun: rally (stock market), recovery (economy) Verb: to rise (after fall)
良性	liáng xìng	Adjective: benign (tumour, etc.)
挂失	guà shī	Verb: to report the loss
甜头	tián tou	Noun: sweet taste, benefit
酷似	kù sì	Verb: to resemble
豹	bào	Noun: leopard, panther
美味	měi wèi	Noun: delicacy Adjective: delicious
观测	guān cè	Verb: to observe, to survey
官员	guān yuán	Noun: official, administrator
遗物	yí wù	Noun: remnant
拐杖	guǎi zhàng	Noun: walking stick, crutches
秀美	xiù měi	Adjective: elegant, graceful
据悉	jù xī	Expression: it is reported that ...
蓬勃	péng bó	Adjective: vigorous, full of vitality
画蛇添足	huà shé tiān zú	Verb: to overdo it, to ruin the effect by adding sth. superfluous
寂寞	jì mò	Adjective: lonely
冰棍儿	bīng gùn er	Noun: popsicle
皆	jiē	Adverb: all, each and every
稀少	xī shǎo	Adjective: sparse, rare
反差	fǎn chā	Noun: contrast
贪	tān	Verb: to have an insatiable desire for Adjective: greedy
疏散	shū sàn	Verb: to evacuate, to scatter, to disperse
空虚	kōng xū	Noun: emptiness Adjective: empty, hollow
缺失	quē shī	Noun: deficiency
快捷	kuài jié	Adjective: quick, agile
病症	bìng zhèng	Noun: disease, illness
动荡	dòng dàng	Noun: turbulence, unrest (political), upheaval
铜	tóng	Noun: copper

岳母	yuè mǔ	Noun: mother-in-law
抗衡	kàng héng	Verb: to contend with
香味	xiāng wèi	Noun: fragrance, good smell
噪声	zào shēng	Noun: noise
该	gāi	Adjective: above-mentioned, the already mentioned
扮	bàn	Verb: to dress up
一举一动	yī jǔ yī dòng	Noun: each and every move
仿制	fǎng zhì	Verb: to copy, to imitate
小卒	xiǎo zú	Noun: foot soldier, a nobody, pawn (chess)
租赁	zū lìn	Verb: to lease, to rent, to hire
少量	shǎo liàng	Adjective: a smidgen, a little bit
配送	pèi sòng	Noun: distribution, delivery
大模大样	dà mú dà yàng	Adjective: ostentatious, pompous
齐心协力	qí xīn xié lì	Verb: to work as one, to make concerted efforts
艘	sōu	Measure Word: for ships, boats
故	gù	Noun: reason, cause, happening, instance Adverb: hence, therefore
界限	jiè xiàn	Noun: boundary, limit, border
竭力	jié lì	Verb: to do one's utmost
别扭	biè niu	Adjective: awkward (speech), difficult (personality), uncomfortable
下功夫	xià gōng fu	Verb: to invest time and effort
掐	qiā	Verb: to pick, to pinch, to clutch
急需	jí xū	Verb: to urgently need
诚心诚意	chéng xīn chéng yì	Adjective: earnest and sincere
碧绿	bì lǜ	Noun: dark green
纪念日	jì niàn rì	Noun: memorial day
融化	róng huà	Verb: to melt, to thaw
奢望	shē wàng	Verb: to have excessive expectations
醇厚	chún hòu	Adjective: mellow and rich (often wine)
杀害	shā hài	Verb: to murder
针灸	zhēn jiǔ	Noun: acupuncture and moxibustion

人文	rén wén	Adjective: humanistic, cultural
艰辛	jiān xīn	Noun: hardship
		Adjective: arduous, difficult
欣欣向荣	xīn xīn xiàng róng	Adjective: flourishing, thriving
出具	chū jù	Verb: to issue/show (document, certificate, etc.)
交涉	jiāo shè	Verb: to negotiate
作客	zuò kè	Verb: to stay as a guest
就地	jiù dì	Location: on the spot
娘	niáng	Noun: mother, young lady
		Adjective: feminine
诞辰	dàn chén	Noun: birthday
歌颂	gē sòng	Verb: to sing the praise of, to extol
时速	shí sù	Noun: speed per hour
小品	xiǎo pǐn	Noun: essay, skit
抽签	chōu qiān	Noun: ballot
		Verb: to draw lots
抵制	dǐ zhì	Verb: to boycott, to resist, to reject
凤凰	fèng huáng	Noun: phoenix
终生	zhōng shēng	Noun: lifetime
		Adjective: throughout one's life, lifelong
存放	cún fàng	Verb: to deposit, to store
无足轻重	wú zú qīng zhòng	Adjective: insignificant
车轮	chē lún	Noun: wheel
分担	fēn dān	Verb: to share (burden, cost, responsibility, etc.)
限定	xiàn dìng	Verb: to restrict, to limit
扭曲	niǔ qū	Verb: to twist, to distort
文雅	wén yǎ	Adjective: elegant, refined
操心	cāo xīn	Verb: to worry about, to take pains
返还	fǎn huán	Noun: remittance
		Verb: to return sth.
需	xū	Verb: to need
耕地	gēng dì	Noun: arable land, cultivated land
水壶	shuǐ hú	Noun: kettle, watering can

纪实	jì shí	Noun: actual record of events
偏向	piān xiàng	Noun: deviation, erroneous tendencies
		Adjective: partial towards, biased, partisan
导向	dǎo xiàng	Noun: guide, guideline
形影不离	xíng yǐng bù lí	Adjective: inseparable
气息	qì xī	Noun: smell, breath, writing style
农作物	nóng zuò wù	Noun: farm crops
画展	huà zhǎn	Noun: art exhibition
要不	yào bù	Conjunction: otherwise
缩	suō	Verb: to withdraw, to shrink, to reduce
心慌	xīn huāng	Noun: irregular heartbeat
		Verb: to be flustered
攻读	gōng dú	Verb: to major (in a field)
紧凑	jǐn còu	Adjective: compact, tight
突破口	tū pò kǒu	Noun: breach, gap
马后炮	mǎ hòu pào	Verb: to act, when it is already too late
矿藏	kuàng cáng	Noun: mineral resources
走廊	zǒu láng	Noun: corridor, aisle, piazza
有序	yǒu xù	Adjective: regular, in order
丰盛	fēng shèng	Adjective: rich, sumptuous
红眼	hóng yǎn	Verb: to become infuriated
		Adjective: envious, jealous
菜市场	cài shì chǎng	Noun: food market
追赶	zhuī gǎn	Noun: pursuit, manhunt
		Verb: to pursue, to chase after
受骗	shòu piàn	Verb: to get cheated
捉迷藏	zhuō mí cáng	Verb: to play hide-and-seek
后备	hòu bèi	Noun: backup, reserve
推卸	tuī xiè	Verb: to avoid, to pass the buck
盟友	méng yǒu	Noun: ally
祭奠	jì diàn	Verb: to commemorate
设定	shè dìng	Noun: setting, preferences
		Verb: to set, to set up, to install
仙鹤	xiān hè	Noun: red-crowned crane

拜托	bài tuō	Expression: please!
探	tàn	Verb: to explore, to search out
大名鼎鼎	dà míng dǐng dǐng	Adjective: renowned, famous
论坛	lùn tán	Noun: forum (for discussion)
察觉	chá jué	Verb: to sense, to become aware of
无忧无虑	wú yōu wú lǜ	Adjective: carefree and without worries
切除	qiē chú	Verb: to excise, to cut out (a tumour)
密集	mì jí	Adjective: concentrated, crowded, compressed
来宾	lái bīn	Noun: guest, visitor
航天员	háng tiān yuán	Noun: astronaut
火炬	huǒ jù	Noun: torch (flaming)
照常	zhào cháng	Adverb: as usual
野餐	yě cān	Noun: picnic
篇幅	piān fu	Noun: length (article, book, etc.)
错别字	cuò bié zì	Noun: misspelt characters
丢人	diū rén	Verb: to lose face
神态	shén tài	Noun: expression, manner
前不久	qián bù jiǔ	Time: not long ago
美景	měi jǐng	Noun: beautiful scenery
瞅	chǒu	Verb: to look at
雇员	gù yuán	Noun: employee
威信	wēi xìn	Noun: prestige and public reliance (government, etc.)
归纳	guī nà	Verb: to conclude, to sum up, to summarize
挽回	wǎn huí	Verb: to retrieve, to redeem, to save (face)
曲线	qū xiàn	Noun: curve, curved line
藤椅	téng yǐ	Noun: rattan chair
劣势	liè shì	Adjective: inferior, disadvantaged
膳食	shàn shí	Noun: meal
优越	yōu yuè	Noun: superiority Adjective: superior, advantageous
风情	fēng qíng	Noun: amorous feelings

煲	bāo	Verb: to boil, to cook
上任	shàng rèn	Verb: to take office
手掌	shǒu zhǎng	Noun: palm
香水	xiāng shuǐ	Noun: perfume
担负	dān fù	Verb: to shoulder, to carry, to undertake
亲身	qīn shēn	Adjective: personal, first-hand Adverb: personally
继而	jì ér	Adverb: then, afterwards
嘲弄	cháo nòng	Verb: to tease, to make fun of
境外	jìng wài	Adjective: foreign Location: outside (a country's) borders
坚信	jiān xìn	Verb: to believe, to not have any doubt
灯笼	dēng long	Noun: lantern
频率	pín lǜ	Noun: frequency
屹立	yì lì	Verb: to stand straight
脱落	tuō luò	Verb: to come off, to drop off, to lose (hair, etc.)
糊涂	hú tu	Adjective: confused, muddled
磅	bàng	Measure Word: for pound
无线电	wú xiàn diàn	Noun: radio Adjective: wireless
藏匿	cáng nì	Verb: to cover up, to conceal
噪音	zào yīn	Noun: noise, rumble
柔和	róu hé	Adjective: soft, mild, gentle
銮	luán	Adjective: imperial
饮水	yǐn shuǐ	Noun: drinking water
想方设法	xiǎng fāng shè fǎ	Verb: to do everything possible
供暖	gōng nuǎn	Noun: heating Verb: to heat
暑期	shǔ qī	Noun: summer vacation time
姨	yí	Noun: aunt
挽	wǎn	Verb: to pull, to draw
轨迹	guǐ jì	Noun: trajectory, orbit
捆	kǔn	Noun: bunch, bundle Verb: to tie together

同感	tóng gǎn	Noun:	common feeling
		Verb:	to have sympathy for
码	mǎ	Verb:	to pile, to stack
目录	mù lù	Noun:	catalogue, table of contents
供不应求	gōng bú yìng qiú	Verb:	supply does not meet demand
实质	shí zhì	Noun:	essence, substance
朦胧	méng lóng	Adjective:	hazy, blurry
七嘴八舌	qī zuǐ bā shé	Verb:	everybody talking at once
滞后	zhì hòu	Verb:	to lag behind
当心	dāng xīn	Verb:	to take, care, to watch out
侧面	cè miàn	Noun:	side, flank, lateral
谨慎	jǐn shèn	Adjective:	cautious, prudent
谈起	tán qǐ	Verb:	to mention, to talk about
出任	chū rèn	Verb:	to start in a new job
显示器	xiǎn shì qì	Noun:	monitor (computer)
阻力	zǔ lì	Noun:	resistance, drag
算计	suàn jì	Verb:	to calculate, to reckon
天赋	tiān fù	Noun:	innate skill
尽情	jìn qíng	Adverb:	as much as one likes
随处可见	suí chù kě jiàn	Noun:	sth. that can be seen everywhere
获胜	huò shèng	Verb:	to win, to triumph
熙熙攘攘	xī xī rǎng rǎng	Verb:	to be bustling with activity
功	gōng	Noun:	achievement, accomplishment
报亭	bào tíng	Noun:	kiosk, newsstand
继父	jì fù	Noun:	stepfather
磁带	cí dài	Noun:	magnetic tape
血压	xuè yā	Noun:	blood pressure
不约而同	bù yuē ér tóng	Verb:	to take the same action without prior consultation
烫	tàng	Verb:	to burn, to iron
		Adjective:	hot (food, etc.)
得手	dé shǒu	Verb:	to go smoothly, to succeed
旺	wàng	Adjective:	flourishing, blooming
钞票	chāo piào	Noun:	paper money, bill

论证	lùn zhèng	Noun: proof Verb: to prove a point, to expound on
图纸	tú zhǐ	Noun: blueprint, drawing, design plans
细心	xì xīn	Adjective: careful, attentive
自如	zì rú	Adjective: unobstructed, freely, smoothly
告状	gào zhuàng	Verb: to complain, to sue
此起彼伏	cǐ qǐ bǐ fú	Adverb: occurring again and again
魄力	pò lì	Noun: courage, daring, boldness
蒜	suàn	Noun: garlic
朴实	pǔ shí	Adjective: plain, simple
繁华	fán huá	Adjective: flourishing
一回事	yī huí shì	Adverb: one thing, the same
上映	shàng yìng	Verb: to be about to be shown in cinemas, to show (a movie in the cinema)
帖子	tiě zi	Noun: invitation, message
毅力	yì lì	Noun: perseverance, willpower
留恋	liú liàn	Verb: to be reluctant to leave, to recall with nostalgia
省事	shěng shì	Verb: to save trouble
省略	shěng lüè	Verb: to leave out, to omit
失传	shī chuán	Verb: to die out, to get lost
会诊	huì zhěn	Noun: consultation (medical)
主权	zhǔ quán	Noun: sovereignty
演戏	yǎn xì	Verb: to perform, to pretend
忠诚	zhōng chéng	Noun: loyalty Adjective: loyal, devoted
露面	lòu miàn	Verb: to appear, to show up
临街	lín jiē	Location: facing the street
后退	hòu tuì	Verb: to recoil, to retreat, to fall back
言行	yán xíng	Noun: words and actions
有意	yǒu yì	Verb: to intend Adjective: intentional
古今中外	gǔ jīn zhōng wài	Adverb: at all times and in all places
爱理不理	ài lǐ bù lǐ	Adjective: indifferent, standoffish
人品	rén pǐn	Noun: character (people)

冒犯	mào fàn	Verb: to offend
老字号	lǎo zì hào	Noun: long-established brand, reputable name
编写	biān xiě	Verb: to write, to compose, to compile
瓦	wǎ	Noun: roof tile
招揽	zhāo lǎn	Verb: to attract (customers)
插手	chā shǒu	Noun: interference Verb: to meddle
胃口	wèi kǒu	Noun: appetite
消遣	xiāo qiǎn	Noun: amusement, pastime, recreation Verb: to amuse oneself, to while the time away, to kill time
预言	yù yán	Noun: prophecy Verb: to predict
语气	yǔ qì	Noun: tone, manner of speaking
娶	qǔ	Verb: to marry (men -> woman)
耗	hào	Verb: to spend, to consume
纠缠	jiū chán	Verb: to nag, to get caught up in
锦旗	jǐn qí	Noun: silk banner
重申	chóng shēn	Verb: to reaffirm, to reiterate
情谊	qíng yì	Noun: friendship
运河	yùn hé	Noun: canal
护理	hù lǐ	Verb: to nurse, to tend to
叙述	xù shù	Noun: narration Verb: to tell, to relate
万无一失	wàn wú yī shī	Adjective: sure-fire
刺绣	cì xiù	Noun: embroidery Verb: to embroider
若干	ruò gān	Pronoun: some, a few Number: a certain number
拦	lán	Verb: to block, to hinder
外籍	wài jí	Noun: foreign nationality
从业	cóng yè	Verb: to practice (trade)
屡	lǚ	Adverb: repeatedly
旋涡	xuán wō	Noun: spiral, whirlpool
渺小	miǎo xiǎo	Adjective: tiny, insignificant

高雅	gāo yǎ	Noun: elegance Adjective: elegant
清脆	qīng cuì	Adjective: sharp and clear (sound, music)
结	jiē	Verb: to bear fruit
局限	jú xiàn	Noun: limit Verb: to limit, to confine
剧烈	jù liè	Adjective: acute, violent, severe
电报	diàn bào	Noun: telegram, cable
效力	xiào lì	Noun: effectiveness, effective force
耳目一新	ěr mù yī xīn	Verb: to have a new outlook on the world
趣味	qù wèi	Noun: interest, delight, fun, taste
供求	gōng qiú	Noun: supply and demand
疲劳	pí láo	Noun: wariness, fatigue Adjective: tired, weary, exhausted
棉花	mián hua	Noun: cotton
踏上	tà shàng	Verb: to set foot on
鸽子	gē zi	Noun: pigeon
路段	lù duàn	Noun: stretch of road
合伙	hé huǒ	Verb: to cooperate, to form a partnership
双胞胎	shuāng bāo tāi	Noun: twins
老汉	lǎo hàn	Noun: old man
霜	shuāng	Noun: frost
狭小	xiá xiǎo	Adjective: narrow
敬而远之	jìng ér yuǎn zhī	Verb: to respect but stay at a distance
席位	xí wèi	Noun: seat (stadium, parliament, etc.)
任期	rèn qī	Noun: term of office
随机	suí jī	Noun: stochastics Adjective: random, pragmatic
压缩	yā suō	Noun: compression Verb: to compress, to squeeze, to reduce
遗忘	yí wàng	Verb: to forget
施行	shī xíng	Verb: to put in place, to take effect
图像	tú xiàng	Noun: image, picture, graphic

大腕儿	dà wàn er	Noun: star, big shot (often film star or singer)
滔滔不绝	tāo tāo bù jué	Verb: talking non-stop
年夜饭	nián yè fàn	Noun: New Year dinner
陷阱	xiàn jǐng	Noun: trap, booby-trap
树立	shù lì	Verb: to set up, to establish
造价	zào jià	Noun: construction cost
号称	hào chēng	Verb: to have a reputation as, to be known as
名言	míng yán	Noun: saying
刻舟求剑	kè zhōu qiú jiàn	Noun: an action made pointless by changed circumstances
破灭	pò miè	Verb: to be annihilated
痛	tòng	Adverb: deeply, thoroughly, extremely
合作社	hé zuò shè	Noun: cooperative
押	yā	Verb: to mortgage, to protect, to detain
畸形	jī xíng	Noun: birth defect, abnormality
力不从心	lì bù cóng xīn	Verb: wanting to do something but not being strong enough
沉稳	chén wěn	Adjective: calm, steady
止血	zhǐ xuè	Verb: to staunch (bleeding)
喜洋洋	xǐ yáng yáng	Adjective: radiant with joy
同伙	tóng huǒ	Noun: accomplice, colleague
请柬	qǐng jiǎn	Noun: invitation card
贴近	tiē jìn	Verb: to press close to
勤工俭学	qín gōng jiǎn xué	Verb: to work part time while studying
凭着	píng zhe	Adverb: on the basis of
顺便	shùn biàn	Adverb: on the way, in passing by
隐患	yǐn huàn	Noun: hidden danger
琢磨	zhuó mó	Verb: to ponder, to carve and polish
水灵灵	shuǐ líng líng	Adjective: vivid, full of life
庙会	miào huì	Noun: temple fair
晃荡	huàng dàng	Verb: to rock, to sway
搜集	sōu jí	Verb: to gather, to collect

发掘	fā jué	Noun: discovery, excavation Verb: to excavate, to explore
巨人	jù rén	Noun: giant
遵照	zūn zhào	Verb: to do sth. in accordance with sth., to follow (the rules)
搁浅	gē qiǎn	Verb: to run aground, to get stranded, to run into difficulties
密度	mì dù	Noun: density
嚷	rǎng	Verb: to blurt out, to shout
卡子	qiǎ zi	Noun: clip, hair fastener
萧条	xiāo tiáo	Noun: stagnation, depression, recession
丰富多彩	fēng fù duō cǎi	Adjective: rich and colourful
过节	guò jié	Verb: to celebrate a festival
礼品	lǐ pǐn	Noun: gift, present
案件	àn jiàn	Noun: legal case, case
欲望	yù wàng	Noun: desire, longing, appetite
后人	hòu rén	Noun: later generation
阳性	yáng xìng	Adjective: positive (med.), masculine

Congratulations! You have successfully finished studying all HSK vocabularies in this book!

If you found this vocabulary guide helpful, please do us a favour and post a comment wherever you have purchased this book to let other learners know about your experiences.

Thank you & Good luck with the test!

Printed in Great Britain
by Amazon